前 言

PREFACE

党的十八大以来，以习近平同志为核心的党中央将共青团在内的群团改革作为全面深化改革、全面从严治党的重要组成部分，作出了战略规划和整体部署。高校共青团在全团中具有基础性、战略性、源头性的地位和作用，具有思想政治引领、服务学生成长成才、推进组织创新和工作创新的职能。新时代提出了新任务和新要求，为更好地把握新时代高校共青团工作创新机制与规律方法，高校共青团的工作者需要展开对该主题的系统探讨和研究。

第一章绪论部分主要介绍研究的背景与意义、研究现状，阐释研究的方法与研究数据，以及研究的思路、重难点和创新点。

第二章主要阐释新时代高校共青团工作创新的内涵与意义，界定研究核心概念的内涵与外延，阐释青年工作、共青团工作、高校共青团工作、高校学生工作、新时代高校共青团工作创新的内涵和具体内容，区分相关概念，并在此基础上概括新时代高校共青团工作创新的特点和意义。

第三章主要阐述新时代高校共青团工作创新的理论指导，从理论维度梳理马克思主义经典作家和中国共产党主要领导人关于青年和共青团工作的重要思想，指出马克思主义青年观关注青年的健康成长，重视引导青年、组织青年，强调帮助青年在为人民服务的过程中实现人生价值，由此明晰高校共青团工作创新的必要性、目标、原则和主要内容。

第四章主要分析新时代高校共青团工作创新的时代境遇。党的十八大以来，我国社会实现了大变革、大发展，中国特色社会主义取得了历史性的成就。在新的发展境遇下，党中央对群团组织改革发展的高度重视和团中央提出的共青团工作改革方案，为高校共青团工作创新提供了机遇，但是工作方式固化、网络发展和青年需求的多样化增加了高校共青团工作开展的难度，为工作创新带来挑战。

第五章主要透析新时代高校共青团工作创新面临的问题及原因。从部分高校师生的调查情况来看，在思想政治引领工作创新中，部分高校共青团存在资源分布不平衡现象突出，部分思想政治引领活动亲和力缺乏，实践活动项目单一化、同质化，网络新媒体建设滞后等问题；在服务青年工作创新中，部分高校共青团工作存在形式化和表面化的现象，高校青年的信息获取与反馈渠道单一低效，部分高校团委的服务青年的基本能力有限；在团的建设工作创新中，相关高校共青团在组织建设、学生会和社团指导工作、基层支部规范化建设、团干部队伍建设等方面面临问题。究其原因，一是部分高校共青团对改革要求认识不足、落实不到位，党的领导在高校共青团改革中存在缺位的现象；二是部分高校共青团工作受到“四化”倾向的影响，工作主动性不强；三是部分高校共青团工作的方式方法欠佳，团干部既缺少系统培训，又缺乏对青年问题和青年工作的深入研究；四是工作载体未能做到与时俱进，服务青年的信息渠道不畅，网络平台建设滞后，校园文化活动不接地气，在实践活动的创设上缺乏对校内外资源的挖掘和灵活运用。

第六章主要梳理新时代高校共青团工作创新的领域。针对所存在的问题，部分高校进行了创新的探索。在思想政治引领工作创新中，部分高校共青团在关注社会热点时事、形塑青年的价值观念、弘扬主旋律和正能量、培育新时代新青年四个方面有具体创新措施；在服务青年工作创新中，部分高校共青团在关心青年利益、引领青年成才、关爱青年健康和服务青年成长四个具体工作领域有创新措施；在团的建设工作创新中，部分高校共青团在团的组织建设、阵地建设和队伍建设中有具体措施。

第七章主要提出新时代高校共青团工作创新的路径。加强和改善党对高校共青团的领导，要加强党的政治领导和高校党委对高校共青团改革工作的领导；加强高校共青团工作队伍的建设，高校共青团要以思想政治建

2023年“芙蓉计划”——高校优秀思想政治工作者青年骨干队伍建设项目阶段性成果

2021年湖南省高校思想政治工作重大攻关项目成果

新时代

高校共青团工作创新研究

XIN SHIDAI GAOXIAO GONGQINGTUAN GONGZUO CHUANGXIN YANJIU

曹鑫 ◎ 著

中南大學出版社
www.csupress.com.cn
·长沙·

图书在版编目(CIP)数据

新时代高校共青团工作创新研究 / 曹鑫著. —长沙:中南大学出版社, 2023.7

ISBN 978-7-5487-5453-4

Ⅰ. ①新… Ⅱ. ①曹… Ⅲ. ①中国共产主义共青团—高等学校—共青团工作—研究 Ⅳ. ①D297.6

中国国家版本馆 CIP 数据核字(2023)第 130682 号

新时代高校共青团工作创新研究

XIN SHIDAI GAOXIAO GONGQINGTUAN GONGZUO CHUANGXIN YANJIU

曹鑫 著

□出 版 人 吴湘华

□责任编辑 谢金伶

□责任印制 李月腾

□出版发行 中南大学出版社

社址:长沙市麓山南路 邮编:410083

发行科电话:0731-88876770 传真:0731-88710482

□印 装 长沙艺铖印刷包装有限公司

□开 本 710 mm×1000 mm 1/16 □印张 15 □字数 228 千字

□版 次 2023 年 7 月第 1 版 □印次 2023 年 7 月第 1 次印刷

□书 号 ISBN 978-7-5487-5453-4

□定 价 68.00 元

设为先，帮助团干部树立理想信念和服务意识，提升团干部的服务能力和工作能力；加强高校共青团工作载体的建设，高校共青团要构建服务青年的畅通的信息渠道，运用好各种活动资源，促进校园文化活动和社会实践活动的创新，建立满足高校青年各种需要的网络平台；创新高校共青团工作的方法，高校共青团要构建分层分类引导新范式、打造各类典型精品新样态、推动线上线下服务新融合和拓展众创众筹众评新通道。

第八章为结语，主要对新时代高校共青团工作创新进行总结，指出各高校共青团工作创新中反映出的整个高校共青团体系存在的三大共性问题，指出高校共青团改革的综合性与复杂性。

曹　鑫

2023 年 5 月

目录

CONTENTS

第一章

绪 论

党的十八大以后，共青团进入了全面改革的新时代，高校共青团在全团中具有基础性、战略性和源头性的地位，是共青团改革的重中之重。新时代共青团工作创新的内涵、意义为何，成效如何，存在哪些问题，该如何进一步创新等需要系统研究和深入探讨。提出问题是学术研究的起点。在共青团全面深化改革的大背景下，高校共青团面临新的工作环境和新的要求，只有不断改革创新，高校共青团工作才能走近青年、贴近青年、凝聚青年、引领青年。

第一节 研究背景与意义

高校共青团在全团中具有基础性、战略性和源头性的地位。新时代以来，在党的领导下，高校共青团紧紧围绕党和国家工作大局，努力适应时代发展和青年变化，从总体上看，在引导青年、组织青年、维护青少年合法权益、服务青年和团的建设等方面取得了成绩和进步，但是，相关工作依然存在需要解决的问题，有待探索创新的路径和方法。

一、研究背景

中国共产主义青年团是中国共产党领导的先进青年的群团组织，从1922年5月成立至今，已经走过了百余年的光荣历程。百余年的历程中，它在党的领导下英勇奋斗、积极进取，始终走在革命、建设、改革的前列，为实现中华民族伟大复兴奉献青春、智慧和力量。进入新时代以来，以习近平同志为核心的党中央高度重视共青团工作，亲切关怀青少年健康成长，召开了党的历史上第一次中央群团工作会议，对中国特色社会主义群团发展道路做了系统阐述和深刻谋划。习近平同志围绕共青团工作发表了一系列重要论述，立意高远，内涵丰富，思想深刻，深刻阐述了新形势下共青团工作的重大理论和实践问题，指明了当代青年的历史使命和成长道路，对于准确把握青年和共青团工作的基本要求和重点任务，引导青年树立远大理想、树立和践行社会主义核心价值观，教育青年增强"四个意识"、增强先进性和光荣感，动员广大青少年为实现"两个一百年"奋斗目标、实现中华民族伟大复兴的中国梦而勤奋学习、努力工作，具有十分重要的意义。

随着中国特色社会主义进入新时代，世情、国情、党情深刻变化，教育改革深入推进，学生成长成才需求多样发展，高校共青团的纵深发展也面临着诸多挑战。新的发展形势要求高校共青团工作不断改革创新，寻求工作突破的对策。一方面，高校共青团要在工作实践中总结经验；另一方面，相关研究者需要在学术上进行梳理和理论研究，从学理层面切实解决习近平总书记提出的共青团工作"两条主要不足"的根本性问题。

2014年6月，习近平同志在对共青团的工作批示中指出，"要深入研究当代青年成长的新特点和新规律，把准方向、摸准脉搏，大力推进团的组织和工作创新，牢牢把广大青年团结和凝聚到党的周围"。为切实加强和改进高校共青团各项工作，推进高校共青团改革创新，共青团中央、教育部研究制定了《高校共青团改革实施方案》等文件。高校共青团积极推进工作创新是党中央、团中央、教育部寄予高校共青团的期望和要求，也是当下高校共青团改革发展应有之义。

二、研究意义

研究新时代高校共青团工作创新是顺应新时代群团改革发展所需，是落实党中央、团中央、教育部关于高校共青团改革的重要举措，也是高校共青团破解时代发展难题的应有之举，具有理论意义和现实意义。

1. 有利于拓宽理论视野，丰富高校共青团研究的理论体系

一直以来，高校共青团工作者普遍存在"学术失语"的现象，相关研究的学术成果大多为公文式的总结和概括，关于高校共青团的理论研究需要得到学术界的重视。从政策要求和团学研究发展的需求来看，探寻新时代高校共青团工作创新，有利于进一步丰富高校共青团的理论研究、开阔团的视野，有利于进一步推动高校共青团工作实践发展和建设研究型团组织。

2. 有利于形成科学理论，指导高校共青团改革实践

全面深化改革是协调推进"四个全面"战略布局的重要组成部分，深化群团改革是全面深化改革的重要组成部分，其中，高校共青团改革是落实中央群团改革精神的重要举措。面对繁重的改革任务，要想从根本上破解高校共青团工作不适应的难题，创新高校共青团工作，一方面需要积极实践，探索共青团改革创新的有益经验，另一方面需要对高校共青团工作进行理论研究，形成科学的理论体系，更好地指导高校共青团改革创新。进行新时代高校共青团改革创新研究，有利于形成科学的理论，为高校共青团改革实践提供指导。

3. 有利于探寻高校共青团工作的规律，更好地服务于立德树人

高等教育的根本任务是立德树人，培养中国特色社会主义建设者和接班人。作为高校部门机构重要组成部分和党联系青年学生的桥梁和纽带的高校共青团，在高校思想政治工作中发挥着主阵地作用，在推进第二课堂建设中发挥着生力军的作用，是高校人才培养的重要组成部分。进行高校共青团工作创新研究，进一步明确高校共青团的工作职责，分析高校共青团所面临的现实境遇，分析所处境遇的主要原因，提出高校共青团工作创新的策略，探寻高校共青团工作的规律，可以更好地发挥共青团服务高校立德树人的作用。

第二节　研究现状

共青团是社会主义国家特有的群众组织。从学术界的研究情况来看，国内学术界对高校共青团工作有较多的研究成果，涉及高校共青团的思想引领、改革发展、工作职能等方方面面，而由于国外的社会制度、环境和意识形态与我国存在较大不同，国外学术界较少关注我国高校共青团的相关研究主题，在对共青团的研究中亦主要关注共青团干部的成长与仕途轨迹，故国外学术界的研究成果对本书的借鉴价值较小。

一、国内研究现状

国内学术界研究高校共青团工作时间已久，形成了丰富的成果。笔者在中国知网中文数据库以“高校共青团”为关键词进行检索，发现截至2021年9月共有4567条结果。研究内容涉及高校共青团思想政治工作引领、高校共青团组织建设、高校共青团第二课堂成绩单建设、高校共青团服务创新创业、高校共青团改革等。被中国知网收录的最早关于高校共青团的文章可追溯到1986年6月王悦华发表在《黑龙江高教研究》上的《试论高校共青团组织的作用》，接下来几年时间每年相关成果并不多见，1986年仅有3篇相关论文，1990—2009年每年有相关论文3~5篇，直至2010年，当年发表的相关论文数量才突破100篇。之后，该领域的相关研究论文数量逐年递增。

以“高校共青团工作”为主题的学术著作不多，其主要内容以工作纪实、团情介绍为主，同质性强，学理性不强。具有代表性的学术著作是陈志勇的《高校共青团工作破局说》《影响力：高校团干引领青年的工作艺术》，蔺伟、方蕾的《高校共青团思想引领工作研究与实践》，黄柯的《知行合一：高校共青团工作理论与实践》，赵露、苏德强的《组织与引领：新时代高校共青团改革理论与实践》，彭巧胤、张科的《高校共青团组织对青年思政教育进行分类引导的研究》，刘佳的《新时期高校共青团青年工作理论与实践研究》《高校共青团思想引领论纲》，还有哈龙、伊莉、丁占英共同主编的《大学生思想政治教育的前沿阵地——高校共青团工作概述》等。

总的来说，国内学术界对高校共青团工作的相关研究成果主要涉及以下三个方面。

1. 关于高校共青团思想引领的研究

近年来，随着中央对群团工作理论研究的重视程度不断提高，学术界对共青团理论研究的热情也持续升温，较多研究成果与高校共青团思想引领有关，研究内容涉及思想引领的方法、路径、内容等方面，相关研究成果主要散见于各类期刊报纸。令人遗憾的是，在众多理论研究成果中，缺乏以“高校共青团思想引领”为主题的专门性论著，部分论著把高校共青团思想引领作为一个具体章节加以阐述，浅层地探讨了高校共青团思想引领工作的部分内容，未能深入高校共青团思想引领的内部结构来研究其内涵特征、理论逻辑、基本工作规律和实践原则等。同时，部分文章虽然以高校共青团思想引领为主题，但研究的广度和深度明显不足，仅限于对高校共青团思想引领的实践经验总结和概括，缺乏必要的理论支撑和逻辑演绎。较系统地研究高校思想引领的专门著作有刘佳的《高校共青团思想引领论纲》，该书分别从理论维度、历史维度和现实维度三个方面，对高校共青团思想引领的理论内涵、内容结构、基本特征、实践要求、现实困境、改革路径等问题展开了较为深入的研究探讨，以理论难点和现实问题为基本导向，为高校共青团思想引领实践的改革创新提供了一些前瞻性、创新性、发展性的先进理念和方法论指导，从精神与价值、思维与方法层面为高校共青团工作改进和创新思想引领实践提供了些许启示和帮助，初步构建了包含高校共青团思想引领概念和方法论的理论体系。

就期刊论文而言，国内学术界直接以“高校共青团思想引领”为主题的论文较少，而围绕高校共青团思想引领的具体内容的研究成果相对较多。曹鑫以高校共青团网上思想引领为研究对象，指出研究高校共青团网上思想引领需要遵循“吸引—解惑—动员”的逻辑理路，吸引是前提，解惑是关键，动员是保障，三者环环相扣、层层递进，共同服务于“思想引领”这个核心议题。[①] 刘春雷和任楠认为思想引领与全媒体结合是新时代开展思想引领工作的迫切需求，所以提升高校共青团的思想引领力需要以科学规范管理提升共青团思想引领、以思政教育融入强化共青团思想引领、以创新创意服务助推共青团思想引领。[②] 魏启旦对上海市 10 所高校进行了调研，指出构建从被动接受到主动引领的新时代共青团育人模式是基层团组织努力完成新时代新课题的有力探索，通过创新实践和文化育人方式，可以逐步建立多种形式的育人活动联动机制，促进思想教育内化于心、外化于行，提升高校共青团组织的思想引领功能。[③] 孙锋进一步指出，高校共青团开展思想引领时要在理论维度上实现思想引领的内化，要在价值维度上实现思想引领的固化，要在实践维度上实现思想引领的外化，不断提升思想引领的广度与深度，提升思想引领的高度与温度，发挥高校共青团在大学生思想政治工作中的生力军作用。[④] 王元义以政治引领为切入口，认为高校共青团政治引领存在基层宣传力量薄弱、话语转化要求高、受众有限、内容泛而不精、青年不重视评价与评价体系不完善等难点，并提出内容上要坚持发展观、载体上要坚持特色与品牌、话语上要坚持“土味”与“网味”、引领机制上要坚持基层团组织“唱主角”等工作新对策。[⑤] 陈赛金从价值论的视角进行研究，指出高校共青团思想引领工作具有坚定青年“永远跟党走”的信念的重要政治价值，具有使青年学生怀揣对中华民族传统美德和高尚道德情操的向往和敬畏的重要道德价值，具有推进高校共青团思想建设工作与时代同步、与青年同行，提升团组织凝聚青年、服务青年、发展青年的作用的重要发展价值。[⑥]

---

① 曹鑫：《高校共青团网上思想引领的三个关键词》，《人民论坛》2020 年第 10 期。

② 刘春雷，任楠：《全媒体时代高校共青团思想引领路径》，《中国高等教育》2019 年第 24 期。

③ 魏启旦：《加强高校共青团思想引领工作的策略研究——基于上海市 10 所高校的实证分析》，《学校党建与思想教育》2018 年第 22 期。

④ 孙锋：《高校共青团思想引领的三重维度》，《江苏高教》2018 年第 9 期。

⑤ 王元义：《高校共青团政治引领的重点、难点及路径》，《青少年学刊》2021 年第 4 期。

⑥ 陈赛金：《高校共青团思想引领的当代价值与对策分析》，《思想理论教育》2016 年第 4 期。

2. 关于高校共青团职能的研究

高校共青团的职能决定了高校共青团的工作，梳理高校共青团职能研究的相关成果对开展高校共青团工作研究具有基础性意义。学术界对高校共青团职能的研究以探讨高校共青团在整个共青团系统中的职能为主，有学者研究高校共青团在高校思想政治工作中的具体职能，有学者研究高校共青团在整个高校立德树人中的职能，也有学者把高校共青团的职能置于组织设计理论、青年政治社会化等背景中进行研究。

对新时代高校共青团工作职能的理解，学术界进行了诸多探讨。黄敏认为育人职能、服务职能、组织管理职能、文化建设职能、构建和谐校园职能是当前高校共青团的主要职能。[①] 林辉认为高校共青团主要有思想政治教育职能、活动育人职能、服务职能、社会实践职能、组织职能等。[②] 唐运前则指出，新时期高校共青团具有高举中国特色社会主义伟大旗帜，组织动员广大学生投身社会主义现代化建设、坚持党建带团建、加强和改进团的建设的三大职责。[③] 翁楚歆基于“大思政”的格局提出，高校共青团具有理想信念引领职能、教育阵地整合职能、社会服务保障职能。[④] 于淼从新时代高校共青团工作的实际出发，指出高校共青团思想政治教育因其覆盖广、形式新、影响大、载体多等显著特点，肩负着在团员青年中传播马克思主义基本理论和习近平新时代中国特色社会主义思想、巩固社会主义意识形态、培植精神家园、辅助思想政治理论课教学等重要功能。[⑤] 戚瑞静以地方高校共青团为实证分析样本，指出高校共青团具有政治职能、教育职能、服务职能、社会职能四个职能，各职能之间是相互联系、不可分裂的关系。[⑥] 党的

---

① 黄敏：《加强和完善新时期高校共青团的主要职能》，《当代教育论坛》2007 年第 6 期。

② 林辉：《高校共青团的职能把握与组织发展》，《消费导刊》2009 年第 15 期。

③ 唐运前：《论高校共青团的职责和作用》，《知识经济》2009 年第 9 期。

④ 翁楚歆：《新形势下高校共青团在“大思政”格局中的职能定位及现状探析》，《开封教育学院学报》2017 年第 10 期。

⑤ 于淼：《新时代高校共青团思想政治教育的职能与实现路径》，《高校辅导员》2018 年第 4 期。

⑥ 戚瑞静：《新时代高校共青团职能定位与实现路径创新——基于地方高校的实证调研》，《太原城市职业技术学院学报》2021 年第 2 期。

十九大后，世情、党情、国情皆发生了深刻变化，高校共青团改革有序推进，明确职能定位，是深化改革的重中之重，也是促进共青团改革发展的重要着力点。有研究者指出，高校共青团具有以生为本、立德树人的育人职能；具有以人才培养为导向，服务学生发展的服务职能；具有动员青年服务社会发展的社会职能；还有优化校园治理环境的管理职能。① 有研究者基于比较的视角，提出传统的高校共青团职能包括党的助手与后备军、搭建学校与学生以及师生之间的桥梁、代表和维护广大青年学生的具体利益三方面。还有研究者指出，在“大思政”和“全员育人”格局的构建中，协同育人是新时代高校共青团职能发展创新的一个重点和大学生思想政治教育的主要阵地。② 就各项职能的类型划分来看，有研究者提出，从政治职能角度而言，高校共青团是具有鲜明政治立场的青年政治组织，是“党的助手与后备军”，肩负着为党的事业凝聚更多的青年，协助党巩固执政地位、提高执政能力与完成执政使命的重担；从社会职能角度而言，高校共青团有为青年群体提供社会服务、协助管理青年事务、在相关领域发挥社会监督作用的功能。③ 沈威提出高校共青团作为中国共青团在高校中的基层组织及高校中最为重要的青年群众组织，受上级团委和高校党委的双重领导，在高校治理体系和治理能力现代化建设中发挥着特殊的政治功能，高校与高校共青团的组织互嵌结构形态决定了高校共青团必须围绕科学研究、人才培养、推进文化传承创新和服务社会开展工作，其重要的职能为立德树人的育人职能、促进青年发展的服务职能、提供公共服务的社会职能、引导青年参与校园治理的管理职能。④

3. 关于高校共青团改革的研究

改革与创新始终紧密联系在一起，每一项工作的改革都伴随着这项工

---

① 徐琳：《十九大后高校共青团改革中的职能定位研究》，《江西电力职业技术学院学报》2018 年第 9 期。

② 王晋：《新时代高校共青团协同育人研究》，吉首大学 2020 年硕士学位论文。

③ 马琳琳：《共青团工作及其在新时代的创新发展研究》，东北师范大学 2019 年博士学位论文。

④ 沈威：《高校共青团改革中的职能定位及问题研究》，《中国青年社会科学》2017 年第 1 期。

作的创新。学术界研究高校共青团改革的成果相对较多，部分学者聚焦某项具体改革措施的研究，比如研究高校共青团第二课堂成绩单，研究加强学生社团建设，研究基层团组织建设等，多以实证研究为主，成果大多散见于报纸和杂志，博士和硕士论文较少，更少有专著出现。代表性的著作是陈志勇的《高校共青团工作破局说》，该书主要阐述了作者在高校共青团工作实践中的思考感悟，梳理了十点工作经验，接着引入了克雷门迪尼关于空间关系的论述，提出了"交集理论"，即高校共青团和青年学生间存在着相离、相接、相交、重叠和内含五种状态，并据此提出了增加质量扩大交集、延伸半径拓展交集、强大磁场凝聚交集、寻找焦点开拓交集、打通渠道创造交集和稳定方位巩固交集的破局思路。①

研究高校共青团改革问题，需要回答为什么要改革。有学者指出，高校共青团改革是新时代全面深化改革的有机组成部分，是坚决做到"两个维护"、落实"四个全面"战略布局的重要举措，是完善和发展中国特色社会主义制度、推进国家治理体系和治理能力现代化的重要内容，是全面从严治党的必然要求。② 同时，相对于地方共青团建设，高校共青团的改革牵涉面一般不会太广，影响力相对来说不会太大，因此，改革的阻力往往较小，更容易成功。③ "大思政"格局是高校共青团改革的宏观场域，所以面对新时代党对共青团工作的新部署新要求、互联网时代带来的新课题和社会发展的新挑战，高校共青团要遵循马克思主义的科学方法论，在优化组织职能、建设自主型团组织、创新工作方式方法和建立育人联动机制四个方面着力探索团组织育人新路径，构建适应时代和青年需求的共青团工作新格局。④应当看到，高校共青团在整个共青团系统中具有主体先进性、任务政治性、地位关键性等独特性特点，因而高校共青团改革要针对"四化"现象整改，注重分类推进，提升工作全局性和统筹性，在思想引领中要从"大水

---

① 陈志勇：《高校共青团工作破局说》，人民出版社，2015 年版。

② 李树学：《新时代深化高校共青团改革的价值意蕴》，《学校党建与思想教育》2020 年第 19 期。

③ 陈丹：《高校共青团改革的逻辑进路》，《江苏高教》2018 年第 10 期。

④ 周国桥：《试析"大思政"格局下的高校共青团改革》，《学校党建与思想教育》2019 年第 12 期。

漫灌”变成“精准滴灌”，在组织改革中要坚持“一心双环”带动“心心相印”，在队伍建设中要坚决“做青年友、不做青年‘官’”，在工作开展中要构建“互联网+青年团建”模式，保证改革举措的精准性。① 诚然，高校共青团改革目前还存有一些难点，如有研究者指出，目前部分高校共青团仍存在贯彻落实中央党的群团工作会议精神不力、改革缺乏创新精神等现象；有的高校共青团组织架构高度层级化，没有覆盖青年群体，只会用召开会议动员青年、用行政命令下达任务；有的团干部存在“等靠要”观望思想，工作不到位，党的领导在一定程度上被弱化。②

深化高校共青团改革，还需要建立科学、有效的测评机制。有研究者提出，要着力构建高校共青团工作评价体系标准，该体系要具有完备的可操作性，评价主体可选择层次分析法、灰色综合评估法、主成分分析法等进行测评，可根据不同评价需求与目的灵活运用有效方法进行工作评价。③

二、国外研究现状

中国共产主义青年团是我国专有的概念，国外没有这种提法。共青团作为党的助手和后备军，是具有很强的政治属性的群众组织。一方面，共青团是社会主义国家中的重要政治现象，国外类似的组织只有老挝人民革命青年团、朝鲜金日成社会主义青年同盟、越南胡志明共产主义青年团和古巴共产主义青年联盟等几个社会主义国家的青年组织，但是与本选题相关的研究并未搜索到。另一方面，关于国外学者对我国青年组织的研究寥寥无几，相关内容散见在国外学者对中国共产党的相关研究之中，具体到高校层面的几乎没有。

总体来看，有少部分国外学者关注了青年工作或共青团相关的研究主题。从国外学者的研究发展阶段来看，20 世纪上半叶是政治家和媒体的观

---

① 刘光林，邢皓越：《独特性、针对性、精准性：高校共青团改革的三个维度》，《理论导刊》2019 年第 2 期。

② 李树学：《新时代深化高校共青团改革的价值意蕴》，《学校党建与思想教育》2020 年第 19 期。

③ 田晓勇，高雪冬，孙冬雪：《改革创新形势下高校共青团工作评价体系研究》，《思想政治教育研究》2019 年第 4 期。

察阶段，约翰·杜威、伊斯雷尔·爱泼斯坦等都在其著作中涉及了中国的知识分子运动和青年运动，在埃德加·斯诺的《红星照耀中国》一书中更有中国共产党开展的少先队工作的专节，记录了红军中的少年先锋队员；20世纪下半叶是专业性研究的兴起阶段，一些专业学者如鲍大可、奥森伯格、泉谷阳子、毕克韦等都在所撰写的专著或论文中研究了中国共产党的青年工作和共青团工作；21世纪以来是政界热议阶段，如亨利·基辛格、罗伯特·库恩等对中国共产党的青年工作展开了探讨，还有如《毛式经济学：为什么中国的共产主义者经营的资本主义比我们好》《探索中国发展模式：超越北京共识》《美国能向中国学什么》等著作都有专门的内容关注和研究中国共产党的青年工作和共青团工作。在研究的具体内容上，西方学者对中国共产党与青年的关系、中国共产党的青年政策、中国共产党的青年教育以及中国共产党的青年服务等研究均有涉猎，其研究的重点是从事青年工作的干部，即共青团的干部，研究的视角是政治精英之间的冲突和派系，研究的指导理论是非正式政治研究理论，即派系政治理论，核心观点主要有以下三点：第一，从发展潜力上看，由于团干部普遍学历较高、年龄较低，其政治发展潜力巨大；第二，从工作经历上看，团干部大多在机关工作，工作性质主要局限在组织、宣传、统战、纪检、教育等方面，对外贸、外交、经济等务实性领域的涉猎不多，个人发展存在一定局限性，这一局限性导致了团干部必须与其他精英团体合作；第三，从团系干部成长背景来看，其大多没有显赫家世，带有鲜明的平民主义色彩，有利于获取普通民众和社会弱势群体的支持。但是，海外学者由于理论适用、研究方式方法和研究对象的选取等问题，不能做到深入制度和社会的层面来研究共青团和共青团干部，亦不能很好地理解共青团培养和输送政治精英的制度逻辑，虽然相关学者在研究中不乏科学精神，但总体来看，大部分学者以西方价值体系为评判标准，利益是研究的出发点和落脚点，关注青年工作中的极端个例，主观臆测的成分较多，因此，研究存在一定的局限性。

鉴于海外的社会主流价值观与政治介入程度同国内不同，相关成果对本书的借鉴作用不是很强，对于国外研究的具体情况只能从宏观层面把握，此处不再赘述。

第三节　研究方法与研究数据

本书以实证研究为基础，力求研究创新与实际情况紧密结合，在研究方法上运用了跨学科方法，在研究数据上运用了问卷调查的方式，确保研究分析能准确地反映实际情况。

一、研究方法

1. 文献研究法

本书通过整理和查阅相关文字材料，如学术著作、论文资料、档案资料、政策文件及领导人讲话稿等，形成对研究主题的总体把握，并恰当分析和使用这些资料；同时注重收集新时代背景下高校共青团工作改革的典型案例资料，以及高校共青团工作创新的一些具体做法，进行分析和整理，以期在前人的基础上有新的突破。

2. 系统分析法

本书通过把高校共青团视为一个部分放在高校部门整体中进行研究，分析高校共青团在高校各项工作中所发挥的作用、所具有的工作职责、所体现的工作价值；同时，系统分析高校共青团工作各要素面临的问题，分析各要素综合创新的可能性。

3. 历史分析法

本书通过对马克思主义经典作家在不同历史阶段相关论述的梳理，提出符合逻辑的基本观点，作为高校共青团工作创新的理论基础，并在坚持共青团根本政治属性的前提下，揭示高校共青团创新的发展趋势。

4. 实证研究法

本书从高校共青团的实践入手，采用案例研究、定量分析等手段，通过对研究对象大量的观察研究，归纳出高校共青团工作创新所面临的现实境遇，分析所处境遇的原因，回答高校共青团工作创新所必须遵循的原则，以及目标和主要内容，并基于鲜活的案例提出高校共青团工作创新策略。

二、研究数据

笔者根据本次研究的主题和相关内容，坚持问题导向，设计了针对学生和团干部教师的两套问卷，于 2021 年对湖南省 30 所高校的师生展开了问卷调查。学生卷共设计题目 50 道，题目内容以学生对高校共青团工作的满意度评价和认为工作中存在不足的原因调查为主，共收回有效问卷 53762 份，覆盖了从高职专科院校、独立学院到“985”大学的所有层次高校的学生，其中普通学生 24661 人（占比 45.87%）、班干部 13453 人（占比 25.02%）、学生会干部 13194 人（占比 24.54%）、社团干部 2454 人（占比 4.56%），针对学生的问卷调查结果具有代表性和普遍性。团干部教师卷共设计题目 30 道，题目内容以各学校团的建设情况调查为主，共收回有效问卷 440 份，全面覆盖了从校团委团干部到院分团委团干部、从普通团干部到团委主要领导的各类团干部教师，问卷调查的结果能准确反映客观情况。因此，本书第五到第七章以湖南省 30 所高校师生的调查数据为基础，展开对客观结果的分析，探讨新时代高校共青团工作在改革创新中尚需解决的问题和取得的成果，形成对相关工作的客观评价。

另需说明，本书在研究过程中参考了湖南省部分高校共青团 2012—2021 年的工作报告，从中整理出了各高校共青团的相关创新措施。本书亦参考了《高校共青团研究》《学校党建与思想教育》等期刊中全国各高校共青团的工作者所撰写的工作案例、总结规划等内容，并结合各高校共青团的先进经验，针对调查研究中发现的具体问题提出了相应的措施和对策，形成了包含湖南省高校共青团工作情况和全国其他省（区、市）先进高校共青团工作情况的完整材料和数据链。

第四节　研究思路及研究重难点、创新点

本书遵循“理论—问题—对策”的逻辑思路，在明晰相关概念和梳理相关理论的基础上，以实际调查的情况和数据为切入点，分析高校共青团创

新的境遇、问题、领域与路径。

一、研究思路

本书主要在以下六个章节对新时代高校共青团工作创新进行研究。

第二章阐释新时代高校共青团工作创新的内涵与意义，界定研究的核心概念的内涵与外延，阐释青年工作、共青团工作、高校共青团工作、高校学生工作、新时代高校共青团工作创新的内涵和具体内容，区分相关概念，并在此基础上概括新时代高校共青团工作创新的特点和意义。

第三章梳理新时代高校共青团工作创新的理论指导，从理论维度梳理从马克思、列宁等马克思主义经典作家到中国共产党主要领导人关于青年和共青团工作的重要思想，总结高校共青团工作的理论渊源，以此明确高校共青团工作创新的必要性、目标、原则和基本内容。

第四章分析新时代高校共青团工作创新的时代境遇，从党的十八大以来高校共青团工作面临的新形势入手，根据社会实践情况的发展变化和历史使命、高校发展、互联网时代的特点、青年新特点等，归纳出高校共青团工作创新的新机遇和新挑战，为后文提供总体参考。

第五章透析新时代高校共青团工作创新面临的问题和原因，以湖南省各高校师生的问卷调查情况为切入点，总结高校共青团在思想政治引领、服务青年和团的建设创新工作中仍需解决的问题，分析其工作机制、工作理念、工作载体和方式方法等背后的原因，为寻求工作创新的精准化路径提供思路。

第六章整理新时代高校共青团工作针对所存在的问题进行创新的领域，在思想政治引领工作创新中，探讨高校共青团在关注社会热点时事、树立青年理想信念、弘扬主旋律和正能量、培育新时代新青年四个方面的具体措施和成效；在服务青年工作创新中，探讨高校共青团在关心青年利益、引领青年成才、关爱青年健康和服务青年成长四个具体工作领域的创新措施；在团的建设工作创新中，探讨高校共青团在团的组织建设、阵地建设和队伍建设中的具体措施。

第七章针对创新过程中仍未解决的问题提出高校共青团工作创新的路

径，依据相关改革方案和全国部分高校共青团的工作案例，提出高校共青团未来在加强和完善党的领导、打造团干部队伍、更新工作载体和工作方法上的发展路径与对策。

二、研究重难点、创新点

1. 研究的重点

本书主要研究新时代高校共青团工作创新的理论指导、高校共青团工作创新的要求和主要内容、高校共青团工作创新的策略。

2. 研究的难点

本书的研究难点主要有以下几点：一是高校共青团工作并没有明确的内容界定和统一的概念定义，需要根据团的相关文件及学术界研究情况归纳出高校共青团工作的主要内容，保证将新时代的相关改革措施全部涵盖进归纳的内容中，因此这一归纳必然会带有笔者研究的主观性；二是本研究数据量庞大，涉及面广，需要综合利用技术手段进行统计分析，以便呈现客观真实的调查结果；三是本研究需要参考的文献资料较多，且部分资料并不对外公开，因此研究问题系统收集和整理材料的工作量大、难度大、时间成本高，查全较为困难；四是本研究需要根据调查的具体问题提出对策与建议，而各高校有自身的特殊性，本研究在文本限定的范围之内很难做到面面俱到、一应俱全，只能依据笔者实践经验和相关案例从宏观角度提出建议和对策，且这些对策必然具有条件性和局限性，其能否发挥作用还需到实践中检验。

3. 研究的创新点

第一，本书以新时代高校共青团工作创新为主题，内容丰富、覆盖面广、时效性强。学术界对高校共青团工作的研究主要局限在工作的某一方面，缺乏将高校共青团工作作为一个整体来系统全面研究的成果。本书以新时代高校共青团工作创新为整体，系统梳理了高校共青团工作的理论指导，根据新时代新变化、新要求详细考察了高校共青团工作的创新进展和存在的问题，并根据具体问题提出了推动新时代高校共青团工作发展创新的思路和对策。

第二，本书明晰了新时代高校共青团工作创新的理论内涵。本书根据马克思主义青年观和青年工作观、官方的文件及学术界观点界定了高校共青团工作、新时代高校共青团工作创新等概念，概括了新时代高校共青团工作创新的特点和意义，提出将高校共青团工作的主要内容划分为以思想政治引领为核心、以服务青年和团的建设为两翼的三大部分，为后文的问题分析和创新领域划定了研究范围，使新时代高校共青团工作创新这一兼具整体性与全面性的研究主题有了清晰的分析框架和分析层次。

第三，本书基于大量的实证调查材料和数据分析了创新面临的问题和创新的领域。本书设计了针对高校师生的调查问卷并运用数据分析和可视化方法，将 53762 名高校学生和 440 名团干部教师参与调查的问卷情况准确地呈现在文本当中。本书亦根据湖南省部分高校共青团的年度工作报告，概括了各高校在各工作领域针对相关问题的创新举措。实证材料和数据分析反映了高校共青团改革的真实情况，避免了脱离实际空谈创新。

第四，本书提出了新时代高校共青团工作创新的精准化路径。新时代高校共青团工作创新是实务性较强的研究主题，提出的创新路径需要具有可行性和可操作性而不能仅仅是概念化的文字材料。本书主要在以下几个方面提出工作创新路径：在加强党的领导上，加强党对高校共青团工作的政治领导，以党建带团建完善高校共青团的组织和领导机制；在加强队伍建设上，高校共青团应以思想政治建设为首位，提升团干部的服务能力和工作能力；在创新工作载体上，高校共青团应不断加强信息渠道、校园文化活动、实践活动和网络新媒体四项工作载体的建设；在工作创新的方法上，高校共青团要构建分层分类引导新范式、打造各类典型精品新样态、推动线上线下工作新融合和拓展众创众筹众评新通道。以上基于客观数据分析和工作案例梳理的工作创新路径既强调了针对性，又保证了可操作性，避免了创新举措脱离实际。

第二章

新时代高校共青团工作创新的内涵与意义

大学是近现代社会的产物，《现代汉语词典》将“大学”定义为：实施高等教育的学校的一种，包括综合大学和专科大学、学院。[①]大学也可称为高校。高校共青团是社会主义国家特有的高校群团组织，不论在革命、建设还是改革年代，高校共青团均在党的青年工作、国家的大学教育即高等教育中扮演了重要的角色，但是，不论是官方文件还是学术界，均未对高校共青团工作这一概念有明确定义。因此，本书以新时代高校共青团工作创新为研究主题，在深入展开分析和论述之前，有必要明晰研究涉及的核心概念的内涵，搭建研究框架。本章从界定高校共青团工作及其相关的其他概念入手，明晰高校共青团工作的内涵与外延，在此基础上分析新时代高校共青团工作创新的特点和意义，形成后文内容的理论先导。

第一节　核心概念界定

对“高校共青团工作”和“新时代高校共青团工作创新”的界定需要明晰“青年工作”“共青团工作”“高校共青团工作”“高校学生工作”的内涵，清

① 中国社会科学院语言研究所词典编辑室：《现代汉语词典》（第 7 版），商务印书馆，2016 年版，第 247 页。

楚概念之间的区别与联系。高校共青团工作是社会主义国家独有的群团组织工作内容，虽然相关文件规定了高校共青团改革发展的方向，学术界对高校共青团工作展开了研究，但是目前并没有对“高校共青团工作”进行统一、明确的概念界定，新时代高校共青团工作创新的内容亦有待探讨。

一、青年工作和共青团工作

1. 青年工作

不同文化和制度环境中的学者对青年工作有不同的认识，有西方学者指出，青年工作是“一种旨在促进青年人个人和社会协同发展的活动”①，这类活动一是对青年职业和学术培训的补充，二是需要通过青年志愿组织来提供服务。以上定义将青年工作置于社会工作之下，强调青年工作对帮助青年融入社会、更好成长的重要性，定义突出了青年工作的社会性和志愿性。国内学术界同样认为青年工作需要肩负起促进青年健康成长、帮助其成功融入社会的职责。在中国的语境下，青年工作是指在党的领导和马克思主义的指导下，由党、政府和社会共同形成引导青年、教育青年、保护青年和服务青年等方面的合力，在青年成长的各个阶段有针对性地开展一系列活动和工作，这一系列活动和工作主要是通过共青团来开展。

2. 共青团工作

在我国，共青团工作主要是指在党的领导下，共青团开展的各项青年工作。从《中国共产主义青年团章程》(以下简称《团章》)来看，共青团工作主要包含针对青年的思想政治工作、带领青年在经济社会发展中发挥生力军和突击队作用的工作、发挥党联系青年的桥梁和纽带作用的工作、维护和加强各民族与各地区青年的团结的工作以及带领青年维护我国的独立和主权的工作等。由此可以看出，在中国的语境下，共青团工作是青年工作的一部分，并且是其核心和主要的部分。

在实际工作中，中华全国青年联合会(以下简称青联)与共青团都是在

---

① Mark Smith：Definition，tradition and change in youth work，*Encyclopedia of Informal Education*，2001 年。

党的领导下开展青年工作的人民团体，二者都是党联系青年的桥梁和纽带，都具有组织、引导、服务青年和维护青年权益等职能。从组织性质来看，青联是各族各界青年广泛的爱国统一战线组织，共青团是党领导下的先进青年的群团组织；从组织方式来看，青联实行团体会员制，共青团是青联的团体会员之一并在青联中发挥着核心领导作用；在具体工作中，青联为共青团工作提供人才、资源支持。因此，就实际情况来看，我国的青年工作和共青团工作密切联系，共青团工作是青年工作最核心、最主要的部分。

二、高校共青团工作和高校学生工作

1. 高校共青团工作

《团章》规定，高校共青团是团的基层组织之一，是团在普通高等学校（包括本科、专科和专门学院）开展工作和活动的基本单位，其根据工作需要和团员人数分别设立团的基层委员会、总支部委员会和支部委员会。目前还没有关于高校共青团工作这一概念内涵的明确界定，其工作的具体内容亦没有统一的概念化标准。在共青团的官方文本中，《团章》第五章“团的基层组织”明确了企业、农村、机关、学校等团的基层组织的基本任务，包括组织团员和青年学习党和团的相关理论知识、宣传和执行党和团组织的指示与决议、教育团员和青年、了解团员思想并维护其合法权益、发展团员、开展团组织生活、向党和国家推荐优秀青年人才七个方面，概括来看，以上七个方面涉及对团员的思想引领与动员、维护团员合法权益和团组织自身发展的具体工作。2017 年，团中央下发的《中国共产主义青年团普通高等学校基层组织工作条例（试行）》列出了校级和院系级团组织的十条基本职责，可概括为理论学习、思想引领、召开团员大会或代表大会、构建“一心双环”团学组织格局、指导和监督下级团组织开展工作、从严治团、服务青年、开展团干部培训、加强网上共青团建设、维护校园稳定十方面的工作，以上十个方面以思想引领为先导，要求高校共青团做好服务青年成长成才的各项工作，做好包括组织创新和工作创新的团的建设工作，实现改革发展。《高校共青团改革实施方案》中指出，高校共青团改革要贯彻落实党中央的决策部署、习近平总书记系列重要讲话精神，要“始终把握思想政治引领这一核心任务，坚持立德树人，坚持服务学生成长成才，坚持以体制机制改革激发活力，着力推进组织创新和工作创新，团结带领广大青年学生按照党的要求努力成长为中国特色社会主义事业的合格建设者和可靠接班人，为协调推进‘五位一体’总体布局和‘四个全面’战略布局、实现‘两个一百年’奋斗目标作贡献”①，根据以上指导思想，该文件提出了包括改革优化领导体制和运行机制、改革健全基层组织制度等五方面的具体改革措施十五条。由此文件的界定可以看出，思想政治引领是高校共青团的核心任务，同时，要达到思想政治引领的目标需要服务青年成长成才，需要提升团的建设水平，只有思想政治引领、服务青年、团的建设三方面工作协调配合、系统发力才能培养出中国特色社会主义事业的合格建设者和可靠接班人。《关于加强和改进新形势下高校共青团思想政治工作的意见》从七个方面提出了高校共青团思想政治工作的指导意见，分别是加强大学生思想政治引领和价值引领、强化组织育人、强化实践育人、强化文化育人、强化网络育人、强化服务育人、强化保障支持，根据以上界定，同样可以将高校共青团工作归纳为思想政治引领（包含思想政治引领和价值引领、实践育人、网络育人的相关内容）、服务青年（包含文化育人、服务育人的相关内容）和团的建设（包含组织育人和保障支持的相关内容）。2020 年团中央下发的《深化学校共青团改革的若干措施》中关于高校共青团工作的改革措施亦可以归为以上三类。

综上所述，高校共青团工作的内涵可概括为：高校共青团根据党中央、团中央的统一部署，以思想政治引领为核心、以服务青年和团的建设为两翼，针对高校青年的特点和需求，开展一系列帮助高校青年立志自强、成长成才的工作和活动。

2. 高校学生工作

学术界对高校学生工作这一概念有不同的定义和解释，如有学者指出，“学生工作是指那些直接作用于学生，由专门机构和人员从事的，有目的、

① 共青团中央基层建设部编：《党的十八大以来共青团基层建设制度汇编》，中国青年出版社，2020 年版，第 323–324 页。

有计划、有组织地发展、养成、提高学生政治、思想、品德、心理、性格素质和指导学生正确地行为的教育、管理和服务工作”①。亦有学者在考察美国的学生事务后指出，“从工作的对象性质内容和范围来看，美国的学生事务和学生服务与我国高校的学生管理工作类似”②。因此，可以看出，尽管不同学者对高校学生工作有不同定义，但均强调高校学生工作具有教育、管理和服务的职能。从高校实际情况来看，高校党委一般设置了学生工作部，行政设置了学生处，负责学生工作的开展，具体工作包括学生行为规范制定和执行、学生发展辅导和服务、学生权益维护、奖学金评比与发放、学生军训与国防军事教育等。总体来看，高校学生工作和高校共青团工作在部分具体工作内容上是交叉的，但二者亦有较大区别。工作对象上，高校学生工作的对象是高校学生，高校共青团工作的对象是高校青年，包括高校青年学生和青年教职工；工作重点上，高校学生工作更偏向于从行政的角度关注和解决高校学生在校的各种需要，而高校共青团工作以高校青年的思想政治引领为核心来开展各项工作；工作的实现路径上，高校学生工作以党委学生工作部、行政学生处及院系内的相关办公机构来开展工作，而高校共青团则依靠团委、团总支、团支部来开展工作，同时团委亦需要对其下的学生组织和社团进行具体的指导与管理。因此，高校学生工作与高校共青团工作紧密联系，部分工作内容相互交叉，但是各有侧重和工作领域，二者不应被混淆。

三、新时代高校共青团工作创新

中国特色社会主义新时代“以党的十八大为时间节点和历史标识”③，这个新时代“是承前启后、继往开来、在新的历史条件下继续夺取中国特色社会主义伟大胜利的时代，是决胜全面建成小康社会、进而全面建设社会主义现代化强国的时代，是全国各族人民团结奋斗、不断创造美好生活、逐

---

① 叶骏，金永发：《高等学校学生工作规范与指导》，同济大学出版社，1991 年版，第 1 页。

② 赵平：《美国高校学生工作》，北京航空航天大学出版社，1996 年版，第 1 页。

③ 曲青山：《认识把握新时代的五个维度》，《中共党史研究》2018 年第 1 期。

步实现全体人民共同富裕的时代，是全体中华儿女勠力同心、奋力实现中华民族伟大复兴中国梦的时代，是我国不断为人类作出更大贡献的时代”①。

1. 创新的定义

“创新”多出现于管理学和经济学的范畴中，美国学者约瑟夫·阿罗斯·熊彼特认为“创新是建立一种新的生产函数，即将一种从来没有过的生产要素和生产条件进行新的组合并引入生产体系”②。国内有学者将创新定义为“首先是一种思想以及在这种思想指导下的实践，是一种原则，以及在这种原则指导下的具体活动，是管理的一种基本职能”③。就创新的类别来看，从创新的规模及对系统的影响程度角度，创新可以分为“局部创新”和“整体创新”；从创新与环境的关系角度，可以分为“消极防御型创新”和“积极攻击型创新”；从创新发生的时期角度，可以分为“初建期的创新”和“运行中的创新”；从创新的组织程度角度，可以分为“自发创新”和“有组织的创新”。创新的基本内容主要包含五大方面：目标创新、技术创新、制度创新、组织创新和环境创新。目标创新是先导，技术创新是决定性因素，制度创新是保障，组织创新是重要内容，环境创新是精髓。就创新的特点来看，管理学认为其具有创造性、风险性、效益性、动态性、时效性和综合性。就创新的作用来看，微观上，创新是一个组织生存发展、减负提效的根本之道，是加强管理、提升效益的必由之路；宏观上，创新是一个社会和国家兴旺发达、不断前进的根本动力。因此，创新具有重要的理论与实践意义。

2. 新时代高校共青团工作创新的定义

综合共青团工作的相关理论与管理学、经济学中关于“创新”的界定，新时代高校共青团工作创新指高校共青团以习近平新时代中国特色社会主

① 中共中央：《中共中央关于党的百年奋斗重大成就和历史经验的决议》，人民出版社，2021 年版，第 21 页。

② 约瑟夫·阿罗斯·熊彼特：《经济发展理论——对于利润、资本、信贷、利息和经济周期的考察》，商务印书馆，2019 年版，序言第 3 页。

③ 周三多，陈传明，鲁明泓：《管理学——原理与方法》（第五版），复旦大学出版社，2009 年版，第 543 页。

义思想为指导，依据党和国家的大政方针和团中央的改革部署，根据各高校的实际情况和高校青年的新特点、新需求等，对工作体制机制进行改革，探索新的工作方式方法，构建和完善高校共青团工作改革创新的环境，实现思想政治引领的实效性、服务青年的基本能力的提高，并在严格贯彻落实全面从严治团中提升高校共青团的建设水平。

3. 新时代高校共青团工作创新的目标与具体内容

新时代高校共青团工作创新的目标，即改革高校共青团工作，培养为实现中华民族伟大复兴的中国梦和“两个一百年”奋斗目标而奋斗的时代新人。新时代高校共青团工作创新的原则，一是以改革目标为导向，重视高校青年的主体力量，培养高校青年肩负实现中华民族伟大复兴的中国梦的责任感和使命感；二是将理论与实践相结合，让高校青年在学习中增长知识、锤炼品格，在实践中增长才干、练就本领；三是当好桥梁，高校共青团工作创新要围绕党和国家工作大局，要加强党对高校青年工作和共青团工作的领导。新时代高校共青团工作创新的具体内容，即把握思想政治引领工作这一核心内容，引领高校青年树立坚定的理想信念，树立在服务人民、为国奉献中实现人生价值的人生观、世界观，引领青年投身社会主义现代化建设；加强文化育人，推进第二课堂建设，创新网络思政工作，提升思想政治引领实效；做好服务高校青年的相关工作，以促进青年的全面发展为目标，创新高校青年权益维护、权利保障、困难帮扶、法律援助、心理疏导、行为矫治、科研服务、就业实习、创新创业等工作，积极开展文体活动并以高校青年的身体健康和思想精神健康为中心，创新活动的形式与内容；做好团的建设的相关工作，坚持全面从严治团，坚持党的领导，优化党建带团建机制，打造“一心双环”团学组织格局，激发基层团支部活力，推进基层支部规范化、制度化建设，建设作风优良、能力过硬的团干部队伍。

第二节　新时代高校共青团工作创新的特点

创新是一种在原有理论体系和实践基础上提出新见解、新方案、新办法并付诸实践的创造性活动。新时代高校共青团工作创新具有鲜明的时代背景和解决现实问题的需要，同时，工作的改革创新是一个持续发展的过程。新时代高校共青团工作创新具有以下三个特征。

一、问题导向性

创新以解决现实问题、推动发展为基础，现实情况为创新提供了直接动力。新时代高校共青团工作创新首先是为了解决高校共青团工作中面临的问题。

党的十九大指出，新时代我国社会的主要矛盾是人民日益增长的美好生活需要和不平衡不充分的发展之间的矛盾。在高校共青团的工作领域内，部分高校也存在不平衡不充分的情况，各高校亦在探索提供高质量服务工作的措施。一方面，当代高校青年发展的多元化为新时代高校共青团工作创新提供直接动力。当代高校青年成长于改革开放年代，其从小生活的富裕程度较之前的青年有质的提升。但改革开放以来，贫富差距拉大、东西部和城乡间差距逐步拉大的客观现实也导致了来自不同的社会阶层、生活环境、地区等的当代高校青年，有着不同的学习生活需要、人生追求和多样化的价值观念。同时，高校青年中的不同群体维护自身合法权益和获取相关资源的能力千差万别。因此，高校中客观存在的这一不平衡现状要求新时代高校共青团不断创新工作，实现改革发展。另一方面，在实际工作中，部分高校依然存在“重精英、轻草根”的现象，重视对高校青年中精英群体如学生会干部、社团干部、团学活动积极分子等的动员与组织，而忽视普通团员青年的各种需要，工作中追求表面的热闹而不追求让更多的高校青年有获得感。

因此，新时代高校共青团工作创新以解决现实问题为出发点。第一，新时代高校共青团工作创新能有效提升团的思想政治引领工作的亲和力，改变以往过于注重灌输的思想政治教育模式，并能通过运用高校青年喜闻乐见的形式和载体，实现工作创新，达到思想政治引领润物细无声的目的。第二，新时代高校共青团工作创新能从横向延展服务青年工作的覆盖面，有效摒弃旧有的工作模式，促进教育领域的资源平衡，提升高校共青团在保障高校弱势青年群体的受教育权利、加强校园维权与反对校园暴力等方面的能力，同时通过创新困难帮扶、法治教育、法律援助、心理疏导、行为矫治、预防青年违法犯罪等工作，提高校园管理水平。第三，新时代高校共青团工作创新能有效提升高校共青团的工作质量，既能解决部分高校共青团因组织架构不完善、履职能力弱而不能很好地运用校内校外资源并满足青年的各项合理需要的问题，又能开发和拓展高校团组织的工作领域，在学习科研、文体活动、创新创业、就业实习等方方面面提升工作实效，帮助高校青年全面成长成才，顺利融入社会，实现价值。

二、过程动态性

创新是一个持续动态发展的过程，只有不断创新才能使共青团的生命力持续迸发，才能不断激发高校共青团工作的活力。从创新的时间周期来看，创新不是一蹴而就的，创新方案的设计、实施都需要时间。从创新的过程来看，创新方案需要到实践中检验，改革者需要不断地修正方案中与现实情况不符的部分，创新的过程是认识、实践、再认识、再实践的动态过程。因此，就新时代的高校共青团工作来看，持续性的、动态的创新是实现改革发展的必然要求，要做到这一点，需要高校共青团在新时代的发展中始终坚持和完善党的领导，始终紧跟党的改革步伐，坚持全面从严治团，构建改革发展的坚实基础，根据党的大政方针和现实情况对相关工作进行动态的、及时的响应。

创新的持续性要求高校共青团做好团的建设工作，打牢高校共青团发挥职能、做好工作、推动改革创新的基础，不断去除“四化”、增强“三性”，构建四维工作格局。坚持全面从严治团，要求高校共青团坚决维护党中央权威，始终坚定理想信念，传播党的声音，坚持党建带团建；要求高校共青团管好团干部队伍，严格选配和管理团干部，狠抓干部作风，从严抓好关键少数；要求高校共青团管好团员队伍，严格发展团员，改进团员教育管理，发挥团员模范作用；要求高校共青团管好团的组织，加强领导机关建设，加强基层建设，严肃团的组织生活；要求高校共青团严明团的纪律，严明组织纪律，严格制度执行，强化监督问责。

创新的持续性要求高校共青团工作坚持全面从严治团的原则，同时以“从严”为出发点，不断地根据高校青年的需要和现实情况的发展调整工作，而且，创新是一项系统的工作，一方面需要团干部在实际工作中去摸索工作的方法，实现创新；另一方面也需要团组织加强理论研究，鼓励研究者进入相关领域，探求高校共青团工作的规律，提升团组织的理论研究水平。

创新的持续性要求新时代高校共青团工作不能有“歇歇脚”的心态，要时刻注重团的组织建设和团干部队伍建设，加强团的思想政治建设，高校共青团的干部要对青年的需要、变化敏感，要直面青年的困惑，要善于帮助青年和引导青年。

总的来看，高校共青团工作创新是一个持续的自我革命过程，需要高校共青团不断地提升团的建设质量。

三、结果效益性

创新作为一种实践活动，具有多样性，但从其结果来看，只有带来效益、推动发展的创新才是有效的创新。新时代以来的国情社情变化及党由此制定的大政方针和规划部署指明了高校共青团工作创新的目标和方向，推动高校共青团工作创新能更好地服务党和国家的战略方针，提升青年工作的实效。培养为实现“两个一百年”奋斗目标和中华民族伟大复兴的中国梦而奋斗的高校青年是新时代高校共青团工作创新的鲜明导向。党的十五大以来，党和国家制定了“两个一百年”奋斗目标，提出了要在21世纪中叶建成富强、民主、文明、和谐、美丽的社会主义现代化强国，实现中华民族伟大复兴的中国梦。当代青年人正是肩负实现奋斗目标的中坚力量，国家发展的任务和规划指明了高校共青团思想政治引领工作在新时代创新发展的根本特征。这一本质特征要求高校共青团在新时代的创新发展中尊重高校青年的主体地位，引领和帮助高校青年树立坚定的理想信念与为民服务、为国奉献的人生价值观，引导青年提升思想道德素养，培育和践行社会主义核心价值观，帮助青年了解国家的大政方针，在社会实践中了解国情社情，引领青年运用所学知识投身社会主义现代化建设，并在实践中磨砺品行。在具体的工作上，高校共青团需要根据新时代的新导向和新目标实施“青年马克思主义者培养工程”“青年社会主义核心价值观培养工程”“青年网络文明发展工程”等，加强校园文化建设和文化育人，弘扬主旋律和正能量，大力推动高校第二课堂建设，实现第一、第二课堂配合协作的思政格局，重视互联网环境下的网上思想政治引领工作，运用新媒体等工作载体，创新网络思政工作，占领舆论阵地，提升共青团对青年的网络思想政治引领实效。

第三节　新时代高校共青团工作创新的意义

高校共青团工作的目的是通过系列活动和工作，树立高校青年的理想信念，帮助高校青年全面发展，培养紧跟党走的青年人才，因此，推进高校共青团工作创新有重要的现实意义。

一、提升培养时代新人工作实效的需要

新时代高校共青团工作创新的目标是培育为实现中华民族伟大复兴的中国梦和“两个一百年”奋斗目标而奋斗的时代新人，这一目标与我国新时代高等教育的目标是一致的。2017 年，党和国家发布高校“双一流”建设方案，着力从人才培养、科学研究、社会服务、文化传承创新、国际交流合作五个方面打造世界一流大学和一流学科。“双一流”建设一方面需要提升高校和专业的学术能力和学术水平，提升国际影响力；另一方面，“双一流”建设是为了更好地培养为我国社会主义现代化建设贡献力量的人才，“双一流”建设需要服务我国日益走近世界舞台中心的大局。因此，培养德才兼备，既有远大理想，又术业专精的高校人才是“双一流”建设的应有之义。

推动新时代高校共青团工作创新，有利于共青团在高校“双一流”建设

中积极发挥作用、主动担当职能，有利于使高校共青团成为高校“双一流”建设中的有机一环。在理想信念树立上，高校共青团加强团教协作，用中国梦引领高校青年努力学习、认真科研；在服务青年的各项工作上，高校共青团着力为科研教学提供条件和辅助；在带领青年投身社会服务上，高校共青团做好社会实践、志愿服务的组织与实施等工作；在文化传承创新上，高校共青团运用新技术手段宣传中华优秀传统文化、革命文化和社会主义先进文化；在国际交流合作上，高校共青团为高校青年出国交流和国外青年来华交流提供条件，培养有国际视野的高校青年，助力科研教学在交流中发展和创新。因此，推进新时代高校共青团工作创新有利于高校培育肩负时代责任和历史使命的、德才兼备的高校新时代新青年。

二、提升对新时代青年引领力的需要

随着时代的发展变化，高校青年表现出新的群体特征。目前，高校青年以“90 后”和“00 后”为主体，高校青年群体主要表现出以下四点特征：第一，由于生活条件和受教育程度均较前代青年有较大提升，总体来看，当前高校青年眼界开阔、思维活跃，乐于接受新事物，乐于创新，适应变化的能力和学习能力强；第二，互联网的发展提升了高校青年的表达能力和独立思考能力，在非中心化的网络世界中成长起来的高校青年有更强的自我意识和自尊心，反感灌输和强权压制；第三，随着我国综合国力的不断提升与对外交流的方便和频繁，当代高校青年更自信，对国家和民族发展的前途充满希望；第四，现实社会的高速发展和转型升级亦让高校青年生活在矛盾中，不少高校青年既希望拥有美好的生活，但又对未来充满迷茫，有的选择“躺平”，有的希望通过自身努力改变命运，有的在“内卷”中内耗，找不到前进的方向。

新时代高校共青团工作创新有利于高校共青团在变化发展的实际情况中掌握青年工作的主动权，不断根据高校青年群体的新特点创新工作模式和工作方法。只有通过不断创新，才能更好地发挥共青团的桥梁沟通作用，才能更好地贯彻落实党中央制定的青年工作大政方针，才能使共青团更好地围绕党和国家工作大局找准工作切入点、结合点、着力点，实现对高校青年有针对性的引导和服务，使高校共青团工作真正地走进高校青年的心坎里，从而始终巩固党的青年群众基础，始终保证高校青年永远跟党走。高校共青团只有通过工作创新，才能直面高校青年关心的话题和内容，才能真正实现引领青年投身社会主义现代化建设、在服务社会和人民中实现个人价值与社会价值的目的。

三、提升共青团工作能力的需要

从目前的实际工作情况来看，部分高校共青团仍受到“四化”的影响，在实际工作中存在表面化、形式化的现象，团组织的政治性、先进性和群众性得不到彰显，作为其工作对象的高校青年对高校共青团工作的满意度不高或者认为相关工作并没有满足其需要、帮助其解决问题，部分高校共青团未能让高校青年感受到共青团就在身边、共青团能起作用或者共青团是青年自己的组织，因此，创新高校共青团的工作模式和方式方法，通过改革去除“四化”有重要的现实意义。

推进新时代高校共青团工作创新有利于提升各项工作的实效性。在工作机制上，新时代的高校共青团工作创新坚持党的领导，应不断优化团的工作机制，贯彻落实党建带团建机制的相关要求，优化资源保障机制，积极构建“一心双环”团学组织格局，实现对学生会工作指导和社团管理的创新，坚持全面从严治团，完善团的组织机制，打造作风优良、能力过硬的团干部队伍，构建和完善高校青年校园权益维护机制，注重对弱势群体的帮扶，实现工作机制的创新和实效性提升；在工作模式上，新时代的高校共青团工作创新应坚持以调研为先的工作模式，及时了解高校青年的各项需求，有针对性地开展工作，要注重对校内校外思想政治引领、服务青年的各种资源的整合，推动第二课堂建设、团教协作、社会实践项目和科创激励计划的设立，实现工作模式的创新和实效性提升；在工作方式方法上，高校共青团应重视运用青年喜闻乐见的形式开展相关活动，把控时政热点，积极进行引导，运用好新媒体技术，占领网络舆论阵地，做好“智慧团建”的相关工作，以规范化和制度化推进基层团支部的活力提升，实现工作方式方法的创新和实效性提升。

第四节 小 结

本章梳理了新时代高校共青团工作创新的相关概念及内涵，总结了新时代高校共青团工作创新的主要意义，现将本章内容总结如下：

高校共青团工作及相关概念的内涵。青年工作指在党的领导和马克思主义的指导下，由党、政府和社会共同形成引导青年、教育青年、保护青年和服务青年等方面的合力，在青年成长的各个阶段有针对性地开展一系列活动和工作，这一系列活动和工作主要通过共青团来开展。共青团工作主要是指在党的领导下，共青团开展的各项青年工作。从理论和实际工作的情况来看，青年工作包含了共青团工作，共青团工作是青年工作的核心和主要部分。高校共青团工作是指高校共青团根据党中央、团中央的统一部署，以思想政治引领为核心、以服务青年和团的建设为两翼，针对高校青年的特点和需求，开展一系列帮助高校青年立志自强、成长成才的工作和活动。高校学生工作主要是指高校对学生的教育、管理和服务工作。高校共青团工作和高校学生工作在概念上有交叉的部分，但是在工作对象、工作重点和工作的实现路径等方面均有明显差异，二者侧重不同，实际工作中的具体内容亦有较大差别，不应被混淆。新时代高校共青团工作创新指高校共青团以习近平新时代中国特色社会主义思想为指导，依据党和国家的大政方针和团中央的改革部署，根据各高校的实际情况和高校青年的新特点、新需求等，对工作体制机制进行改革，探索新的工作方式方法，实现思想政治引领的实效性、服务青年的基本能力的提高，并在严格贯彻落实全面从严治团中提升高校共青团的建设水平。

新时代高校共青团工作创新的特点。党和国家制定的新时代发展方略指明了新时代高校共青团工作创新的特点，特点之一是开展围绕实现“两个一百年”奋斗目标和中国梦的思想政治引领工作，思想政治引领工作创新要求高校共青团既要在学习中帮助高校青年树立理想信念，又要在实践中磨砺高校青年的意志品质，使其树立为民服务、为国奉献的人生观念；特点之二是解决服务青年工作中的不平衡不充分问题，服务青年工作的创新要在横向拓展覆盖面，解决不平衡的问题，在纵向提升质量，解决不充分的问题；特点之三是落实全面从严治团的团的建设要求，始终坚持党的领导，从严管好团干部队伍、团员队伍和团的组织，严明团的纪律，要求高校共青团在自我革命中推动团的建设工作创新。

新时代高校共青团工作创新的意义。新时代高校共青团工作创新与新时代高校“双一流”的目标具有一致性，有利于高校培育肩负时代责任和历史使命的、德才兼备的高校新时代新青年。新时代的新变化亦使高校青年展现出新特点，高校共青团工作创新有利于发挥好高校团组织的桥梁沟通作用，有利于巩固党的青年群众基础，始终保证高校青年永远跟党走。新时代高校共青团工作创新有利于解决共青团体系中一直存在的问题，有利于从工作机制、模式和方式方法上提升高校共青团各项工作的实效性，让高校青年真正感受到共青团就在身边，让高校青年真正具有获得感。

第三章

新时代高校共青团工作创新的理论指导

思想是行动的指南，理论是实践的先导。马克思主义经典作家的理论叙述和中国共产党的主要领导人关于共青团工作的重要思想阐明了共青团工作的具体内容和发展改革方向，构成了高校共青团工作的核心要旨。本章从梳理马克思和恩格斯、列宁、斯大林及中国共产党领导人的青年观和青年工作观入手，总结高校共青团工作的理论渊源和主要内容，阐明后文具体分析的理论出发点、理论渊源、历史经验与理论框架。

第一节　马克思主义共青团工作的思想

马克思和恩格斯创立了科学社会主义，从工人阶级的立场论述了该如何培养青年、保护青年与动员青年。列宁在俄国实践了科学社会主义，并在革命、建设的过程中指导了共青团工作。斯大林进一步明确了共青团的地位、作用等，共青团工作得到了发展。

一、马克思和恩格斯关于青年工作的重要思想

马克思和恩格斯所生活的时代是资本主义迅速发展的时代，一方面，生产不断破除旧有社会关系，资产阶级到处开拓世界市场、建立新的工业，科技推动各行各业大发展，人口不断积聚，城市兴起，自由竞争和与之相适

应的各种社会制度构建起来，“资产阶级在它的不到一百年的阶级统治中所创造的生产力，比过去一切世代创造的全部生产力还要多，还要大”①；另一方面，财富不断聚集在少数人手中，社会化的大生产与生产资料被少数人占有的基本矛盾日益尖锐并最终以周期性的经济危机和商业危机表现出来，“社会突然发现自己回到了一时的野蛮状态；仿佛是一次饥荒、一场普遍的毁灭性战争，使社会失去了全部生活资料；仿佛是工业和商业全被毁灭了”②，伴随着资产阶级崛起的是无产阶级的贫困化。马克思和恩格斯通过科学探索与革命实践，开创并不断发展了历史唯物主义和剩余价值理论，揭示了社会发展的规律和根本动力，指出了社会主义必将取代资本主义的前景，表明了无产阶级的终极任务就是消灭私有制，无产阶级只有解放全人类才能解放自己。

青年群体是无产阶级的生力军，马克思和恩格斯关于青年的重要思想散见于《临时中央委员会就若干问题给代表的指示》《“模范国家”比利时》《最近发生的莱比锡大屠杀——德国工人运动》《德国的社会主义》《致国际社会主义者大学生代表大会》《青年在选择职业时的考虑》等文献和相关书信中，总的来说，马克思和恩格斯关于青年的重要思想主要表现在以下两个方面。

1. 青年是社会变革的重要力量

青年人是无产阶级的生力军。马克思和恩格斯认为青年无产阶级思想活跃，富有革命精神和反抗精神。恩格斯在谈论德国的工人运动时就写道：“实现这一变革的将是德国的青年。但是这种青年不应该在资产阶级中去寻找。德国的革命行动将从我们的工人当中开始。”③资本主义的发展锻造了置自身于死地的武器和使用这一武器的掘墓人——无产阶级，青年无产者是无产阶级的重要组成部分，他们具有充沛的精力和活跃的思维，但其承受残酷的剥削和压榨，挣扎在生存线边缘，因此他们又最具有革命和反抗

① 《马克思恩格斯选集》第1卷，人民出版社，2012年版，第405页。

② 《马克思恩格斯选集》第1卷，人民出版社，2012年版，第406页。

③ 《马克思恩格斯全集》第2卷，人民出版社，1957年版，第629页。

精神，“为了社会改造，他们愿意献出一切：妻子和儿女，财产和鲜血”[①]。青年无产者流动性强，其职业选择具有多样性，不少青年无产者在革命年代进入军队，成为革命的生力军，恩格斯曾预测：“既然对党提供补充人员最多的正是年轻的一代，那么由此可以得出结论说，德国军队将越来越受到社会主义的影响。现在有五分之一的士兵站在我们这边，再过几年将有三分之一，而到 1900 年，这支以前德国最具普鲁士精神的军队将大半成为社会主义的军队。”[②]除此之外，在革命缓慢发展时期，青年无产者是无产阶级政党的重要群众基础，利用普选权的斗争中，德国社会民主党在 19 世纪 90 年代曾获得近 200 万张选票，超过总票数的四分之一，这些选民和“虽非选民却拥护他们的那些男青年和妇女，共同构成为一个最广大的、坚不可摧的人群，构成国际无产阶级大军的决定性的‘突击队’”[③]。由此可以看出，马克思和恩格斯重视青年在无产阶级中的作用和地位，并将社会变革的希望寄托在该群体身上。

青年是未来的希望。马克思和恩格斯认为自由人的联合体将代替资本主义社会，在这一联合体中，个人的自由发展将成为他人自由发展的前提和条件，要达到这样的理想社会需要无产阶级一代又一代的接续奋斗，马克思指出：“最先进的工人完全了解，他们阶级的未来，从而也是人类的未来，完全取决于正在成长的工人一代的教育。”[④]从思想上来看，青年人乐于接受新思想，思维活跃，同时，青年的成长需要科学的理论指引方向，因此，在资本主义大发展的时代，科学社会主义给予了青年无产者思想的武器，革命的理论推动了革命的运动，理论一旦具有彻底的说服力就可以被人掌握而转化为物质的力量，如果越来越多的青年人认可并将马克思主义作为信仰，那么社会变革的力量就会更加强大，未来社会实现的前景就会更加清晰。从实践上来看，马克思和恩格斯认为青年无产者一方面要将科

---

① 《马克思恩格斯全集》第 3 卷，人民出版社，2002 年版，第 437 页。

② 《马克思恩格斯全集》第 29 卷，人民出版社，2021 年版，第 334 页。

③ 《马克思恩格斯选集》第 4 卷，人民出版社，2012 年版，第 395 页。

④ 《马克思恩格斯全集》第 16 卷，人民出版社，1964 年版，第 217 页。

学的理论运用于革命实践和服务人民大众的生产活动中，另一方面，无产阶级要全面地学习和掌握管理社会、国家的各种技能，在夺取政权后实现对政治机器和社会生产的全部掌管，青年人往往具有学习能力强、可塑性强、乐于接受新生事物等特点，因此，未来社会的实现离不开青年人的全面发展和自身能力的不断提高，青年人肩负着推动社会发展、实现社会进步的希望。

2. 青年的成长需要关注和引导

青年的正当权益需要保护。马克思在《资本论》等著作中研究了资产阶级榨取工人剩余价值的秘密。首先，资本家购买的是无产阶级的劳动力而非劳动，这部分工资仅够劳动者维持最低限度的生活；其次，资产阶级通过延长劳动时间和提高劳动生产率来剥削工人的绝对剩余价值和相对剩余价值；再次，资本主义的发展带来了无产阶级的普遍贫困化和城市相对过剩人口的积聚现象，因此在无产阶级的力量还未联合起来时，资产阶级可以通过自身的优势地位来压制工人的反抗并且以更低廉的工资来获取劳动力。这样高强度的生产方式造成了工人身体和心理的损伤，无产阶级的基本生存发展权益受到巨大侵犯。马克思和恩格斯除致力于暴力推翻资产阶级的革命运动，亦投入了大量的精力和热情到争取十小时、八小时工作制的和平斗争中。在青少年、儿童、妇女等群体的正当权益保护法方面，马克思在《临时中央委员会就若干问题给代表的指示》中进行了叙述，其指出："儿童和少年的权利应当得到保护。他们自己没有能力保护自己。因此社会有责任保护他们。"①马克思和恩格斯认为，应该通过立法来保障青少年的受教育权利和正当的劳动权益，要保障该群体的休息时间，避免无限制的雇佣劳动透支该群体的劳动力，要给予该群体追求自身发展的空间，社会要提供给青年无产者学习技能和全面发展的机会。

青年的自我价值要在其社会价值的实现中实现。马克思在《关于费尔巴哈的提纲》中指出，人的本质"在其现实性上，它是一切社会关系的总

---

① 《马克思恩格斯全集》第 16 卷，人民出版社，1964 年版，第 217 页。

和”[①]。在马克思和恩格斯生活的年代，由于资本的野蛮生长、极不平等的社会分配方式和社会基本福利制度的不健全，大部分青年无产者得不到充分受教育的机会，同时，资产阶级的剥削导致无产者时常面对失业、伤残等问题，因此，这样的社会关系把富有活力和力量但又缺乏正确引导的青年无产者推向了另一个极端，即流氓无产阶级，“这是盗贼和各式各样罪犯滋生的土壤，是专靠社会餐桌上的残羹剩饭生活的分子、无固定职业的人、游民……能够做出轰轰烈烈的英雄业绩和狂热的自我牺牲，也能干出最卑鄙的强盗行径和最龌龊的卖身勾当”[②]，他们不仅不能实现其应有的社会价值，反而在贫穷和堕落中迷失了人生方向，甚至走向犯罪，正如马克思所指出的，“犯罪行为也随着赤贫现象的增长而增长，人民生命的源泉——青年日益堕落……由此可见，从 1845 年以来，18 岁以下的少年罪犯的人数每年大约增加一倍”[③]。对此，马克思和恩格斯指出，一方面要实行社会的完全变革，保障青年人的基本权益；另一方面要通过积极的引导，使青年人将自身价值的实现同社会价值的实现结合起来，“在选择职业时，我们应该遵循的主要指针是人类的幸福和我们自身的完美。不应认为，这两种利益会彼此敌对、互相冲突，一种利益必定消灭另一种利益……人只有为同时代人的完美、为他们的幸福而工作，自己才能达到完美”[④]。要培养掌握知识的“脑力无产阶级”，“它的使命是在即将来临的革命中同自己从事体力劳动的工人兄弟在一个队伍里肩并肩地发挥重要作用……而工人阶级的解放，除此之外还需要医生、工程师、化学家、农艺师及其他专门人才，因为问题在于不仅要掌管政治机器，而且要掌管全部社会生产”[⑤]。

青年的教育是为了实现人的全面发展。马克思和恩格斯重视对青年无产阶级的教育问题，首先，他们指出要废除资产阶级工具式的教育模式，因

① 《马克思恩格斯选集》第 1 卷，人民出版社，2012 年版，第 135 页。

② 《马克思恩格斯选集》第 1 卷，人民出版社，2012 年版，第 461 页。

③ 《马克思恩格斯全集》第 5 卷，人民出版社，1958 年版，第 368 页。

④ 《马克思恩格斯全集》第 1 卷，人民出版社，1995 年版，第 459 页。

⑤ 《马克思恩格斯选集》第 4 卷，人民出版社，2012 年版，第 301 页。

为“资产者唯恐失去的那种教育，对绝大多数人来说是把人训练成机器”①。其次，对青年新的教育是综合的、全面的教育，即“我们把教育理解为以下三件事：第一：智育。第二：体育，即体育学校和军事训练所教授的那种东西。第三：技术教育，这种教育要使儿童和少年了解生产各个过程的基本原理，同时使他们获得运用各种生产的最简单的工具的技能”②。最后，对青年的教育是为未来社会培育掌握全面技能、全面发展的自由自主劳动者，一方面“教育将使年轻人能够很快熟悉整个生产系统，将使他们能够根据社会需要或者他们自己的爱好，轮流从一个生产部门转到另一个生产部门”③，另一方面“从工厂制度中萌发出了未来教育的幼芽……就是生产劳动同智育和体育相结合，它不仅是提高社会生产的一种方法，而且是造就全面发展的人的唯一方法”④。因此在马克思和恩格斯的青年观里，青年的教育和全面发展至关重要，无产阶级在革命的过程中必须要重视这一问题。

二、列宁关于共青团工作的重要思想

19 世纪后半叶，马克思主义传入俄国并与俄国的工人运动相结合，列宁领导了俄国布尔什维克党的革命活动。随着自由资本主义在 20 世纪初完成了向垄断资本主义的过渡，世界进入帝国主义时代，列宁根据这一变化，在系统研究资本主义的基础上提出帝国主义论和社会主义“一国胜利论”，布尔什维克党领导俄国无产阶级抓住了第一次世界大战的革命形势，取得了十月革命的胜利，建立了世界上也是人类历史上第一个社会主义国家。十月革命胜利后，俄国人民在列宁领导的布尔什维克党的带领下，经过浴血奋战粉碎了国内外反动势力对新生人民政权的联合绞杀，捍卫了十月革命的成果，同时，以列宁为代表的布尔什维克党人将马克思主义普遍原则同苏俄具体实际相结合，开始独立探索在经济文化都比较落后的国家建设

① 《马克思恩格斯选集》第 1 卷，人民出版社，2012 年版，第 417 页。

② 《马克思恩格斯全集》第 16 卷，人民出版社，1964 年版，第 218 页。

③ 《马克思恩格斯选集》第 1 卷，人民出版社，2012 年版，第 308 页。

④ 《马克思恩格斯选集》第 1 卷，人民出版社，2012 年版，第 308 页。

社会主义的道路，在具体实践中实现了战时共产主义到新经济政策的转变，社会主义建设取得了初步成果并积累了宝贵的经验。

在革命和建设的过程中，列宁强调布尔什维克党对青年的组织和思想引导工作。在布尔什维克党的影响和帮助下，革命的俄国青年组织起来，成立了俄罗斯共产主义青年团，其在捍卫人民政权和社会主义建设中作出了重要的贡献。列宁尤为重视青年的力量，并多次就青年和青年团问题撰文和发表讲话，形成了系统的理论，发展了马克思和恩格斯关于青年的重要思想，列宁有关青年和共青团的重要思想具体体现在《革命青年的任务》《反军国主义的宣传和社会主义工人青年团体》《致我们的接班人》《青年团的任务》等经典文献中。

1. 要把革命青年组织起来

列宁等布尔什维克党人在继承马克思和恩格斯重视青年的革命力量的思想基础上明确提出要将青年组织起来。列宁在 1903 年俄国社会民主工党第二次代表大会上就对待青年学生的态度指出：“代表大会对青年学生中朝气蓬勃的革命主动精神表示欢迎，建议所有的党组织千方百计地协助这些青年实现其组织起来的愿望。”① 列宁指出，一方面，要信任青年，“俄国的人才多得很，只是必须更广泛和更大胆地、更大胆和更广泛地、再更广泛和再更大胆地吸收青年参加工作，不要对青年不放心……不要怕他们缺乏锻炼，不必担心他们没有经验和不够成熟”②，要给予青年组织独立地位，“如果青年没有充分的独立性，他们既不能把自己锻炼成为优秀的社会主义者，也不能培养自己去引导社会主义运动前进”③；另一方面，列宁强调，必须要用科学的理论来引导组织起来的青年，要同错误的、有害的思想作斗争，既要研究马克思主义，树立青年完整而彻底的革命世界观，又要研究需要斗争的俄国民粹主义和西欧机会主义等思潮，要“提防青年的那些假朋友，他们正在用革命的或唯心主义的空话、用所谓在各革命的和反政府的派别

① 《列宁全集》第 7 卷，人民出版社，1986 年版，第 235 页。

② 《列宁全集》第 9 卷，人民出版社，1987 年版，第 228 页。

③ 《列宁全集》第 28 卷，人民出版社，1990 年版，第 288 页。

之间进行激烈尖锐的论战是有害的和不必要的这类庸人的怨言，来诱使青年忽视扎实的革命教育”①，要“在大学生中间传播社会民主主义的信念，同那些虽然号称‘社会革命’思想、却与革命的社会主义毫无共同之处的观点作斗争”②，以此来保证青年组织的前进方向。

2. 要加强对青年的思想政治教育，培育青年的共产主义道德和价值观

列宁强调指出：“没有革命的理论，就不可能有被压迫阶级的即历史上最革命的阶级的世界上最伟大的解放运动。”③科学理论和价值观对激励青年奋起参加推动社会变革的事业有巨大作用，十月革命以前，列宁多次论述了青年人树立严整的革命人生观的重要性，在1907年发表的《反军国主义的宣传和社会主义工人青年团体》中，列宁就指出：“青年团体的主要宗旨是自学，是树立明确严整的社会主义世界观。”④同时，列宁指示全党在加强与青年接触的过程中要主动运用马克思主义来树立青年人的革命价值观，要指出其他错误思潮并与其斗争。十月革命后，列宁尤其强调青年团等组织对青年的思想教育和共产主义道德培育的作用，列宁指出：“青年团的任务就是要这样来安排自己的实际活动：使团员青年在学习、组织、团结和斗争的过程中把他们自己和那些以他们为带头人的人都培养成共产主义者。”⑤青年团要依据社会主义建设的具体任务，在实践活动中对青年人进行思想政治教育，带领青年人树立共产主义道德，列宁认为，“在共产主义者看来，全部道德就在于这种团结一致的纪律和反对剥削者的自觉的群众斗争”⑥，只有树立共产主义道德的青年才能肩负起未来社会的建设重任，才能推动社会主义国家向前发展。

---

① 《列宁全集》第7卷，人民出版社，1986年版，第235页。

② 《列宁全集》第7卷，人民出版社，1986年版，第327页。

③ 《列宁全集》第28卷，人民出版社，2017年版，第15页。

④ 《列宁全集》第16卷，人民出版社，1988年版，第107页。

⑤ 《列宁选集》第4卷，人民出版社，1995年版，第288页。

⑥ 《列宁选集》第4卷，人民出版社，1995年版，第292页。

3. 青年要加强学习，教育是理论与实践的结合，培育青年成为社会的主人

列宁认为，学习是青年人将个人价值实现与社会价值实现结合的重要途径，也是青年人成长为合格的接班人的必然要求。列宁指出青年人学习对建立共产主义社会的重要性："每个青年必须懂得，只有受了现代教育，他才能建立共产主义社会，如果不受这种教育，共产主义仍然不过是一种愿望而已。"① 列宁认为，学习和培育以旧社会遗留的材料为起点，但是要抛弃过去资本主义的教育中书本与生活实践完全脱节和培养奴隶的问题，因为"青年一代努力的结果将建立一个与旧社会完全不同的社会，即共产主义社会"②，因此，列宁指出，青年人的学习要紧密地和实践结合起来，教育要与"沸腾的实际生活"联系起来，"青年们只有把自己的训练、培养和教育中的每一步骤同无产者和劳动者不断进行的反对剥削者的旧社会的斗争联系起来，才能学习共产主义"③，教育和学习的方法"决不是向他们灌输关于道德的各种美丽动听的言辞和准则"，而是要让青年在实际生活中看到并参与到与剥削者的斗争中、参与到社会主义国家的建设中，如电气化建设、扫盲运动等，"只有在与工农的共同劳动中，才能成为真正的共产主义者"④。因此，对于青年团来说，其要将自身建设成为"一支能够支援各种工作、处处都表现出主动性和首创精神的突击队"⑤，引导青年将"自己的工作和精力全部贡献给公共事业"⑥。

三、斯大林关于共青团工作的重要思想

列宁逝世后，斯大林领导联共(布)开展了大规模的社会主义建设，在较短的时间内实现了社会主义工业化和农业集体化，社会主义制度在苏联

① 《列宁选集》第4卷，人民出版社，1995年版，第287页。
② 《列宁选集》第4卷，人民出版社，1995年版，第282页。
③ 《列宁选集》第4卷，人民出版社，1995年版，第292页。
④ 《列宁选集》第4卷，人民出版社，1995年版，第295页。
⑤ 《列宁选集》第4卷，人民出版社，1995年版，第295页。
⑥ 《列宁选集》第4卷，人民出版社，1995年版，第294页。

基本确立。与此同时，20 世纪 30 年代的世界经济危机激化了各资本主义国家内的种种矛盾，德国、日本和意大利的法西斯势力抬头并迅速崛起，掀起了第二次世界大战。苏联在该时期对社会主义建设道路的探索和斯大林模式的形成有鲜明的客观时代背景，从世界局势和本国国情来看，苏联需要在短时间内改变落后农业国的面貌，实现社会主义工业化，为随时可能到来的战争作准备，同时，战争期间和战后恢复需要全国上下高度集中统一。因此，一方面，苏联以重工业为主的社会主义建设为反法西斯战争奠定了雄厚的物质基础，在以斯大林为代表的联共(布)中央强力领导下，苏联最终战胜了敌人，取得了胜利，维护了国家主权和独立；另一方面，在以后的实践中，苏联高度集中的经济、政治和文化体制产生了严重的弊端和问题。

在这一历史背景下，斯大林关于青年和共青团工作的重要思想除了继承了马克思和恩格斯、列宁关于青年主体地位、组织青年、教育青年等内容，还重点强调了发挥青年在社会主义建设中的重要作用，明确细化了共青团的任务、作用及党团关系等问题。其具体论述主要体现在《论共产主义青年团的矛盾》《关于农村共产主义青年团积极分子》《致苏联无产阶级大学生第一次全国代表大会》《论共青团的任务》等文献中。

1. 要大力发挥青年在社会主义建设中的作用

苏联计划在较短时间内实现国家工业化就需要大力发挥人的主观能动性，实现人尽其才，斯大林提出“干部决定一切”，他尤其强调青年干部和青年知识分子在社会主义建设中的重要作用，斯大林在《致苏联无产阶级大学生第一次全国代表大会》中指出：“医学家和经济学家、合作社工作者和教育工作者、采矿工程师和统计学家、技师和化学家、农业工作者和铁道工程师、兽医和林业工作者、电工技术员和机械师——这都是建设新社会，建设社会主义经济和社会主义文化的未来的指挥人员……要使高等学校学生——工人大学生和农民大学生，党员大学生和非党员大学生——了解自己的这个光荣的作用，并且自觉地忠实地起自己的作用……要竭力使无产阶级大学生成为社会主义经济和社会主义文化的自觉的建设者——这就是党的第一个任务。”[①] 斯大林强调青年要主动学习各种知识，既要向朋友学习，又要向敌人学习，掌握真本领才能建设好社会主义。同时，斯大林反对空谈政治和理论，尤其强调党员大学生和共青团积极分子不能只专注于政治理论，要学习知识和技术，他十分重视青年在实践中学习，认为“必须使每个共青团员积极分子都把自己在各个建设部门中的日常工作同建成社会主义社会的前途结合起来。必须使他们善于根据实现这一前途的精神和方向来进行自己的日常工作”[②]。

2. 明确共青团的相关工作

斯大林重视共青团在社会主义建设中作用的发挥，首先，从党团关系来看，斯大林认为党是群团组织的领导核心，“共青团在形式上是工人和农民的非党组织，但它同时又应当在我们党的领导下进行工作。任务就是要保证青年对我们党的信任，保证我们党在共青团中的领导”[③]，因此，要做好共青团工作就要加强和完善党的领导，贯彻好党的大政方针。其次，从共青团的性质来看，斯大林认为“共青团是连接阶级和党的第三根引带”[④]，其起到桥梁和沟通作用，同时，斯大林指出，“共产主义青年团是后备军，是由农民和工人组成的后备军，党就是用它来补充自己的队伍的。但他同时又是工具，是党用来影响青年群众的工具”[⑤]。再次，从共青团的任务来看，斯大林多次论述该问题，一方面，从宏观角度来说，斯大林认为共青团的主要任务是由国际形势和国内状况共同决定的，“共青团要在言论上和行动上支持全世界被压迫阶级的革命运动，支持苏联无产阶级为争取社会主义建设、争取无产阶级国家的自由和独立而进行的斗争”[⑥]；另一方面，从具体的社会主义建设来说，斯大林认为“把一切忠实的革命的青年农民聚集在无产阶级核心的周围；吸引自己的团员参加经济、文化、军事、行政各方面的

① 《斯大林选集》上卷，人民出版社，1979 年版，第 317 页。
② 《斯大林全集》第 7 卷，人民出版社，1958 年版，第 201 页。
③ 《斯大林全集》第 7 卷，人民出版社，1958 年版，第 202 页。
④ 《斯大林全集》第 5 卷，人民出版社，1957 年版，第 164 页。
⑤ 《斯大林全集》第 6 卷，人民出版社，1956 年版，第 58 页。
⑥ 《斯大林全集》第 7 卷，人民出版社，1958 年版，第 200 页。

工作；把他们培养成为我们国家的战士和建设者、劳动者和领导者——这就是共青团的任务"[①]。因此，总体来看，斯大林清晰、系统地论述了共青团的重要作用和具体工作，从实践情况来看，共青团在联共(布)的领导下带领青年为苏联的社会主义事业作出了突出贡献。

第二节 中国共产党主要领导人关于共青团工作的重要思想

中国共产主义青年团自 1922 年成立以来(成立时命名为"中国社会主义青年团")即在党的领导下，团结带领青年投身反帝反封建的革命斗争中，为中国革命的胜利作出了突出贡献。中华人民共和国成立以来，随着党的中心任务转移，其角色亦从革命的生力军转变为建设的突击队，三大改造完成、社会主义制度在我国确立后，1957 年 5 月，中国新民主主义青年团正式改名为中国共产主义青年团。在社会主义革命和建设时期、改革开放时期和新时代，在党的领导下，高校共青团根据具体的时代主题和任务，不断探索和深化相关工作，形成了较完善的工作体系，中国共产党主要领导人关于共青团工作的思想有重要的理论指导价值。

一、毛泽东关于共青团工作的重要思想

十月革命一声炮响为中国送来了马克思列宁主义，自此，中国人找到了实现民族解放、国家振兴和社会进步的科学理论。以毛泽东为主要代表的共产党人将马克思主义基本原则同中国的实际情况相结合，在革命和建设中不断将马克思主义中国化。新民主主义革命时期，毛泽东提出了新民主主义论，明确论述了中国革命的对象、动力、性质、道路和前途等问题，指明了革命前进的方向；社会主义改造时期，毛泽东等中共中央领导人

① 《斯大林全集》第 6 卷，人民出版社，1956 年版，第 220 页。

提出“一化三改”的总路线，实现了对农业、手工业和工商业的社会主义改造；社会主义建设时期，毛泽东提出要“以苏为鉴”，探索适合中国国情的社会主义建设道路，要处理好十大关系，要分清敌我矛盾和人民内部矛盾并用正确的方式处理矛盾，同时，以毛泽东为主要代表的中央领导集体提出实现“四个现代化”“百花齐放，百家争鸣”等方针政策。总体来看，前三十年的中国社会主义建设在摸索中前进，既为改革开放奠定了物质基础，改变了中国一穷二白的状况，又通过曲折探索为后来的建设积累了宝贵的经验和教训。

毛泽东向来重视青年群体在革命和建设中的重要作用，在《五四运动》《青年运动的方向》《在莫斯科大学会见中国留学生时的讲话》《青年团的工作要照顾青年的特点》等文章和讲话中阐述了其青年观和青年工作观。总体来看，毛泽东认为青年群体充满朝气，斗志昂扬，革命过程中，青年人是革命的“一个方面军”，而在社会主义建设的过程中，青年人是新生力量，是未来的希望，毛泽东重视党对青年运动和青年组织工作的领导，亦非常重视青年的全面发展，其主要思想具体体现在以下三个方面。

1. 要重视青年、信任青年、培育青年

毛泽东在莫斯科大学接见留学生时指出：“世界是你们的，也是我们的，但归根结底是你们的。你们青年人朝气蓬勃，正在兴旺时期，好像早晨八九点钟的太阳。希望寄托在你们身上。”① 青年在革命年代积极投身政治运动和革命事业，五四运动和一二·九运动等都以青年为主力军，在反抗日本侵略者、国民党反动派和美帝国主义的战争中，涌现了如狼牙山五壮士、刘胡兰、董存瑞、邱少云、黄继光等青年英雄代表；在社会主义建设年代，青年积极投身各行各业，涌现了如雷锋、梁军、王崇伦、吴运铎等青年模范代表。毛泽东多次谈到要充分信任青年，要研究青年人的特点并发挥他们的力量，不应用保守思想来压抑青年的成长，同时在青年人的培育方面要着重注意两个问题。一是要树立青年人坚定正确的政治方向，发扬艰

① 共青团中央，中共中央文献研究室编：《毛泽东 邓小平 江泽民论青少年和青少年工作》，中国青年出版社，中央文献出版社，2000 年版，第 120 页。

苦创业和永久奋斗的精神，毛泽东认为真正的模范青年要坚定正确的政治方向，在《在抗大应当学习什么？》中，他明确指出："首先是学一个政治方向"①。他对到抗大学习的青年党员提出："你们要为中华民族的解放，为建设新中国而永不退缩，勇往直前，要坚决地为全国四万万五千万同胞奋斗到底！"②在《永久奋斗》中，毛泽东指出，"要有'富贵不能淫，贫贱不能移，威武不能屈'的骨气来坚持这个方向"③，并将这样的精神运用到艰苦创业中。二是要促进青年人的全面成长，一方面是德育、智育和体育相结合，"我们的教育方针，应该使受教育者在德育、智育、体育几方面都得到发展，成为有社会主义觉悟的有文化的劳动者"④，毛泽东认为对于青年人来说，健康是第一位的，学习是第二位的，"青年人就是要多玩一点，要多娱乐一点，要跳跳蹦蹦，不然他们就不高兴"⑤，要身体好、学习好、工作好；另一方面，青年人的培育必须同工农群众相结合，毛泽东主张青年在劳动中学习，反对脱离群众的倾向，他认为"真正的革命者必定是愿意并且实行和工农民众相结合的"⑥，尤其是青年知识分子，只有在与人民群众相结合的过程中才能将自身知识进行检验和利用，旧社会残余的思想价值观念才能得到改造。

2. 高度评价青年运动

毛泽东认为青年运动对革命有突出作用，他指出中国青年在五四运动中"起了某种先锋队的作用"⑦，"为了中华民族的解放、独立、自由、幸福，进行了那样的斗争，英勇得很"⑧；对于一二·九运动，毛泽东认为"它是伟

① 《毛泽东文集》第 2 卷，人民出版社，1993 年版，第 116 页。

② 《毛泽东文集》第 2 卷，人民出版社，1993 年版，第 119 页。

③ 《毛泽东文集》第 2 卷，人民出版社，1993 年版，第 191 页。

④ 《毛泽东文集》第 7 卷，人民出版社，1999 年版，第 226 页。

⑤ 《毛泽东文集》第 6 卷，人民出版社，1999 年版，第 277 页。

⑥ 共青团中央，中共中央文献研究室编：《毛泽东 邓小平 江泽民论青少年和青少年工作》，中国青年出版社，中央文献出版社，2000 年版，第 33 页。

⑦ 共青团中央，中共中央文献研究室编：《毛泽东 邓小平 江泽民论青少年和青少年工作》，中国青年出版社，中央文献出版社，2000 年版，第 41 页。

⑧ 《毛泽东文集》第 2 卷，人民出版社，1993 年版，第 190 页。

大抗日战争的准备……同时，一二九运动也帮助了红军，这两件事的结合，就帮助了全民抗战的发动，帮助了中华民族，增进了全民族的利益”[①]；在论及解放战争中第二条战线的开辟时，毛泽东指出“现在又出现了第二条战线，这就是伟大的正义的学生运动和蒋介石反动政府之间的尖锐斗争……学生运动是整个人民运动的一部分。学生运动的高涨，不可避免地要促进整个人民运动的高涨”[②]。在高度评价青年运动的同时，毛泽东强调党对青年运动的领导，强调青年运动与工农结合，特别是在社会主义建设时期，青年要在社会生产实践中去努力学习、发挥作用。

3. 共青团要围绕党的中心工作照顾青年特点开展工作

党是群团组织的领导核心，青年群体是共青团工作的落脚点和出发点，毛泽东指出：“青年团要配合党的中心工作，但在配合党的中心工作当中，要有自己的独立工作，要照顾青年的特点。”[③]他提出团中央要研究“一个是党如何领导团的工作，一个是团如何做工作”[④]这两个问题，要使各级党委满意，广大青年满意。由此可以看出，共青团做好青年工作的要点是将党的大政方针同青年的特点相结合，运用青年人接受和欢迎的方式引导青年在奋斗中实现人生价值，从青年个人的角度促进人的全面发展，从社会角度通过未来主人的培养来推动社会变革和发展。在论述青年人特点时，毛泽东指出：“青年是整个社会力量中的一部分最积极最有生气的力量。他们最肯学习，最少保守思想，在社会主义时代尤其是这样。”[⑤]青年的特点和成年人不一样，男女青年的特点也不同，毛泽东强调要照顾不同青年群体的不同特点，实事求是地做青年工作，避免脱离群众，只有这样才能得到青年的拥护。在共青团针对少数先进分子和大多数积极分子的工作上，毛泽东认为不一定要求所有团员都严一些，要“使多数人能跟上去。重点要放在

① 《毛泽东文集》第2卷，人民出版社，1993年版，第252-253页。

② 共青团中央，中共中央文献研究室编：《毛泽东 邓小平 江泽民论青少年和青少年工作》，中国青年出版社，中央文献出版社，2000年版，第92页。

③ 《毛泽东文集》第6卷，人民出版社，1999年版，第276页。

④ 《毛泽东文集》第6卷，人民出版社，1999年版，第276页。

⑤ 《毛泽东文集》第6卷，人民出版社，1999年版，第466页。

多数，不要只看到少数”[①]。可以看出，毛泽东认为党对青年工作的领导和照顾青年特点开展工作是辩证统一的，二者是共青团工作必须兼顾的两方面。

二、邓小平关于共青团工作的重要思想

改革开放以后，邓小平提出了坚持四项原则、“建设有中国特色的社会主义”、社会主义初级阶段论等重要思想和理论，同时，随着不断明晰对社会主义的认识，邓小平提出了“社会主义本质论”、计划和市场不是区别社会主义和资本主义的标准、发展才是硬道理等重要思想，创立了邓小平理论，指引了中国特色社会主义事业在改革开放中向前发展。

关于青年和共青团工作的思想，邓小平除了继承毛泽东的青年观，还在具体的时代背景下有了新发展，相关论述见于《坚持四项基本原则》《在全国教育工作会议上的讲话》《党和国家领导制度的改革》《旗帜鲜明地反对资产阶级自由化》等文章和讲话，其核心内容主要是以下三点。

1. 青年是社会的未来，是社会风气扭转的重点

在“四人帮”被粉碎后，邓小平尤其重视青年在扭转社会风气中的重要作用，他力主恢复高考，给予青年人公平公正的受教育机会，让青年重返校园，重拾书本。改革开放以后，邓小平更明确指出，中国需要的是社会主义民主，需要发展和完善民主，但是“如果离开四项基本原则，抽象地空谈民主，那就必然会造成极端民主化和无政府主义的严重泛滥，造成安定团结政治局面的彻底破坏，造成四个现代化的彻底失败”[②]，改革开放需要稳定的内外环境，需要全国人民将精神聚焦在经济建设上，需要青年能通过受教育和实践来锻炼建设现代化国家的本领。再次，邓小平强调青年人要加强精神文明建设，以共产主义道德和思想武装自身，不断提高自身的思想素质，要实现青年群体的风气改善，他认为：“在长期革命战争中，我们在正确的政治方向指导下，从分析实际情况出发，发扬革命和拼命精神，严守纪律和自我牺牲精神，大公无私和先人后己精神，压倒一切敌人、压倒一切

① 《毛泽东文集》第6卷，人民出版社，1999年版，第279页。

② 《邓小平文选》第2卷，人民出版社，1994年版，第176页。

困难的精神，坚持革命乐观主义、排除万难去争取胜利的精神，取得了伟大的胜利……我们还要大声疾呼和以身作则地把这些精神推广到全体人民、全体青少年中间去，使之成为中华人民共和国的精神文明的主要支柱，为世界上一切要求革命、要求进步的人们所向往，也为世界上许多精神空虚、思想苦闷的人们所羡慕。”①

2. 重视对青年的培养和任用

改革开放不久，邓小平就提出要进行党和国家领导体制的改革，在组织层面要“大量培养、发现、提拔、使用坚持四项基本原则的、比较年轻的、有专业知识的社会主义现代化建设人才”②，党的十二大上，实现干部队伍“革命化、年轻化、知识化、专业化”的战略方针得到明确。邓小平认为，选拔青年干部的标准是德才兼备，而“德”是第一位的，强调青年干部的革命化。他认为，青年干部的选拔有三条标准：“一是坚决拥护党的政治路线和思想路线；二是大公无私，严守法纪，坚持党性，根绝派性；三是有强烈的革命事业心和政治责任心，有胜任工作的业务能力。”③在培养知识化和专业化的青年方面，邓小平强调培养年轻一代科学技术人才的任务刻不容缓，他指出学校就是为社会主义现代化建设培养人才的地方，要反对“四人帮”鼓吹的“知识越多越反动”，“要掌握和发展现代科学文化知识和各行各业的新技术新工艺，要创造比资本主义更高的劳动生产率，把我国建设成为现代化的社会主义强国，并且在上层建筑领域最终战胜资产阶级的影响，就必须培养具有高度科学文化水平的劳动者，必须造就宏大的又红又专的工人阶级知识分子队伍”④。同时，邓小平秉承马克思主义的基本观点，在强调教育与生产劳动相结合的基础上明确指出“教育事业必须同国民经济发展的要求相适应”⑤，国家各行政部门要积极解决各类学校的按比例发展、专业设置与调整、教材改革等问题，要引进现代化的教育手段，要引导

① 《邓小平文选》第 2 卷，人民出版社，1994 年版，第 368 页。

② 《邓小平文选》第 2 卷，人民出版社，1994 年版，第 322 页。

③ 《邓小平文选》第 2 卷，人民出版社，1994 年版，第 222 页。

④ 《邓小平文选》第 2 卷，人民出版社，1994 年版，第 104 页。

⑤ 《邓小平文选》第 2 卷，人民出版社，1994 年版，第 107 页。

产、学、研相结合，使青年人能够更好地将知识和能力运用到我国的社会主义现代化建设中。

3. 反对资产阶级自由化思想对青年的侵蚀

改革开放推动了中国人学习世界先进技术和管理方法的热潮，但同时，一些辨别能力较弱的青年受资产阶级自由化思想的影响，盲目崇洋媚外，甚至否定中国的建设成就和社会主义道路。邓小平认为，先进的技术和有益的东西要学，但绝不引进资本主义制度和丑恶颓废的东西，“要向人民特别是青年介绍资本主义国家中进步和有益的东西，批判资本主义国家中反动和腐朽的东西”①，特别是部分青年人“怀疑社会主义制度，说什么社会主义不如资本主义，这种思想一定要大力纠正”②。对于自由化思想，邓小平明确指出自由化“实际上就是要把我们中国现行的政策引导到走资本主义道路”③，自由化思想对于社会经验相对欠缺的青年有诱惑力，邓小平认为，“对青年人来说，右的东西值得警惕，特别是他们不知道什么是资本主义，什么是社会主义，因此要对他们进行教育”④。因此，要向青年人说明社会主义和资本主义的区别，要把中国革命的艰辛与中国未来的发展规划和目标讲清楚，要培养青年人成为“有理想、讲道德、有文化、守纪律”⑤的现代公民，在这一方面，邓小平认为共青团、学生会等组织要肩负起职责，他指出，要“大力加强共青团工作、少先队工作和学生会工作。要努力使我们的青少年成为有理想、有道德、有知识、有体力的人，使他们立志为人民作贡献，为祖国作贡献，为人类作贡献，从小养成守纪律、讲礼貌、维护公共利益的良好习惯”⑥。只有在党的领导和科学理论的引导下，青年才能抵御资产阶级自由化和其他腐朽思想的侵蚀，提高辨别能力，坚定理想信念，成长为社会主义事业的合格建设者和接班人。

---

① 《邓小平文选》第2卷，人民出版社，1994年版，第168页。

② 《邓小平文选》第2卷，人民出版社，1994年版，第250页。

③ 《邓小平文选》第3卷，人民出版社，1993年版，第181页。

④ 《邓小平文选》第3卷，人民出版社，1993年版，第229页。

⑤ 《邓小平文选》第2卷，人民出版社，1994年版，第408页。

⑥ 《邓小平文选》第2卷，人民出版社，1994年版，第369页。

三、江泽民关于共青团工作的重要思想

党的十三届四中全会以后，以江泽民同志为主要代表的中国共产党人，带领全党和全国人民在严峻考验前捍卫和发展了中国特色社会主义，根据世界局势和国情社情推动了改革开放的进一步深化和发展。在1992年的党的十四大上，江泽民明确提出中国经济体制改革的目标就是建立社会主义市场经济体制，中国要抓住发展机遇，集中精力搞经济建设，十四大的召开标志着中国改革开放和现代化建设进入新的发展阶段。1997年的党的十五大上，江泽民作了《高举邓小平理论伟大旗帜，把建设有中国特色社会主义事业全面推向二十一世纪》的报告，系统总结了邓小平理论，进一步系统阐释了社会主义初级阶段论，对社会主义基本经济制度、分配制度、对外开放基本国策等问题进行了论述，提出了经济改革、政治体制改革的未来规划，制定了新三步走战略。党的十六大上，江泽民提出全面建设小康社会的奋斗目标，要求全党为加快推进社会主义现代化、开创中国特色社会主义事业新局面而奋斗，同时，江泽民系统阐释了“三个代表”重要思想，科学回答了建设什么样的党，怎样建设党的问题。

江泽民关于青年和共青团工作的重要思想尤其重视对青年的思想教育、理想信念树立、保护青年、严格要求青年等内容，相关思想主要体现在《青年人，一要爱二要严》《爱国主义和我国知识分子的使命》《在庆祝北京大学建校一百周年大会上的讲话》等文献和讲话中，其结合实践对马克思主义青年观的发展主要体现在以下三个方面。

1. 用使命激励青年

江泽民继承了马克思主义青年观重视青年的基本观点，同时，江泽民强调青年的历史使命，他认为：“青年是社会中最富有活力的部分，是我们事业的希望。二十一世纪是你们的世纪。中国社会主义现代化建设的重任，历史地落在你们的肩上。老一代牺牲奋斗取得的成果，需要你们去巩固和发展。老一代坚持革命斗争方向的英勇精神，需要你们去继承和发扬。社会

主义祖国的美好未来，需要你们去创造。”① 可以看出，江泽民认为青年人的历史使命具有现实的和历史的两个维度，现实的维度强调青年人必须要有责任感，“国家兴亡，匹夫有责”；历史的维度则强调青年肩负的使命是历史传承和发展的结果，青年的奋斗是有方向的，不能偏离社会主义的基本道路和原则。江泽民尤其强调青年科技人才的培养，提倡青年人才自愿到经济的主战场、社会的基层去工作，他认为科学人才的培养和科学研究一样重要，改革开放需要科技力量的支撑，因此，一方面，党和国家要不断改革教育体制，打造良好的科研教学环境，欢迎旅居海外和留学归国的青年科技人才为祖国现代化建设服务；另一方面，党提倡青年人才到基层去，到经济建设和科研的一线去，要以为祖国和人民作贡献为价值导向，要有历史的使命感，要为未来做好准备。他对青年人寄语道：“完成中国的社会主义现代化、实现中华民族的全面振兴的任务，必将历史地落在你们这一代人身上。这个任务很光荣，也很艰巨。希望你们能充分认识到这一点，现在就要为挑起这副重担做好一切准备。”②

2. 既要爱青年，又要严格要求青年，重视保护青年

江泽民认为，青年人既有向上的冲劲，对新生事物敏感，善于学习现代科学知识，同时由于人生经验的相对欠缺，青年人又容易在顺境中骄傲自大，在逆境中自暴自弃，因此，他指出“第一要爱，满腔热情地爱护他们；第二要严，对他们要热情帮助，要有批评。爱和严，都是为了促进他们将来更好地创造我们民族美好的未来。爱和严要结合起来。真正的爱必然体现在严格要求之中，只爱不严不是真正的爱，而是害。只有严格要求，青年一代才能挑起建设社会主义现代化的历史重担”③。江泽民认为，青年学子要热爱祖国，警惕颠覆势力的破坏，要勤奋学习，掌握马克思主义理论的基本原理和现代科学知识，要积极参与社会实践，在社会实践中打造坚实的成

① 《江泽民文选》第 1 卷，人民出版社，2006 年版，第 133 页。

② 共青团中央，中共中央文献研究室编：《毛泽东 邓小平 江泽民论青少年和青少年工作》，中国青年出版社，中央文献出版社，2000 年版，第 225 页。

③ 共青团中央，中共中央文献研究室编：《毛泽东 邓小平 江泽民论青少年和青少年工作》，中国青年出版社，中央文献出版社，2000 年版，第 226 页。

长基础，要严格要求自己，遵守校纪校规，为良好校风建设作贡献。江泽民强调要积极保护青年，防范资本主义腐朽堕落的糟粕对青年身心的侵害，重点是扫黄和禁毒。在禁毒上，江泽民指出："青少年是我们的未来，要十分重视对青少年的禁毒教育，保护他们的身心健康。"① 在文化建设上，江泽民强调要给青少年提供更多更好的精神食粮，要帮助青少年"从小树立起为中华民族全面振兴建功立业的远大志向，把他们培养成为有理想、有道德、有文化、有纪律的社会主义新人，这是文艺工作者的历史责任"②，"要加强文化市场的管理。对那些毒害群众、毒化社会空气的精神垃圾，要坚决取缔，决不能手软。要坚持'扫黄打非'，促进文化市场健康发展"③，全社会都有责任保护青年人健康成长。

3. 结合时代具体要求对青年进行教育和引导

改革开放带来了我国经济的腾飞和社会的大发展，从国内来看，封闭僵化的环境被打破，人们的思想亦随着社会存在的变动而剧烈变动，从国际来看，苏联解体和东欧剧变使共产主义遭受巨大挫折，世界反共浪潮兴起，因此，新的发展形势对青年人的教育和引导提出了新要求，对此，江泽民有系统的论述。关于青年教育和引导的目标，江泽民指出要将青年培养成为"有理想、有道德、有文化、有纪律"的社会主义新人。关于教育和引导的内容，江泽民强调两个方面：一是要加强爱国主义教育和革命史教育，要让青年人了解中国的近代史，了解共产党带领人民革命和建设的艰辛过往，了解"一个受尽帝国主义列强凌辱的旧中国建设成为一个初步繁荣的社会主义国家的事实"④；二是要将马克思主义世界观的教育同中华优秀文化传

① 共青团中央，中共中央文献研究室编：《毛泽东 邓小平 江泽民论青少年和青少年工作》，中国青年出版社，中央文献出版社，2000 年版，第 320 页。

② 共青团中央，中共中央文献研究室编：《毛泽东 邓小平 江泽民论青少年和青少年工作》，中国青年出版社，中央文献出版社，2000 年版，第 292 页。

③ 共青团中央，中共中央文献研究室编：《毛泽东 邓小平 江泽民论青少年和青少年工作》，中国青年出版社，中央文献出版社，2000 年版，第 294 页。

④ 共青团中央，中共中央文献研究室编：《毛泽东 邓小平 江泽民论青少年和青少年工作》，中国青年出版社，中央文献出版社，2000 年版，第 236 页。

统的教育结合起来，要让青年学生了解中国的悠久历史，要继承传统文化中的优秀部分，以此使青年更深刻地认识建设有中国特色的社会主义事业。总体来看，教育的内容是要将近代史、现代史和马克思主义教育、国情教育、中华优秀传统文化教育结合起来，以此来讲清党和国家革命和建设的来龙去脉。讲清为什么要走中国特色社会主义道路而不是资本主义道路，以此来帮助青年人抵御资本主义自由化思想、拜金主义、享乐主义、极端个人主义和封建腐朽思想。关于教育和引导的形式，江泽民指出，对青少年的教育是一个系统工程，需要全国和全社会高度重视，各级党政机关要重视教育改革规划和青少年思想问题，学校和家庭要共同培养和鼓励青年奋发学习。江泽民主张在实践中对青少年进行教育和引导，要让青少年了解国情，要杜绝思想教育的形式主义，要实事求是，结合国情社情的新变化来把教育落到实处。

四、胡锦涛关于共青团工作的重要思想

21 世纪的到来开启了中国全面建设小康社会的进程，党的十六大以后，以胡锦涛同志为主要代表的中国共产党人，坚持理论和制度创新，坚持以人为本的科学发展观，强调全面协调可持续发展，在新的历史起点上坚持和发展了中国特色社会主义。2007 年党的十七大上，胡锦涛系统总结了改革开放以来取得一切成绩和进步的根本原因是开辟了中国特色社会主义道路，形成了中国特色社会主义理论体系，会上还系统论述了科学发展观。党的十八大上，党中央提出了全面建成小康社会的目标，胡锦涛结合发展的新形势对科学发展观进行了新阐释，系统论述了中国特色社会主义道路、体系、制度三者的内容和关系，指出建设中国特色社会主义的总依据是社会主义初级阶段，总体布局是“五位一体”，总任务是实现社会主义现代化和中华民族伟大复兴。

胡锦涛关于青年和共青团工作的重要思想主要见于《在庆祝中国共产党成立 90 周年大会上的讲话》《实施人才强国战略》《在纪念中国共产主义青年团成立 90 周年大会上的讲话》，其对马克思主义青年观的主要发展内容如下。

1. 党离不开青年，青年更离不开党

一方面，党的事业兴旺发达与青年的健康成长是同向而行的，青年是未来的希望，是肩负时代责任的接班人。胡锦涛强调："青年是推动历史发展和社会进步的一支生机勃勃、积极向上的重要力量，我们党只有赢得青年，才能赢得未来，不断从胜利走向胜利。"[①] 在此基础上，胡锦涛提出"两个未来和希望"，即青年不仅是"祖国的未来、民族的希望"，也是"我们党的未来和希望"。[②]另一方面，青年的健康成长需要党的领导。历史地看，青年运动必须只有坚持党的领导，"坚持同人民群众的伟大实践一道前进"[③]才能取得成功；现实地看，"青年要坚持正确的人生之路，不断为人民建功立业，就要把个人的理想融入广大人民的共同理想之中，把个人的奋斗融入广大人民的集体奋斗之中，不断从人民群众中汲取智慧和力量，永远保持朝气蓬勃、奋发向上的青春活力"[④]。因此，青年是党的未来和希望，党离不开青年，青年更离不开党，离不开人民群众和社会国家。

2. 用科学发展观指导青年成长和青年工作

首先，以青年为本，以服务青年成长为先是做好青年工作的核心要义，胡锦涛指出，做好青年工作，"必须尊重青年、理解青年、相信青年、依靠青年，充分照顾青年特点、发挥青年优势"[⑤]，要以服务和帮助青年为先，要实实在在地解决青年人的生活、学习、工作等各方面的问题；其次，青年工作和青年发展要实现全面协调，一是注重青少年的全面发展，二是要照顾特殊群体如农村和城市的贫困青年、残疾青年等，三是要兼顾发达地区和欠发达地区青年群众的权益保障，做好青年帮扶工作；再次，统筹兼顾是做好青年工作的根本方法，要统筹不同年龄段、性别、不同地区等条件下的青

---

① 《胡锦涛文选》第 1 卷，人民出版社，2016 年版，第 322 页。

② 胡锦涛：《在庆祝中国共产党成立 90 周年大会上的讲话》，载《人民日报》2011 年 7 月 2 日第 2 版。

③ 《胡锦涛文选》第 1 卷，人民出版社，2016 年版，第 364 页。

④ 《胡锦涛文选》第 1 卷，人民出版社，2016 年版，第 365 页。

⑤ 胡锦涛：《在纪念中国共产主义青年团成立 90 周年大会上的讲话》，载《人民日报》2012 年 5 月 5 日第 1 版。

年工作，做到因地制宜、因时制宜，要做好青年工作的规划，形成短、中、长期的工作体系，要发挥全社会的力量，为青年成长营造良好的环境和氛围；最后，要坚持青年工作中的务实求真，创新求变。胡锦涛指出，共青团工作“要着力创新活动方式，把贴近实际、贴近生活、贴近青年作为开展工作的重要原则，提高团的活动对广大团员青年的吸引力和感召力，推动共青团工作提升整体水平、实现全面活跃”[①]，只有了解青年的生活、特点才能贴近青年，只有贴近青年和不断创新才能感染青年，才能真正提高共青团工作中的实效性。

3. 践行社会主义核心价值体系，提升青年引导和青年工作的实效

社会主义核心价值体系以“马克思主义指导思想，中国特色社会主义共同理想，以爱国主义为核心的民族精神和以改革创新为核心的时代精神，社会主义荣辱观”[②]为主要内容，其构成了全国各族人民在社会转型时期团结奋斗的思想基础。胡锦涛尤为强调用社会主义核心价值体系引领青年，他指出，要“把社会主义核心价值体系融入国民教育和精神文明建设全过程，把社会主义核心价值体系的要求贯穿到媒体传播之中”[③]，一是要树立青年的理想信念，“努力用马克思主义中国化最新成果武装头脑，在人生的关键时期……立志为发展中国特色社会主义事业终身奋斗”[④]；二是青年要知荣辱，树立正确的人生观、价值观和世界观，要引导青年“自觉履行法定义务、社会责任、家庭责任，营造劳动光荣、创造伟大的社会氛围，培育知荣辱、讲正气、作奉献、促和谐的良好风尚”[⑤]；三是要推进青年道德建设，胡锦涛指出，“青年从来都是开风气之先的力量”[⑥]，他要求“广大青年一定要把正确的道德认知、自觉的道德养成、积极的道德实践紧密结合起来，提

① 《胡锦涛文选》第3卷，人民出版社，2016年版，第590页。

② 《中共中央关于构建社会主义和谐社会若干重大问题的决定》，人民出版社，2006年版，第22页。

③ 《胡锦涛文选》第3卷，人民出版社，2016年版，第62页。

④ 胡锦涛：《把青春奉献给中国特色社会主义壮丽事业》，载《人民日报》2008年6月15日第1版。

⑤ 《胡锦涛文选》第3卷，人民出版社，2016年版，第638页。

⑥ 《胡锦涛文选》第3卷，人民出版社，2016年版，第589页。

高品德修养，弘扬传统美德，倡导新风正气，用高尚的道德行为推动全社会文明程度的提高”[①]。可以看出，用社会主义核心价值体系引领青年和青年工作是将青年健康成长与社会良性发展紧密结合起来，青年教育和引导工作的实效性得到了提高。

五、习近平关于共青团工作的重要思想

党的十八大以来，以习近平同志为核心的党中央高度重视青年和共青团工作，亲切关怀青年人的健康成长。习近平总书记高瞻远瞩，在继承马克思主义青年观的基础上，围绕新时代需要培养什么样的青年、怎样培养青年、如何做好青年工作等问题发表了系列讲话，形成了系统论述。2022 年 5 月 10 日，在庆祝中国共产主义青年团成立 100 周年大会上，习近平总书记发表了重要讲话，总结了中国共青团百年发展的历程，高度赞扬了各代青年艰苦奋斗取得的巨大成就，鼓励当代青年建功伟大时代。党的十八大以来，习近平总书记关于青年和共青团工作的系列重要论述立意高远、内涵丰富、思想深刻，指明了当代青年的历史使命和成长道路，新时代高校共青团需要学习、贯彻和落实好习近平总书记的相关要求，推动工作与时俱进。

1. 青年是国家和民族的未来，肩负着实现中华民族伟大复兴的中国梦的希望，要求高校共青团重视高校青年的主体力量

习近平总书记高度重视青年，对当代青年寄予厚望，在同各界优秀青年代表座谈时，他指出：“历史和现实都告诉我们，青年一代有理想、有担当，国家就有前途，民族就有希望，实现我们的发展目标就有源源不断的强大力量。”[②] 习近平总书记认为，“青年是整个社会力量中最积极、最有生气的力量，国家的希望在青年，民族的未来在青年”[③]，青年一代在未来大

① 《胡锦涛文选》第 3 卷，人民出版社，2016 年版，第 589 页。

② 中共中央文献研究室编：《习近平关于青少年和共青团工作论述摘编》，中央文献出版社，2017 年版，第 3 页。

③ 《习近平谈治国理政》（第三卷），外文出版社，2020 年版，第 333 页。

有可为和大有作为是“长江后浪推前浪”的历史规律，也是“一代更比一代强”的青春责任。习近平总书记充分肯定了中国青年的伟大力量，在纪念五四运动100周年的大会上，习近平总书记指出：“实践充分证明，中国青年是有远大理想抱负的青年！中国青年是有深厚家国情怀的青年！中国青年是有伟大创造力的青年！无论过去、现在还是未来，中国青年始终是实现中华民族伟大复兴的先锋力量！”[①]实现“两个一百年”奋斗目标和中华民族伟大复兴的中国梦是当今中国最鲜明的时代主题，当代青年需要肩负起时代重任，习近平总书记指出，“中国梦是国家的梦、民族的梦，也是包括广大青年在内的每个中国人的梦”[②]，“中华民族伟大复兴终将在广大青年的接力奋斗中变为现实”[③]，“当代青年要树立与这个时代主题同心同向的理想信念，勇于担当这个时代赋予的历史责任，励志勤学、刻苦磨炼，在激情奋斗中绽放青春光芒、健康成长进步”[④]。新时代的青年需要树立坚定的理想信念，在实践中服务人民、实现自身价值，习近平总书记强调，新时代的中国青年要“增强做中国人的志气、骨气、底气，不负时代，不负韶华，不负党和人民的殷切期望”[⑤]，“要树立对马克思主义的信仰、对中国特色社会主义的信念、对中华民族伟大复兴的中国梦的信心，到人民群众中去，到新时代新天地中去，让理想信念在创业奋斗中升华，让青春在创新创造中闪光”[⑥]。

---

① 习近平：《在纪念五四运动100周年大会上的讲话》，人民出版社，2019年版，第5页。

② 中共中央文献研究室编：《习近平关于青少年和共青团工作论述摘编》，中央文献出版社，2017年版，第13页。

③ 中共中央文献研究室编：《习近平关于青少年和共青团工作论述摘编》，中央文献出版社，2017年版，第14页。

④ 中共中央文献研究室编：《习近平关于青少年和共青团工作论述摘编》，中央文献出版社，2017年版，第18页。

⑤ 习近平：《在庆祝中国共产党成立100周年大会上的讲话》，人民出版社，2021年版，第21页。

⑥ 《习近平谈治国理政》（第三卷），外文出版社，2020年版，第334页。

2. 青年要培育和践行社会主义核心价值观，要求高校共青团加强和创新思想政治教育

青年的价值取向决定着整个社会未来的价值取向，习近平总书记强调要高度重视青年人的价值观养成。他认为青年是价值观形成和确立的关键时期，“这就像穿衣服扣扣子一样，如果第一粒扣子扣错了，剩余的扣子都会扣错。人生的扣子从一开始就要扣好”①。习近平总书记指出，青年践行社会主义核心价值观就要“勤学、修德、明辨、笃实”，在“勤学”上“注重把所学知识内化于心，形成自己的见解，既要专攻博览，又要关心国家、关心人民、关心世界，学会担当社会责任”②；在“修德”上“修好公德、私德，学会劳动、学会勤俭，学会感恩、学会助人，学会谦让、学会宽容，学会自省、学会自律”③；在“明辨”上“学会思考、善于分析、正确抉择，做到稳重自持、从容自信、坚定自励”④；在“笃行”上“把艰苦环境作为磨炼自己的机遇，把小事当作大事干，一步一个脚印往前走”⑤。习近平总书记重视高校思想政治工作，认为高校青年处于人生的关键时期，犹如小麦的灌浆期，“高校思想政治工作，面上看做的是学生思想政治工作，实际上将影响一代青年的思想观念、价值取向、精神风貌。所以，高校必须引导学生铸就理想信念、掌握丰富知识、锤炼高尚品德，打下成长成才的基础”⑥，习近平总书记指出要用社会主义核心价值观来教育学生，“弘扬以爱国主义为核心的民

---

① 中共中央文献研究室编：《习近平关于青少年和共青团工作论述摘编》，中央文献出版社，2017年版，第25页。

② 中共中央文献研究室编：《习近平关于青少年和共青团工作论述摘编》，中央文献出版社，2017年版，第26页。

③ 中共中央文献研究室编：《习近平关于青少年和共青团工作论述摘编》，中央文献出版社，2017年版，第27页。

④ 中共中央文献研究室编：《习近平关于青少年和共青团工作论述摘编》，中央文献出版社，2017年版，第28页。

⑤ 中共中央文献研究室编：《习近平关于青少年和共青团工作论述摘编》，中央文献出版社，2017年版，第29页。

⑥ 中共中央文献研究室编：《习近平关于青少年和共青团工作论述摘编》，中央文献出版社，2017年版，第38页。

族精神和以改革创新为核心的时代精神，坚持用社会主义核心价值观引领知识教育、引领师德建设，加强中华优秀传统文化和革命文化、社会主义先进文化教育，加强党史、国史、改革开放史、社会主义发展史教育，加强国家意识、法治意识、社会责任意识教育和民族团结进步教育、国家安全教育、科学精神教育"①，同时要让高校青年了解社会主义思想源头和历史演进，在中国特色社会主义的伟大实践中认识历史发展的必然性和规律，树立远大理想，这为高校共青团工作在新时代的开展提出了新要求。

3. 青年要在学习中增长知识、锤炼品格，在工作中增长才干、练就本领，要做走在时代前列的奋进者、开拓者和奉献者，要求高校共青团做好新时代育人工作

习近平总书记强调广大青年要以锲而不舍的精神求得真知，要在学习中磨炼意志品格。习近平总书记认为，要把远大的志向变为现实需要青年踏实地从点滴学习和积累做起，高校要引导青年"珍惜韶华、脚踏实地，把远大抱负落实到实际行动中，树立梦想从学习开始、事业靠本领成就的观念"②，要帮助青年锤炼意志品格，树立乐观向上的进取态度，培养迎难而上、不怕挫折的心理素质。在学习的内容上，习近平总书记既强调专博结合，"特别是要克服浮躁之气，静下来多读经典，多知其所以然"③，又强调理论和实践结合，要向社会学习、向群众学习、向实践学习，"既要多读有字之书，也多读无字之书，注重学习人生经验和社会知识……要坚持知行合一，注重在实践中学真知、悟真谛，加强磨练、增长本领"④。习近平总书记认为高校组织的社会实践、社会活动和社团活动是学生的第二课堂，能

① 中共中央文献研究室编：《习近平关于青少年和共青团工作论述摘编》，中央文献出版社，2017 年版，第 39 页。

② 中共中央文献研究室编：《习近平关于青少年和共青团工作论述摘编》，中央文献出版社，2017 年版，第 55 页。

③ 中共中央文献研究室编：《习近平关于青少年和共青团工作论述摘编》，中央文献出版社，2017 年版，第 56 页。

④ 中共中央文献研究室编：《习近平关于青少年和共青团工作论述摘编》，中央文献出版社，2017 年版，第 53 页。

丰富高校学生生活，拓宽他们的眼界和视野，同时，高校学生的支教、送知识下乡、志愿者行动等活动，展现了学子的家国情怀和服务社会的向上面貌，“许多学生正是在这样的社会实践和社会活动中树立了对人民的感情、对社会的责任、对国家的忠诚”，因此，高校共青团在新时代要加强和创新相关活动，培养青年成长成才。在高校对青年的培养上，习近平总书记还指出要培育和训练青年的思维方法和思维能力，要激发青年的创造和开拓精神，要引导青年将学习、观察、实践和思考结合起来，学会用正确的立场、观点、方法来分析问题，把握事物的本质和主流，“养成了历史思维、辩证思维、系统思维、创新思维的习惯，终身受用”①。习近平总书记勉励高校青年学好知识，做新时代的实干家。他认为“做人做事，最怕的就是只说不做，眼高手低。不论学习还是工作，都要面向实际、深入实践，实践出真知；都要严谨务实，一分耕耘一分收获，苦干实干”②，这要求高校共青团在自身工作中脚踏实地、以身作则，培育青年的实干精神，鼓励青年在实干中创造美好生活。

4. 共青团要围绕党和国家工作大局找准工作切入点、结合点、着力点，新时代高校共青团自身建设有新要求

习近平总书记强调共青团要把握当代青年运动的时代主题，培育青年为中华民族伟大复兴的中国梦而奋斗。培养中国特色社会主义事业建设者和接班人是共青团的根本任务，巩固和扩大党执政的青年群众基础是共青团的政治责任，围绕中心、服务大局是共青团的工作主线，要“发扬‘党有号召、团有行动’的光荣传统，在党和国家工作大局中找准自身工作的切入点和结合点，组织动员广大青年支持改革、促进发展、维护稳定”③，充分发挥广大青年生力军作用，“团结带领广大青年在实现中华民族伟大复兴的征

① 中共中央文献研究室编：《习近平关于青少年和共青团工作论述摘编》，中央文献出版社，2017年版，第56-57页。

② 习近平：《在北京大学师生座谈会上的讲话》，人民出版社，2018年版，第14页。

③ 中共中央文献研究室编：《习近平关于青少年和共青团工作论述摘编》，中央文献出版社，2017年版，第61页。

途中续写新的光荣”①。习近平总书记强调共青团要不断保持和增强政治性、先进性、群众性。“政治性是群团组织的灵魂，是第一位的”，关键在于坚持党的领导，引导青年听党话、跟党走，夯实党的执政基础；保持和增强先进性要求共青团“必须牢牢把握为实现中华民族伟大复兴的中国梦而奋斗的时代主题，紧紧围绕党和国家工作大局，组织动员广大人民群众走在时代前列，在改革发展稳定第一线建功立业”②；“群众性是群团组织的根本特点”③，要求共青团工作以群众为中心，拓展覆盖面，让群众当主角，要关注、关心、关爱普通青年的切身利益，克服重精英轻草根的倾向。习近平总书记指出，共青团工作的开拓创新关键在于团的干部，首先，团干部要有坚定的理想信念，“要带动广大青年坚定理想信念，自身必须坚定，打铁还需自身硬”④；其次，团干部自身的理论素质要过硬，要真正地用马克思主义指导实践和生活，要了解党的历史，掌握规律、把握真理；再次，团干部要以青年为本，要了解青年，“做青年友，不做青年‘官’……主动深入基层、走进青年，知道青年想什么、要什么，真心诚意为他们办事，使他们实实在在感受到党的关怀、团的关爱、社会的关爱”⑤；最后，要重视团干部的选拔培养，团干部自身需要锤炼优良作风，“各级团的领导干部要从严选拔、从严管理，注重从各个领域培养选拔”⑥，团干部自身要讲求“严”和“实”，要加强思想道德修养，守住底线、经得住诱惑，“做到心有所畏、言有所戒、

① 中共中央文献研究室编：《习近平关于青少年和共青团工作论述摘编》，中央文献出版社，2017 年版，第 68-69 页。

② 中共中央文献研究室编：《习近平关于青少年和共青团工作论述摘编》，中央文献出版社，2017 年版，第 72 页。

③ 中共中央文献研究室编：《习近平关于青少年和共青团工作论述摘编》，中央文献出版社，2017 年版，第 73 页。

④ 中共中央文献研究室编：《习近平关于青少年和共青团工作论述摘编》，中央文献出版社，2017 年版，第 81 页。

⑤ 中共中央文献研究室编：《习近平关于青少年和共青团工作论述摘编》，中央文献出版社，2017 年版，第 82 页。

⑥ 中共中央文献研究室编：《习近平关于青少年和共青团工作论述摘编》，中央文献出版社，2017 年版，第 86 页。

行有所止”①。

5. 加强党对青年工作和共青团工作的领导，要求高校共青团在新时代更好地贯彻执行党的方针政策

在庆祝中国共青团成立100周年的大会上，习近平总书记指出：“坚定不移跟党走，为党和人民奋斗，是共青团的初心使命。”②共青团的百年征程塑造了共青团坚持党的领导的立身之本、坚守理想信念的政治之魂、投身民族复兴的奋进之力和扎根广大青年的活力之源。在新时代的奋斗中，共青团要做到坚持为党育人，始终成为引领中国青年思想进步的政治学校，自觉担当尽责；始终成为组织中国青年永久奋斗的先锋力量，心系广大青年；始终成为党联系青年最为牢固的桥梁纽带，勇于自我革命；始终成为紧跟党走在时代前列的先进组织。因此，党的领导是共青团百年历史征程取得伟大成绩，奋发新时代、改革创新的根本原因。习近平总书记指出“我们党自成立之日起，就始终代表广大青年、赢得广大青年、依靠广大青年”③，各级党委和政府要为广大青年的成长成才、创新实践、建功立业搭建平台，创造条件，各级领导干部要做青年朋友的知心人和青年工作的热心人。

习近平总书记要求各级党委高度重视高校工作，要求各级领导干部经常到学生们中间去，落实和推进党的青年工作。习近平总书记高度重视党的领导对共青团工作开展的重要性，指出“共青团要毫不动摇坚持党的领导，增强‘四个意识’、坚定‘四个自信’、做到‘两个维护’，坚定不移走中国特色社会主义群团发展道路”④，“要坚持党委统一领导、党政齐抓共管、

① 中共中央文献研究室编：《习近平关于青少年和共青团工作论述摘编》，中央文献出版社，2017年版，第86页。

② 习近平：《在庆祝中国共产主义青年团成立100周年大会上的讲话》，载《人民日报》2022年5月11日第02版。

③ 中共中央文献研究室编：《习近平关于青少年和共青团工作论述摘编》，中央文献出版社，2017年版，第99页。

④ 习近平：《在纪念五四运动100周年大会上的讲话》，人民出版社，2019年版，第17页。

部门各负其责、党员干部带头示范、群团履职尽责的工作格局”[①]。习近平总书记强调高校共青团工作要纳入高校党委的重要议程和工作总体格局，高校党委要定期听取高校共青团汇报工作，进行专题研究，主要领导要积极参与相关活动，完善高校党建带共青团建的制度机制，解决好高校共青团工作中资金、人力、物力、资源等缺乏的问题，要支持高校共青团对党委的监督作用，认真听取相关意见。习近平总书记指出要改进和完善党对共青团工作的领导，提出了三个要求：一是“要适应形势发展，改进对群团组织的领导，提高党的群团工作科学化水平”[②]，二是“要把握群团组织特点，不能直接用管理党政机关的办法来管理群团组织，要给群团组织留出创造性开展工作的空间”[③]，三是“要转变不合适的工作方式和领导方式，注重从实际出发，怎么有利于培养群团组织的威信，怎么有利于调动群团干部的积极性，怎么有利于广泛组织动员群众，就怎么去做”[④]。因此，要加强高校党委对高校共青团工作的领导，提升党委总体规划和工作保障能力，改进和完善党的领导方式，以党建带动团建，推动高校共青团工作向前发展。

---

① 中共中央文献研究室编：《习近平关于青少年和共青团工作论述摘编》，中央文献出版社，2017 年版，第 105 页。

② 中共中央文献研究室编：《习近平关于青少年和共青团工作论述摘编》，中央文献出版社，2017 年版，第 106 页。

③ 中共中央文献研究室编：《习近平关于青少年和共青团工作论述摘编》，中央文献出版社，2017 年版，第 106 页。

④ 中共中央文献研究室编：《习近平关于青少年和共青团工作论述摘编》，中央文献出版社，2017 年版，第 106 页。

第四章

新时代高校共青团工作创新的时代境遇

社会实践的发展变化是一切创新变革的基础，马克思认为“社会生活在本质上是实践的”[①]。高校共青团工作作为一个实务性较强的研究主题，其具有理论维度和事实维度两个研究视角，因此，除了从理论层面梳理高校共青团工作创新的指导思想，还需要考察新时代的新境遇，从实践中规划高校共青团工作创新的方向和路径。党的十八大以来，社会的发展变化使高校共青团工作面临新的形势，党中央高度重视群团工作的改革情况，共青团中央依据党的统一部署推动全团的深化改革，制定出台了关于高校共青团工作的重要政策和改革方案，为高校共青团工作创新提供了新机遇和新依据，高校共青团工作发展改革面临新的时代境遇。

第一节　新时代高校共青团工作创新的机遇

机遇指契机和有利的条件，具有时间限制和条件适用性。就新时代高校共青团工作创新来看，我国新的发展形势、党对青年工作的重视以及共青团深化改革的契机都为工作创新提供了机遇、依据和有利条件。把握住

① 中共中央马克思恩格斯列宁斯大林著作编译局编译：《马克思恩格斯选集》第 1 卷，人民出版社，2012 年版，第 139 页。

时代机遇并顺应改革发展的要求，有利于激发高校共青团工作的活力，有利于提升工作的实效。

一、新的发展形势为创新提供新机遇

党的十九大正式宣布中国特色社会主义进入了新时代，新时代既同改革开放以来的发展历程一脉相承，又体现了许多与时俱进的新特征，这些新特征构成了中国社会发展的新形势，呼唤着中国特色社会主义的新任务。这一全局性、系统性的变化要求全党全国必须把握时代特点、直面时代课题，在把握规律性的前提下实现创造创新。新时代的新形势为高校共青团工作创新提供了新机遇，主要体现在以下四个方面。

1. 我国社会主要矛盾发生新变化

党的十八大以来，我国在社会主义现代化建设和持续深化改革开放上取得了历史性成就，在社会生产能力的很多方面都位于世界前列，我国已经站在新的历史起点上，社会主要矛盾已经转化为人民日益增长的美好生活需要和不平衡不充分的发展之间的矛盾。这一关系全局的历史性变化要求我国在持续发展的基础上解决好质量、公平和效益的问题，实现转型升级和平衡发展，推动人的全面发展和社会的全面进步。

2. 党和国家的事业确立了新目标

党的十八大正式提出全面建成小康社会并号召向“两个一百年”奋斗目标进军。党的十九大根据新的发展形势和条件，进一步明确了实现第一个百年奋斗目标的要求，明确规划了实现第二个百年奋斗目标的时间表，即从 2020 年到 2035 年，在全面建成小康社会的基础上，再奋斗 15 年，基本实现社会主义现代化；从 2035 年到本世纪中叶，在基本实现现代化的基础上，再奋斗 15 年，把我国建成富强民主文明和谐美丽的社会主义现代化强国。2021 年 2 月，在全国脱贫攻坚总结表彰大会上，习近平总书记宣布我国完成了消除绝对贫困的艰巨任务；7 月，在庆祝中国共产党成立 100 周年大会上，习近平总书记宣布，在中华大地上全面建成了小康社会，第一个百年奋斗目标实现了。因此，新时代既是“两个一百年”奋斗目标的历史交汇期，又是乘势而上开启全面建设社会主义现代化强国新征程的重要时期，党和国家事业的新目标指明了我国各项事业的发展方向。

3. 党的理论创新实现了新飞跃，党的自身建设展现出新面貌

在时代的伟大变革中，习近平新时代中国特色社会主义思想应运而生，系统回答了新时代坚持和发展什么样的中国特色社会主义、怎样坚持和发展中国特色社会主义的时代课题，为党和国家的事业制定了布局规划，对经济建设、政治发展和社会进步等方面提出了全方位的新要求。党的十八大以来，党推进全面从严治党，以壮士断腕的决心进行自我革命，惩治腐败、正风肃纪。党的领导得到完善，一方面加强了党对一切工作的领导，坚持“两个维护”，树立“四个意识”；另一方面进一步完善了党的执政能力，党的领导水平得到了提高，党的建设的伟大工程呈现出崭新面貌。中国共产党是中国特色社会主义事业的领导核心，其自身的完善为党和国家各项事业的发展提供了根本保证，党以模范先锋的姿态为全国人民、各群团组织作出了表率和示范。

4. 我国在世界百年未有之大变局中日益走近世界舞台中央

党的十八大以来，习近平总书记提出“人类命运共同体”理念和“一带一路”倡议，我国以更加包容、自信、开放的姿态拥抱世界，坚持反对单边主义、保护主义，积极维护世界正义与和平，不断推动世界发展深度融合。在中国持续快速发展、社会主义制度优越性不断彰显的同时，西方资本主义国家的不稳定性和不确定性却在增多，“东升西降”的世界格局要求中国不断走近世界舞台中央，要求中国在发展中保持战略定力、发扬斗争精神，要求中国要具有更高层次的世界眼光，抓住发展机会，朝着中华民族伟大复兴与世界和平进步前进。

新时代的新形势为高校共青团工作提供了机遇。在面对社会主要矛盾转化这一问题上，高校共青团要实现工作方式、机制的创新，拓展工作覆盖面和渠道，全面覆盖高校青年的美好生活需要，切实解决不平衡不充分的问题。党和国家事业新目标的确立为高校共青团引领青年工作指明了方向。高校共青团要鼓励和动员高校青年为全面建设社会主义现代化强国而学习，并运用自身所学服务这一伟大事业，要让高校青年明白自身的历史使命，鼓励其接续前进。习近平新时代中国特色社会主义思想及党的自身建

设为高校共青团工作提供了理论指南，高校共青团要切实以习近平新时代中国特色社会主义理论来解决理论与实践问题，全面从严治团，坚持政治性、先进性和群众性。百年未有之大变局要求高校共青团培育具有坚定共产主义信念、世界眼光和世界胸怀的高校青年，在青年中树立和巩固“四个自信”，弘扬爱国主义精神，摒弃狭隘的民族主义，促进中国高校青年与各国青年的交流，推动中国高校青年走近世界青年舞台的中央。

二、党的重视为创新提供新机遇

党中央对群团工作和青年工作的高度重视为高校共青团工作创新提供了机遇。党的十八大以来，以习近平同志为核心的党中央高度重视青年工作和共青团工作。针对群团组织的改革问题，党中央召开了党历史上第一次群团工作会议，制定了群团组织全面深化改革的方案，同时，根据时代特征和当代青年的发展需求制定了《中长期青年发展规划（2016—2025 年）》。党的部署指明了高校共青团工作创新的方向，提供了工作创新的新机遇。

1. 党的代表大会和决议高度重视青年工作

党的十八大报告中，“青年”一词共出现 10 次，相关内容包括做好以高校毕业生为重点的青年就业工作、重视从青年中发展党员等，其中，关于中国特色社会主义事业是面向未来的事业中，报告指出：“全党都要关注青年、关心青年、关爱青年，倾听青年心声，鼓励青年成长，支持青年创业。广大青年要积极响应党的号召，树立正确的世界观、人生观、价值观，永远热爱我们伟大的祖国，永远热爱我们伟大的人民，永远热爱我们伟大的中华民族，在投身中国特色社会主义伟大事业中，让青春焕发出绚丽的光彩。”① 党的十九大报告中，“青年”一词亦出现了 10 次，相关内容除保障青年就业和发展青年党员外，还增加了重视发挥青年在创新型国家建设中的作用等内容，同时，报告指出：“青年兴则国家兴，青年强则国家强。青年一代有理想、有本领、有担当，国家就有前途，民族就有希望。中国梦是历史的、现实的，也是未来的；是我们这一代的，更是青年一代的。中华民

① 胡锦涛：《胡锦涛文选》第 3 卷，人民出版社，2016 年版，第 659 页。

族伟大复兴的中国梦终将在一代代青年的接力奋斗中变为现实。全党要关心和爱护青年，为他们实现人生出彩搭建舞台。广大青年要坚定理想信念，志存高远，脚踏实地，勇做时代的弄潮儿，在实现中国梦的生动实践中放飞青春梦想，在为人民利益的不懈奋斗中书写人生华章！”①党的第三个历史决议(《中共中央关于党的百年奋斗重大成就和历史经验的决议》)中，“青年”一词共出现4次，内容涉及革命时期的青年运动、改革开放时期的干部“四化”和党要吸收优秀青年等，决议指出：“要源源不断把各方面先进分子特别是优秀青年吸收到党内来，教育引导青年党员永远以党的旗帜为旗帜、以党的方向为方向、以党的意志为意志，赓续党的红色血脉，弘扬党的优良传统，在斗争中经风雨、见世面、壮筋骨、长才干。”② 从党的十八大、十九大报告和第三个历史决议的相关内容可以看出，党高度重视青年工作，肯定青年的社会地位和推动国家发展进步的重要作用，重视吸纳各方面优秀青年入党。党要求做好青年的思想政治引领工作，树立青年的理想信念，要在实践中锻炼和磨砺青年，有青年才有未来，只有培养好青年，党和国家的事业才能后继有人，“两个一百年”奋斗目标和中华民族伟大复兴的中国梦才能顺利实现。

2. 党的群团工作会议制定了群团组织深化改革的方案

2015年1月，中共中央发布了《关于加强和改进党的群团工作的意见》(以下简称《意见》)，对新形势下开展群团工作提出了指导意见。7月，为贯彻落实《意见》，分析和研究群团工作在新形势下面临的新情况和新问题，推动党的群团工作改革创新，中共中央召开了党的群团工作会议，习近平总书记发表了重要讲话。《意见》和党的群团工作会议重点围绕“保持和增强党的群团工作的政治性、先进性和群众性”这一主题，对群团工作的全面改革深化进行了部署。

《意见》重点关注了如下三个方面：其一，在肯定党的群团工作过往成

---

① 习近平：《决胜全面建成小康社会　夺取新时代中国特色社会主义伟大胜利——在中国共产党第十九次全国代表大会上的报告》，人民出版社，2017年版，第40页。

② 《中共中央关于党的百年奋斗重大成就和历史经验的决议》，人民出版社，2021年版，第74页。

绩上指出当前存在党组织重视不够、缺乏深入研究、缺乏有力指导和支持，群团组织基层基础薄弱、有效覆盖面不足、吸引力凝聚力不够、工作和活动方式单一、机关化和脱离群众现象突出、干部的能力素质需提高和作风需改进等问题；其二，明确中国特色社会主义群团发展的道路和方向，提出坚持党对群团工作的统一领导、坚持发挥桥梁和纽带作用等六个“坚持”，强调群团工作的政治性，强调对群团组织实行分级管理、以同级党委领导为主的体制，实施群团建设纳入党建工作总体部署、群团工作成效纳入党委领导班子考核等制度和措施；其三，从八个具体方面加强和改进群团工作，即推动群团组织团结动员群众围绕中心任务建功立业，推动群团组织引导群众自觉培育和践行社会主义核心价值观，支持群团组织加强服务群众和维护群众合法权益工作，支持群团组织在社会主义民主中发挥作用，支持群团组织参与创新社会治理和维护社会稳定，推动群团组织改革创新、增强活力，加大对群团工作的支持保障力度，加强群团组织领导班子和干部队伍建设。相关措施中，《意见》尤其重视舆论宣传工作，强调要确保正确舆论导向，关注群众实际生活，广泛利用网络舆论阵地，提高宣传实效等。

在党的群团工作会议上，习近平总书记主要强调了要解决群团组织脱离群众的问题，要保持和增强政治性、先进性和群众性，要眼睛向下、面向基层，杜绝机关化，要积极联系和引导社会组织，要提高群团组织的代表性，扩大群团工作的覆盖面等。

在《意见》下发和党的群团工作会议召开后，共青团积极展开了探索与实践，在从严治团和干部队伍建设上，开展“全团干部健康成长大讨论”活动、举办年轻干部学习交流会；在凝聚青年、把握青年脉搏上，推动全团“走进青年、转变作风、改进工作”大宣传大调研活动、举行开放日等；在宣传和引导青年培育和践行社会主义核心价值观上，利用“青年之声”互动社交平台和其他新媒体平台发声，号召青年构建清朗网络空间等。各高校共青团积极响应团中央号召，筹划并参与了相关活动。

3.《中长期青年发展规划（2016—2025 年）》提供了工作创新的新遵循

2017 年 4 月，中共中央、国务院正式印发并实施了《中长期青年发展规划（2016—2025 年）》（以下简称《规划》）。这是新中国历史上第一个青年发展规划，是新时代发展我国青年事业的重要顶层设计，是党和国家青年工作的行动纲领。《规划》以维护青年(《规划》中认定青年的年龄范围为14～35周岁)切身权益为核心，涉及青年的思想道德、教育、健康、婚恋、就业创业等十个领域，共推出相关措施四十四项，此外还明确了包括“青年马克思主义者培养工程”“青年社会主义核心价值观培养工程”等在内的十个重点项目。

高校共青团工作涉及以上全部领域和重点项目，《规划》为高校共青团工作的开展提出了新要求：在青年思想道德领域，要加强对高校青年的理想信念教育和思想引导，培育和践行社会主义核心价值观，强化网上思想政治引领，积极实施“青年马克思主义者培养工程”“青年社会主义核心价值观培养工程”“青年网络文明发展工程”；在青年教育领域，要促进教育资源平衡，保障弱势青年群体的受教育权利，强化社会实践教育，培养青年人才队伍等；在青年健康领域，要引导高校学生“走下网络、走出宿舍、走向操场”，实施“青年体质健康提升工程”；在青年婚恋领域，要促进高校加强婚恋观、家庭观教育和引导，开展性健康教育和优生优育宣传；在青年就业创业领域，要提升高校青年实习就业服务，推动其投身创业实践，提升保障毕业青年正当就业权利的能力，实施“青年就业见习计划”；在青年文化领域，要打造优质校园文化，支持青年文化建设，实施“青年文化精品工程”；在青年社会融入与社会参与领域，要鼓励青年参与社会实践和公益服务，完善校园社团组织管理，增强港澳台青年的国家认同、民族认同和文化认同，支持青年参与国际交往，增进各民族高校青年的交流，实施“中国青年志愿者行动”“港澳台青少年交流工程”“青年民族团结进步促进工程”；在维护青年合法权益方面，要健全高校维权保障机制，打击校园暴力和侵权行为；在预防青年违法犯罪领域，要加强法治宣传教育，强化校园管理，做好重点青年群体的困难帮扶、法治教育、法律援助、心理疏导、行为矫治等服务；在青年社会保障方面，要积极组织面向残疾青年、留守青少年和流浪青少年等群体的志愿服务，实施“青少年事务社会工作专业人才队伍建设工程”。

三、全团深化改革为创新提供新机遇

党在新时代对共青团提出了全面深化改革和全面从严治团的任务，2012年以后，共青团以深化改革为主题，先后召开了团的十七大、十八大，推出了《共青团中央改革方案》《高校共青团改革实施方案》《深化学校共青团改革的若干措施》等具体改革方案，为高校共青团工作创新提供了依据。在全团大改革的背景下，新时代高校共青团工作创新面临新的机遇。

1. 围绕改革创新，召开了团的十七大、十八大

团的十七大于2013年6月在北京召开，秦宜智作了《高举团旗跟党走 奋力实现中国梦》的报告，该报告围绕党的十八大会议精神和实现中华民族伟大复兴的中国梦提出了关于做好青年思想政治引领、动员青年投身全面建成小康社会、服务青年各项需求、全面提高团的建设水平等方面的新工作思路。团的十七大还通过了关于《中国共产主义青年团章程（修正案）》的决议，更新了团章的相关内容。

团的十八大于2018年6月在北京召开，贺军科作了《高举习近平新时代中国特色社会主义思想伟大旗帜 奋力谱写决胜全面建成小康社会全面建设社会主义现代化国家的壮丽青春篇章》的报告，报告梳理了进入新时代以来共青团工作的新发展，提出"用习近平新时代中国特色社会主义思想统领共青团工作"，要坚持政治建团、思想立团、固本兴团、改革强团、从严治团，提出共青团要在新时代实现培养时代新人、组织动员青年建功新时代、促进青年发展、继续推动共青团改革和全面从严治团的工作目标。团的十八大通过了新修订的《中国共产主义青年团章程（修正案）》，新章程全面补充了习近平新时代中国特色社会主义思想的相关内容，并依据新思想、新任务修订了各章，重点强调了改革和全面从严治团等方面的工作内容。

团的十七大和十八大强调根据党和国家发展的最新大政方针调整共青团的相关工作，要求共青团团结带领广大团员青年听党话、跟党走，当好桥梁、服务大局；要求共青团的各级组织继续坚决地推进改革，坚持从严治团，做好团的建设工作；要求各级团组织依据国家发展目标和规划的变化、青年群体的特点与思想动态，引领青年投身全面建成小康社会和实现"两个

一百年”奋斗目标的征程中；要求各级团组织做好服务青年就业创业、创新创造、学习科研、生活工作等各方面的合理需要，促进青年的全面发展。

2.《共青团中央改革方案》制定了团组织工作改革的规范

2016年8月，中共中央办公厅发布《共青团中央改革方案》（以下简称《方案》），强调推动共青团改革是全面从严治党的一部分，是焕发共青团生机活力的重要举措，强调共青团要把握时代主题，要构建“凝聚青年、服务大局、当好桥梁、从严治团”的工作格局。《方案》从四大方面、十二个领域提出了改革措施。第一，改进团中央领导机构人员构成、机构设置和运行机制，强调决策议事的科学和民主化，推动机关干部走向基层；第二，改革团中央机关干部选拔、使用和管理，强调干部作风建设和考评机制建设，建立团干部直接联系青年制度；第三，改革创新团的工作、活动和基层组织建设，强调加强思想政治引领，创新组织动员载体和方式，提升服务青年和维护青年合法权益的能力，提升“网上共青团”工程质量，加强基层组织建设等；第四，加大党委和政府对共青团工作的支持保障力度，强调要落实党建带团建制度，健全政府协调工作机制。

以上四大方面中，前两大方面主要涉及团中央的自身建设，要求实现民主化、规范化，加强干部与青年的联系，因此，对应到高校共青团的工作中，就要求高校共青团扩大团代会参与渠道，扩大普通团员代表所占比例，规范高校团委向代表报告工作和听取意见建议制度，完善高校团代表发言和提案制度，推进高校团干部摆脱文山会海、深入青年展开调查研究，杜绝机关化倾向，加强高校团干部作风建设，建立直接联系青年制度，杜绝行政化、贵族化倾向。第三大方面重点关注共青团工作的主要内容，对应到高校共青团工作中，要求高校共青团在思想政治引领上深入学习贯彻习近平总书记系列重要讲话精神，开展中国梦宣传，培育和践行社会主义核心价值观，保持和增强政治性，提升动员高校青年服务大局的能力，关注在校青年的网络舆论，充分利用互联网阵地开展思想政治引领工作，在服务青年领域切实了解高校青年的需求，创新活动和服务方式，组织好高校青年的社会实践和志愿服务活动，提升保护高校青年合法权益的能力，在高校团建领域要规范团员管理和支部建设，保持和增强团员、团干部的先进性和光荣感，提升基层组织的凝聚力。第四大方面主要强调党委和政府对共青团工作的保障，相关政策的实施有利于提升高校共青团工作的质量和水平。

3.《高校共青团改革实施方案》和《深化学校共青团改革的若干措施》等文件为工作创新提供了依据

2016 年 11 月，共青团中央、教育部联合印发了《高校共青团改革实施方案》，进一步在高校共青团工作领域提出改革要求，改革关注领导体制和运行体制、基层组织制度、工作方式方法、团干部选用培养制度、保障支持五大方面，共提出相关措施十五项，主要涉及团教协作、直接联系服务引领青年师生制度、党领导下的“一心双环”团学组织格局、“第二课堂成绩单”制度、权益维护工作机制、帮扶机制、“网上共青团”建设、团干部配备考核管理制度等方面，全方位地规范、改革和创新高校共青团工作。

2020 年 6 月，为更好落实团的相关会议精神、贯彻执行相关改革方案，共青团中央、中共教育部党组联合下发了《深化学校共青团改革的若干措施》，提出了相关措施十二项，其中九项涉及高校共青团工作：改进政治教育机制、健全实践教育机制、改进组织运行机制、创新组织动员方式、提高党建带团建实效、健全指导落实机制、建立述职评议制度和强化工作支持保障。

以上两个文件均以高校共青团为整体，提出了相关要求和改革措施。另外，在共青团工作全面深化改革的大背景下，《学联学生会组织改革方案》《关于加强和改进新形势下高校共青团思想政治工作的意见》《高校学生代表大会工作规则》等文件相继下发，对高校共青团工作的各个方面提出改革意见。在高校学生会建设方面，相关文件强调要优化高校学生会组织体系，精简架构，明晰职能和定位；要完善制度建设，规范学生代表大会相关制度和学生干部选拔、考核与培养制度，做好学生干部作风建设；要创新工作方式，提升服务质量，健全学生权益维护机制，健全广大同学对学生会评议、监督机制。在高校共青团思想政治工作方面，强调大学生思想政治引领和价值引领的极端重要性，要加强理想信念教育，培育和践行社会主义核心价值观，深化实施“青马工程”；不断强化团学组织和基层团组织，加强团员先进性建设；强化实践育人、文化育人、网络育人、服务育人，做好支持保障工作。在高校学生代表大会方面，相关措施要明确规范学代会职权、代表产生规则、代表权利与义务、学生代表大会的相关程序和提案处理程序等，促进学生代表大会规范化和制度化建设。

第二节　新时代高校共青团工作创新的挑战

我国国情和社情随着新时代的到来产生了许多新变化，新时代的新形势和共青团的全面改革为高校共青团工作创新提供了新机遇，同样也带来了挑战。在全面改革的过程中，高校共青团工作创新主要面临以下三方面的新挑战。

一、工作方式固化带来的挑战

新时代以来，以习近平同志为核心的党中央要求共青团在改革中形成“凝聚青年、服务大局、当好桥梁、从严治团”的工作格局，高校共青团要承担起培育为实现“两个一百年”奋斗目标、实现中华民族伟大复兴的中国梦而奋斗的时代新人的职责。同时，2017 年以来，党和国家加快一流大学和一流学科建设的相关部署，“双一流”建设成为高校在新时代发展的目标和方向。新时代高校共青团工作创新，一是要围绕党和国家的大政方针，服务好国家发展的大局；二是要围绕高校建设的目标规划，服务好高等教育培育时代新人的大局。但是，从实际情况来看，部分高校共青团工作依然受到“机关化、行政化、贵族化、娱乐化”（“四化”）倾向的影响，在工作的开展中，存在工作效率不高、不能及时响应高校青年的各种合理需求、不能解决高校青年关心的各类问题的现象；在工作方式方法上，存在不主动调查研究青年的思想动态和多样化需要、灌输式和说教式的工作方式难以贴近青年的现象；在工作内容上，存在娱乐化突出、政治性不强，不能让高校青年有实实在在的获得感的现象；在工作队伍上，存在团干部脱离高校青年的倾向，团干部的工作作风和能力均有待提升的现象。

“四化”倾向严重削弱着部分高校共青团工作创新以更好地服务大局的

成效，影响了这些高校共青团的形象，造成了其高校青年与高校共青团的疏离感，因此，“四化”倾向是新时代高校共青团工作创新必须克服的挑战。首先，从围绕培育肩负历史使命的高校青年来看，高校共青团要从以下三方面克服“四化”倾向：一是始终以习近平新时代中国特色社会主义思想为行动指南，将思想政治引领作为核心任务，帮助高校青年把握中国梦这一时代主题，树立正确的理想和坚定的信念，领导高校团员青年保持先进性并且走在时代的前列；二是为高校青年的全面发展创造良好条件，引导高校青年将自身的奋斗与国家的发展结合起来，为“五位一体”总体布局、“四个全面”战略布局和实现“两个一百年”奋斗目标贡献智慧与力量；三是要求高校共青团加强爱国主义教育和中华优秀传统文化、革命文化、社会主义先进文化教育，增强高校青年的“四个自信”，引导其把握新发展阶段和新发展格局、贯彻新发展理念、树立创新是引领发展第一动力的观念，帮助高校青年更好地参与社会主义现代化强国的建设。其次，从服务高校“双一流”建设并培养时代新人的目标来看，高校共青团要扩展工作覆盖面，以踏实的工作克服“四化”倾向。在人才培养上，加强团教协作，以实现中华民族伟大复兴的中国梦的历史使命引领青年努力学习、成长成才；在科学研究上，做好服务高校青年的各项工作，为科研、教学提供条件；在社会服务上，做好高校青年社会实践、志愿服务等工作，积极促进科研成果转化；在文化传承创新上，要运用新媒体手段宣传中华优秀传统文化、革命文化和社会主义先进文化，促进高校思政课创新，提高思想政治引领工作实效；在国际交流合作上，要推动高校青年走向世界舞台，为其出国交流和国外青年来华交流提供条件，推动科研、教学在交流中发展和创新。

二、青年需求多样带来的挑战

当代高校青年以“90 后”和“00 后”为主体，其成长的环境形成了该群体的新特点和多样化需求。其一，“90 后”和“00 后”均成长在改革开放后我国经济高速发展、物质条件极大改善的年代，他们相比以往的青年具有更好的生活环境和受教育的机会，眼界宽广、思维活跃。由于他们生长在急剧发展和变化的时代，当代高校青年具有更强的适应变化的能力和学习能力，乐于接受新事物，大胆追求创新和变革是刻在其骨子里的基因密码。其二，“90 后”和“00 后”生长在互联网时代，在开放的信息环境中，他们关注社会焦点和热点问题，主动发表意见，积极思考，因此，当代高校青年的表达欲望和能力、独立思考和理性思考的能力较往代青年更强。同时，在网络非中心化的环境中成长起来的青年，自我意识和自尊心更强，他们不希望被灌输，不喜欢被强权压制。其三，“90 后”和“00 后”成长在我国综合国力不断提升的年代，同时，互联网的发达让他们能够广泛地了解世界，他们更自信，对国家和民族发展的前途充满希望。其四，“90 后”和“00 后”的成长经历了我国社会的高速发展和转型升级两个阶段，他们享受了改革开放的福利，在市场化和互联网环境下，他们更加期待通过自己的学习和劳动来实现自身价值，但同时亦看到了社会贫富差距的拉大。由于宣传媒体的发展，他们年幼时就受到各行各业在野蛮生长时期人们“一夜暴富”和“一日成名”的“鼓舞”，而成年后要面对更激烈的朋辈竞争与各行各业的门槛提高，他们的生活、教育、医疗、住房压力较往代青年更大，自身实现阶层跨越的难度更大。一面是少数青年因家庭财富的积累无须努力就可以取得别人望尘莫及的成功，一面是多数青年无法清晰找到自己在社会中的位置，在“内卷”中内耗，无法实现自己的人生价值，因此他们既希望拥有美好的生活，又对未来充满迷茫。于是有不少青年选择“躺平”，仅仅追求个人生活的安逸。部分高校青年热衷于在互联网上表达自己的意见，甚至成为“愤青”，但是在现实生活中缺乏实践能力和吃苦耐劳精神，逃避社会实践，缺乏担当精神。

青年的新特点和新需求影响着高校共青团工作凝聚青年的成效，对相关工作提出了更高要求，构成了新时代高校共青团工作创新的挑战。因此，首先，高校共青团要尊重高校青年的主体性，采取青年人乐见的方式引导青年，听取高校青年的表达，改善高校青年认为的共青团工作中的缺点和短板，直面高校青年关心的热点话题和他们的焦虑与迷茫，培养其在社会中实现人生价值的能力；其次，高校共青团要提供更高质量的引导和服务，满足高校青年校园生活、创新创业、实习就业、交流交往等需要；最后，高校共青团要加强团组织的自身建设，坚持全面从严治团，提高团干部的工作能力和服务能力，以团员、团干部的以身作则提升团组织的先进性。

三、网络发展带来的挑战

互联网技术的发展极大地拓宽了人们的信息渠道和视野，改变了人们的思考方式和生活习惯。近年来，随着移动客户端和新媒体技术的发展，去中心化成为互联网发展的趋势和主流，人人都是网络世界的节点，人人都能自主地发布、传播、获取信息，信息的生产和传播不再为少数人垄断。在去中心化的网络世界里，高校青年能在信息的海洋里畅游，自由地获取自己感兴趣和喜欢的信息。官方信息渠道是其获取信息的主要渠道，但不是唯一渠道。在部分青年群体喜爱的网络平台上，如在 bilibili 上，2021 年度的“百大 UP 主”均为非官方的自媒体，官方媒体如“共青团中央”虽然有粉丝 953 万，但相比“百大 UP 主”，其影响力依然不高，相关作品受青年喜爱的程度仍然不高。因此，在一些青年关注的热点时事面前，互联网中的官方媒体偶有失语的情况发生，共青团的网络思想引领力并未有效发挥。校园的新媒体建设同样存在类似问题，校园内个人新媒体公众号蓬勃发展，但部分高校共青团的新媒体工作滞后于青年的思想变化和各种需求，部分校园共青团公众号只发布公文式的通知和新闻，不关注校园内青年们关心的现实问题，不回应青年的诉求，未能占领新媒体舆论阵地，网络思想政治引领的成效不明显。因此，从新媒体建设质量的角度来看，部分高校的个人新媒体公众号、视频号相较官方号更有影响力。同时，由于个人公众号、视频号、数量大、种类多，能够关注高校青年学习生活的方方面面，高校青年可以从各种各样的新媒体平台上获取自己需要的信息，而高校共青团的新媒体平台面临“单打独斗”、缺乏“回音”的局面。

互联网去中心化的发展趋势带来了信息源的多样性和去权威性，同时互联网时代的青年对共青团思想政治引领工作的刻板印象亦增加了高校共青团工作引领青年的难度。因此，提升互联网时代的网络引领能力是新时代高校共青团工作创新需要面临的挑战。从工作机制来看，高校共青团要构建由共青团指导和管理的新媒体矩阵，在加强官方公众号、视频号建设的同时，鼓励高校青年自主运营公众号，共青团主动为其提供指导和信息，在热点时事和重要节点中形成协同发声的工作局面；从管理方法来看，高校共青团要鼓励校园内新媒体人沟通交流，提供针对新媒体人的专业培训，构建评价和激励体系，形成校园内新媒体建设相互学习、相互竞争的良性互动；从新媒体管理队伍的建设来看，高校共青团要构建一支稳定、专业的新媒体运营队伍，有条件的高校共青团可配备专业的拍摄、制作设备，鼓励运营者开展针对校园青年需要的调查工作，鼓励其与热门平台、个人合作，提升运营者的内容制作能力和推送内容的针对性。

第三节　小　结

本章梳理了党的十八大以来高校共青团工作的新机遇和新挑战，现将本章内容总结如下。

新时代高校共青团工作创新面临新机遇。我国社会主要矛盾发生新变化、党和国家的事业确立了“两个一百年”奋斗目标、党推动理论创新和新时代的伟大工程建设及世界百年未有之大变局下我国日益走近世界舞台的中央是新时代的高校共青团工作要面对的新形势。新形势提供了工作创新的新机遇。党高度重视青年工作和共青团工作，大力推动群团组织深化改革，党的十八大、十九大和第三个历史决议指明了青年工作发展的新方向，《关于加强和改进党的群团工作的意见》《中长期青年发展规划（2016—2025年）》制定了共青团相关工作的具体规划。全团深化改革为工作创新提供了机遇，团的十七大和十八大依据新方向和新规划制定了共青团在新时代工作改革创新的方案，同时团中央制定下发了《共青团中央改革方案》《高校共青团改革实施方案》等文件，要求共青团全面深化改革，全面从严治团，为高校共青团工作创新提供了依据和遵循，新时代高校共青团工作创新面临新机遇。

新时代高校共青团工作创新面临新挑战。新发展状况对高校共青团工作创新提出新挑战，主要体现在：第一，工作方式固化带来挑战。其一方面削弱了高校共青团培育肩负历史使命的新时代青年的能力，另一方面削弱了高校共青团服务高校“双一流”建设的能力。第二，青年需求多样带来挑战。当代高校青年眼界宽广，思维活跃，适应能力和学习能力强，追求创新和变革，有较强的表达欲望和能力，有独立思考和理性思考的能力，充满自信但又生活在矛盾和迷茫中。这些新特征和需求要求高校共青团工作在创新中尊重高校青年的主体地位，维护和保障好青年权益，坚持全面从严治团。第三，网络发展带来挑战。网络信息来源的多元化、网络世界的去权威性均增加了高校共青团工作引领青年的难度，高校共青团需要加强“网上共青团”建设。

第五章

新时代高校共青团工作创新面临的问题及原因

改革发展是新时代高校共青团工作的主流。总体来看，高校共青团工作在新时代取得了巨大进步，但是整个高校共青团并非一个平衡发展、齐头并进的体系。由于各高校共青团的特殊性和发展创新的不平衡，部分高校共青团在工作创新中依然存在问题。同时，由于普遍性寓于特殊性之中，部分高校共青团在工作创新中面临的问题实则具有一定的普遍性，是高校共青团改革中的重难点，具有研究和探讨的价值。因此，本章以针对湖南省各高校师生的问卷调查结果为基础，客观分析并系统总结高校共青团在思想政治引领、服务青年和团的建设工作创新中面临的主要问题及其原因，为后文分析新时代高校共青团工作创新的领域和精准化路径做铺垫。

第一节　思想政治引领工作创新面临的问题

高校共青团工作创新的理论指导认为思想政治引导是高校共青团工作的根本，其需要重视两大方面：一是高校共青团要用马克思列宁主义、马克思主义中国化的成果引导高校青年，帮助其坚定理想信念，抵御错误思想；二是高校共青团要向青年宣传党的大政方针，要让青年明白自己的时代使命，激发青年的创造热情，引导他们在服务社会中实现人生价值。新时代以来，高校共青团在思想政治引领工作上有新的探索和创新。为更好地检视这些举措的成效，笔者整理了调查问卷。从调查数据来看，受调查的大学生对高校共青团的思想政治引领工作总体有较积极的评价，大部分同学能主动参加政治理论学习和志愿服务活动，同时，高校共青团的新媒体建设和网上共青团建设的成果得到了大部分同学的肯定。但是，目前依然存在各层次高校思想政治引领工作发展不平衡、学生干部和普通学生对思想政治引领工作的成效满意度参差不齐、部分高校思想政治引领工作不接地气或不能走进高校青年内心等问题，具体情况如下。

一、资源分布不平衡现象突出

总体来看，受访大学生对学校共青团思想政治引领工作有较肯定的评价。在“你认为学校基层团组织对青年学生思想政治引领方面的作用如何？(单选)”这一问题上，如图 5-1 所示，有 50.21%的学生认为高校团委“能够聚焦真抓实干，将思想政治引领做精做实”，超过了受访学生人数的一半。这说明，总体来看，湖南省各高校共青团的思想政治引领工作实实在在地帮助到了大部分高校青年，实效性不低。但同时依然有 28.40%的学生认为高校团委“面上很重视，但多数停留在口号上，务实且富有成效的举措

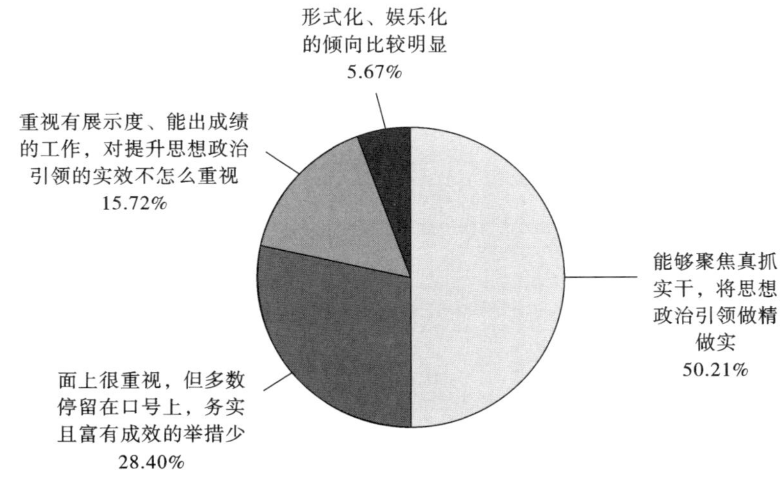

图 5-1　受访大学生对思想政治引领工作的评价

少”，15.72%的学生认为高校团委“重视有展示度、能出成绩的工作，对提升思想政治引领的实效不怎么重视”，还有5.67%的学生指出相关活动和工作“形式化、娱乐化的倾向比较明显”，表明部分高校团委在工作开展上存在形式主义和娱乐化的问题和现象。

进一步分析来看，笔者分别以学生所在的高校办学层次和学生的在校身份为因变量，与“你认为学校基层团组织对青年学生思想政治引领方面的作用如何？”这一问题进行交叉分析，结果如图5-2和图5-3所示。不同层次高校的学生、不同在校身份的学生和不同政治面貌的学生对学校思想政治引领工作的满意度呈现出不平衡的状况。

第一，不同层次高校的学生对学校思想政治引领工作的认可度不平衡。图5-2大体呈现出办学层次越高的高校的学生对工作满意度越高的趋势。如“211”大学（仅为“211”大学）和“985”大学对工作的满意度（认为高校团委“能够聚焦真抓实干，将思想政治引领做精做实”，后文同）高，分别为56.70%和54.60%，最低的是独立院校，仅有46.50%的学生认为团组织的思想政治引领工作是扎实有效的。在其他三个选项上，“211”大学的调查数据均是所有层次高校中最低的，表明“211”大学学生对相关工作的认可度较

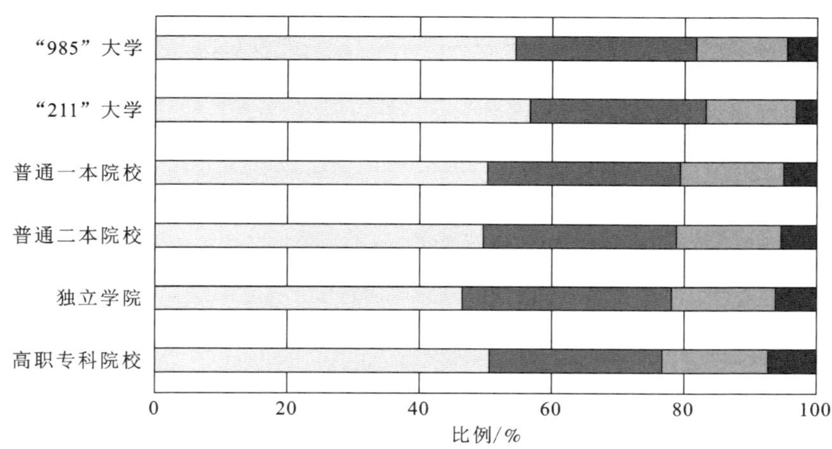

图5-2　各办学层次高校的大学生对思想政治引领工作的评价

高，而独立院校和高职专科院校的学生在这三个选项上均有较高的数值，表明这两类高校思想政治引领工作的实效性较低。其中，认为相关活动和工作“形式化、娱乐化倾向比较明显”的独立院校和高职专科院校学生所占比例几乎是“211”大学的两倍，因此相关工作的形式化、娱乐化倾向值得注意。总体来看，较其他几个层次的高校来说，“211”大学的思想政治引领工作成效最好，“985”大学次之，独立院校和高职专科院校成效较差。笔者认为，一方面，层次更高的高校往往具有更好的思政资源、人力和物力资源，相关活动的开展有保障；另一方面，部分层次较低的高校可能尚存团干部队伍建设不够、团干部素质有待提高、工作缺乏支撑等问题。因此，各类高校间的不平衡状况较突出，思想政治引领工作的成效参差不齐。

第二，不同在校身份的学生对学校思想政治引领工作的认可度不平衡。图 5-3 呈现出从学生会干部到班干部到社团干部再到普通学生，对共青团思想政治引领工作的满意度呈逐步下降的趋势，学生会干部的满意度最高，接近 60. 00%，班干部次之，达 51. 90%，社团干部和普通学生的满意度则分别为 48. 90%和 45. 10%，四类身份的学生之间的差异较明显。在其他三项上，学生会干部的选择比例远低于整体调查的均值，分别为 24. 50%、13. 70%和 3. 50%，而普通学生的选择比例远高于整体调查的均值，分别为

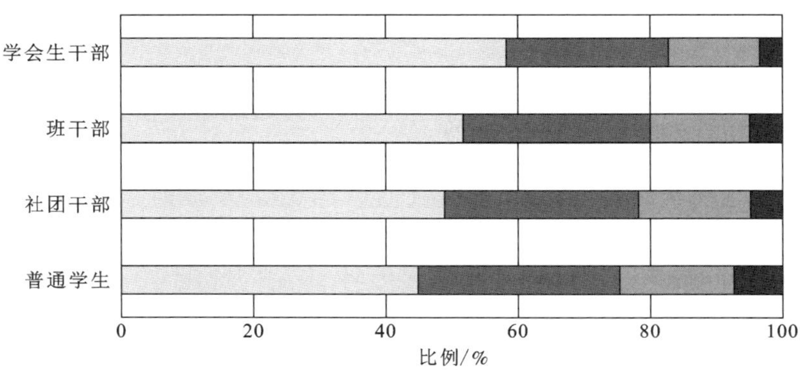

图 5-3　不同在校身份的大学生对思想政治引领工作的评价

30.50%、17.20%和7.30%，认为相关活动和工作“形式化、娱乐化的倾向比较明显”的比例甚至是学生会干部的比例的两倍多。因此，从调查数据可以得出结论，普通学生与在学生会、团支部、班集体、社团等组织中任职的学生对高校共青团思想政治引领工作的满意度有较大差异，不平衡现象突出，而且越是有机会接触并参与团委工作，或者因在校身份而更有可能得到优质资源和照顾的学生对团委思想政治引领工作的满意度越高，普通学生中的部分学生则可能自身抵触思想政治工作、信息不对称、未受到重视、活动参与少等原因而有更高的不满意感。

第三，不同政治面貌的学生对学校思想政治引领工作的满意度不平衡。图5-4明显呈现出中共党员（含预备党员）、共青团员、群众、其他这四类不同政治面貌的学生对思想政治引领工作的满意度递减的趋势。中共党员（含预备党员）的学生满意度最高，达58.10%，其次是共青团员，达50.50%，群众和其他这两类学生满意度未超过一半，分别为41.80%和31.30%。需要说明的是，大学生中极少或基本没有民主党派和无党派人士，而本次调查的有效问卷中有240人选择了自己的政治面貌为“其他”，笔者认为造成这一情况的原因有如下三个：一是受访者并未真实填写政治面貌

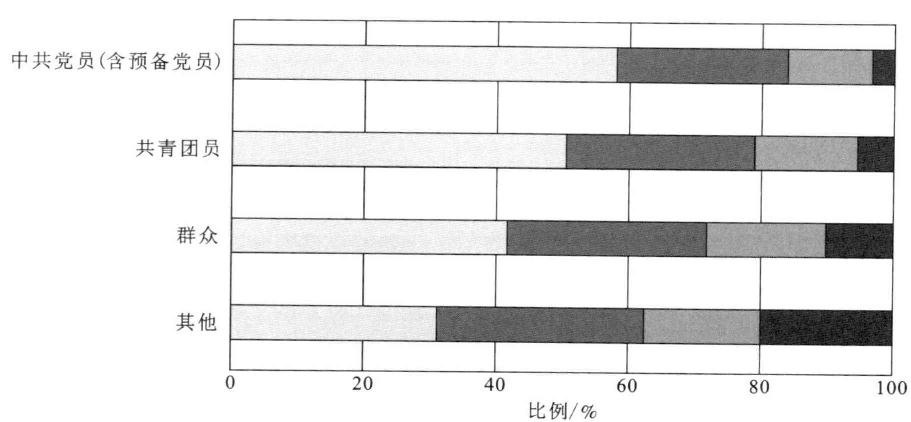

图5-4 不同政治面貌的大学生对思想政治引领工作的评价

或敷衍填写；二是受访者并不清楚自己的政治面貌；三是受访者并不认可自己的政治面貌而故意填写“其他”。基于第一和第三个原因，政治面貌为“其他”的学生可能本就对共青团工作不抱好感，因此在评价中才会出现满意度不足1/3的情况。就其他三类政治面貌的学生来说，群众这一类的学生满意度是明显低于中共党员(含预备党员)和共青团员的，而认为共青团思想政治引领工作重视有展示度和能出成绩的工作、形式化和娱乐化的倾向比较明显的比例远高于后两者。笔者认为，这样的不平衡状态可以解释为以下两个方面的原因：一方面，中共党员(含预备党员)和共青团员的政治觉悟普遍比群众高，能够更积极主动地参与团组织的政治学习和思想政治引领活动，这样的心态提高了他们的满意度；另一方面，总体来看，中共党员(含预备党员)和共青团员相比群众更能得到团组织的重视，他们更了解共青团，参与的活动更多，能得到的信息和资源更多，因此满意度更高。

二、思想政治引领活动亲和力缺乏

高校共青团思想政治引领活动的知晓度和参与度较高。从调查数据来看，如图5-5所示，受访者在被问及“你参加过学校共青团组织开展的政治理论学习吗？(单选)”时，有34.00%的学生选择了“知道的都参加”，表明

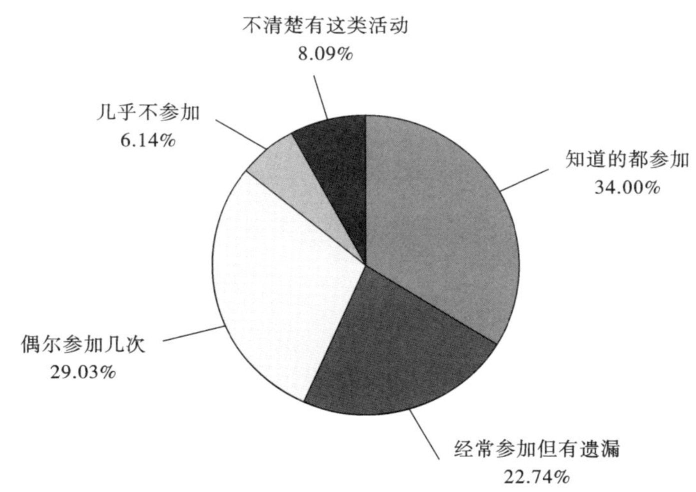

图5-5　受访大学生对高校共青团开展的政治理论学习的参与情况

超过 1/3 的学生有较高的参与积极性；选择“经常参加但有遗漏”和“偶尔参加几次”的学生占比分别为 22. 74%和 29. 03%，选择此三项的学生占比之和超过了 85%，表明在高校共青团改革创新的背景下，绝大多数高校学生是有参与思想政治引领活动的主动性的。从高校学生对思想政治引领工作的具体形式的知晓度来看，在“你知道‘青年马克思主义者培养工程’吗?（单选）”这一问题上，如图 5-6 所示，有 30. 90%的学生知道并参加过青年马克思主义者培养工程（简称“青马工程”）的培训，这一高比例得益于“湖南青马在线”的推介与使用拓展了培训覆盖面，提高了培训的方便性。还有 42. 30%的学生表示自己“知道但未参加过”，表明这些学生可能因为身边同学参与“青马工程”、团组织的宣传信息或自己对“青马工程”有关注等原因而了解了“青马工程”。其中亦有不少学生有希望参加“青马工程”培训的意愿。结合过往的调查数据来看，张禹文 2011 年的博士学位论文对湖南省高校共青团工作进行了问卷调查，其中仅有 12. 69%[①]的受访者认为政治学习活动是比较受团员青年欢迎的活动，这一数据远低于以上两题的调查结果。因此，从这一层面来看，经过了新时代的改革创新，湖南省各高校共青团思想政治引领工作的吸引力有所提高，学生们的参与度和知晓度普遍提升。

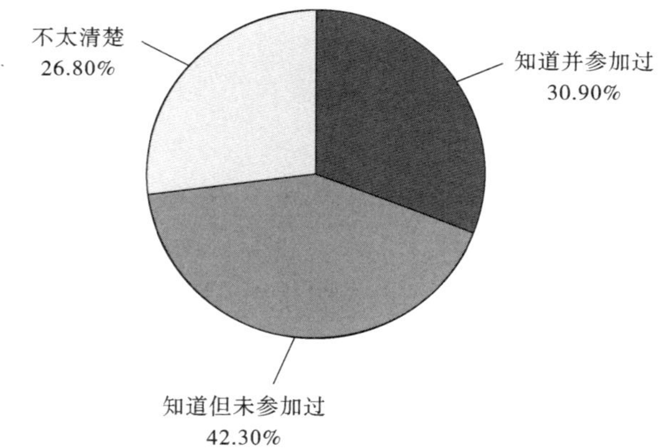

图 5-6　受访大学生对“青马工程”的知晓度

① 张禹文：《新时期党领导下的湖南青少年组织建设问题与对策》，湖南师范大学 2011 年博士学位论文，第 95 页。

高校共青团思想政治引领活动创新有所成效，但部分活动缺乏亲和力，说教氛围过于浓厚，不够务实。2011 年对湖南高校共青团的调查中，受访者被问到“某些活动团员青年参与率不高，主要原因是什么？”时，41.22%的人选择了“工作内容不能满足青年需求”，36.55%选择了“活动内容不新颖，形式单调”(此为单选)。① 而笔者开展的调查中，受访者采取多选的形式回答了类似问题——“你觉得当前学校共青团活动存在不足的主要原因是什么？”如图 5-7 所示，学生认为最大的原因是“创新性不够，活动简单重复”(55.53%)，其次是“自说自话，学生被动参与”(45.27%)，再次是“不够务实，缺乏内涵深度”(33.63%)。因此，相比过去，当前共青团组织的工作进一步关注了青年人的需求，但是活动创新性依然不足，简单重复和形式单调的现象依然没有普遍改善，“自说自话，学生被动参与”的情况导致工作的亲和力缺乏，不利于实实在在帮助青年解决生活和学习中的问题与困难，给人不务实的印象。

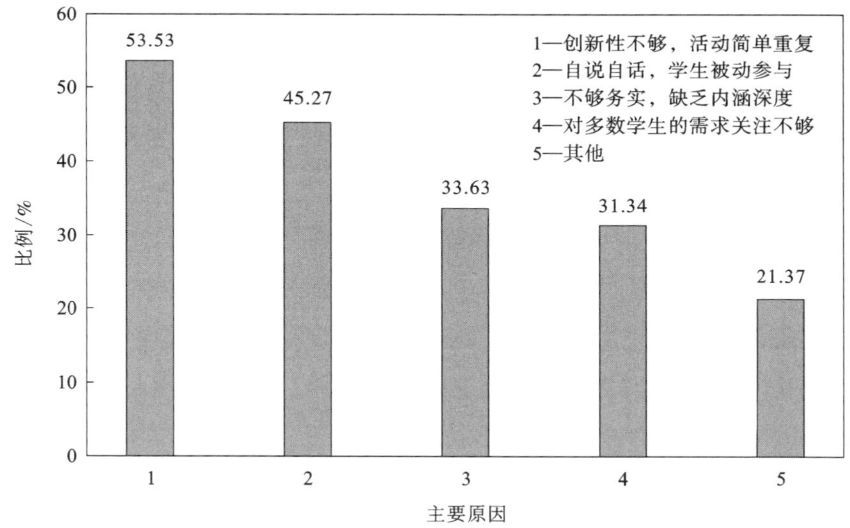

图 5-7　受访大学生认为目前共青团的活动存在不足的主要原因

① 张禹文：《新时期党领导下的湖南青少年组织建设问题与对策》，湖南师范大学 2011 年博士学位论文，第 96 页。

笔者进一步就“你觉得学校共青团思想政治引领工作吸引力有所欠缺的原因是什么？（多选）”这一问题调查了受访者，在多选的情况下，结果如图 5-8 所示。47. 22%的受访者认为共青团思想政治引领工作“缺乏趣味性，说教气息比较浓”，45. 23%的受访者指出其“表达方式让人不习惯，有距离感”，还有 31. 92%的学生表示“观念保守，理念陈旧”是其吸引力不足的主要原因。

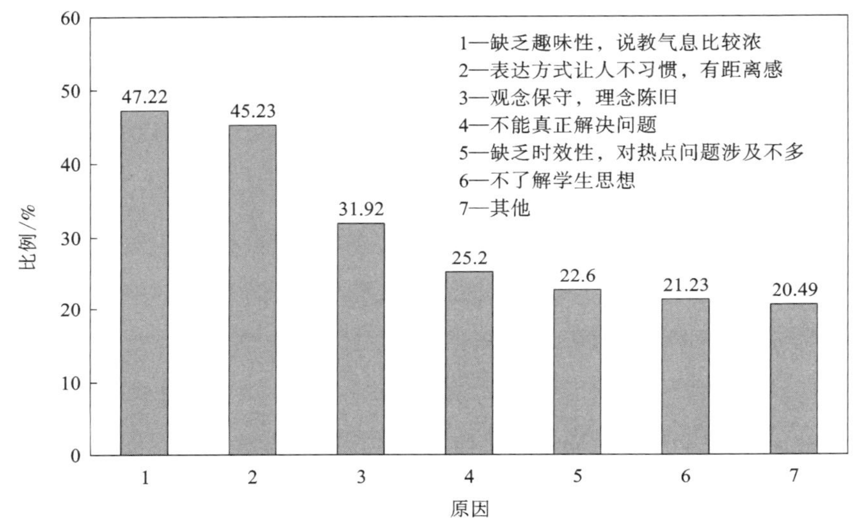

图 5-8　受访大学生认为目前共青团的思想政治引领工作缺乏吸引力的原因

因此，直观来看，虽然当下湖南省一些高校有典型的做法和措施，推动了思想政治引领工作的创新，相比从前有了明显的效果，但是湖南省高校共青团的思想政治引领工作整体上创新仍然不足，工作的发展创新速度跟不上时代和青年发展变化的速度，在形式上，活动简单重复的现象突出；在内容上，活动不接地气、不能走进青年内心、缺乏亲和力的问题较普遍。这些一直没有得到很好解决的问题已然成为严重影响高校共青团改革和创新成效的“顽疾”。

三、实践活动单一化、同质化

高校学生对社会实践活动和志愿服务工作有很高的积极性。如图 5-9 所示，针对“你认为学校共青团组织在哪些活动的开展上需要加大力度？（多选）”这一问题，有 63.85%的学生认为高校团委应多组织“社会实践活动”，这是所列的各类活动中比例最高的；有 55.46%的学生认为“青年志愿者活动”应该多多开展，它位居所有活动中的第二。值得注意的是，还有 50.74%的同学认为“课外学术科技活动”要更多开展，这表明高校青年在这一方面具有较大的需求，希望共青团组织的活动能和自身所学结合起来。因此，这一方面的工作亦需要加强。再如图 5-10 所示，当被问及“你认为学校应该加大哪一类型学生社团的发展力度？（多选）”时，有 59.44%的学生选择了“志愿服务类”社团，有 58.76%的学生选择了“社会实践类”社团，这两个选项占比在所有选项中排名前两位。两个问题的调查结果均反映，湖南省各高校的大学生有较强烈的社会实践和志愿服务需求，他们乐于参加这两类活动，并且希望在现有基础上进一步增加活动数量，提升活动质量。从大学生参与志愿活动的频率来看，笔者拟定了“你每一年参加志愿服务的次数？（单选）”这一问题。如图 5-11 所示，每年参加 1~3 次志愿服务的学生最多，占比达 64.60%，参加 4~10 次的次之，达 18.63%，参加 10 次以上的占比 4.11%，0 次的占比 12.66%。调查结果说明，一方面，各高校团委积极组织了志愿服务活动，每年都组织了超过 87%的在校大学生投入志愿服务，相关工作基本做到了覆盖绝大部分大学生，满足了他们的实践需求；另一方面，大学生有较高的志愿服务热情，能响应共青团组织的号召或自行组织社团来进行志愿服务。他们不仅有为社会服务的思想意识，更有做实事的精神，基于此开展思想政治引领工作，引导学生们做自己喜欢且能锻炼能力的事情，往往能给予他们更多的获得感。

目前共青团组织的社会实践和志愿服务活动存在活动项目过于单一的不足。如图 5-12 所示，在被问到“你认为学校共青团开展的志愿服务活动存在哪些问题？（多选）”时，50.63%的受访者认为“志愿服务项目太过单一”，有 41.21%的受访者选择了“开展志愿服务活动的频率太低”，还有

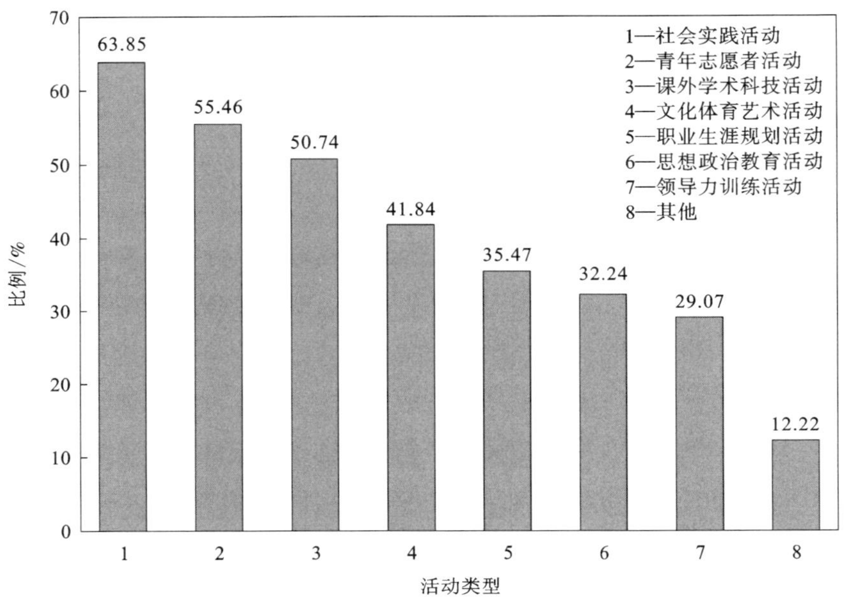

图 5-9　受访大学生认为学校共青团应多开展的活动类型

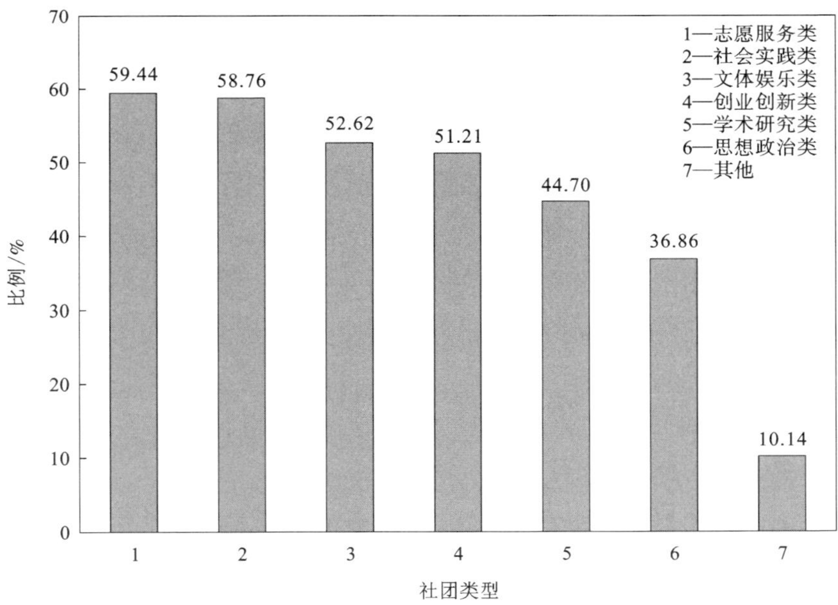

图 5-10　受访大学生认为应加大力度发展的社团类型

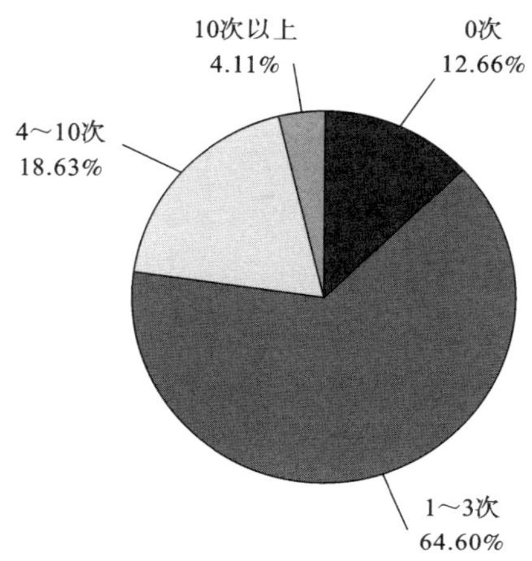

图 5-11　受访大学生每年参加志愿服务的次数

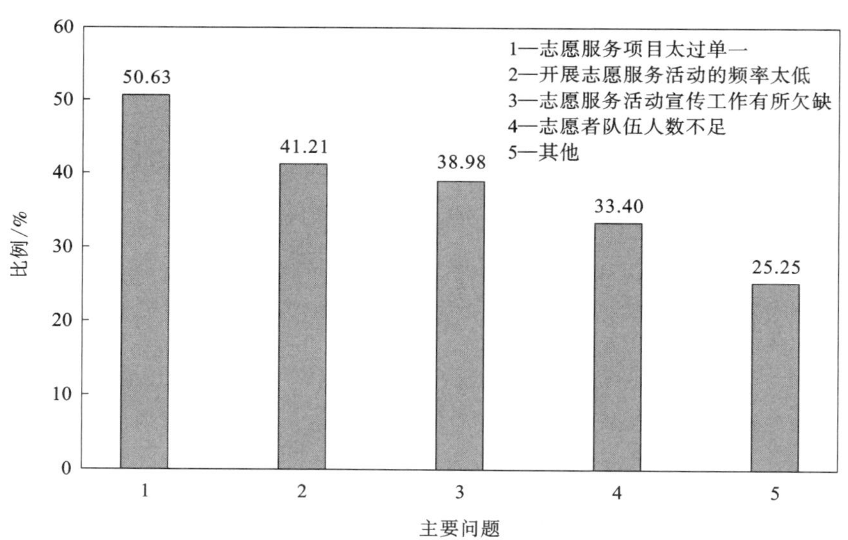

图 5-12　受访大学生认为志愿服务活动存在的主要问题

38.98%的受访者表示“志愿服务活动宣传工作有所欠缺”。从这一调查结果可以看出，湖南省各高校团委虽然广泛开展了社会实践和志愿服务活动，但是这些活动往往缺乏创新，形式和内容因循守旧，并没有紧跟时代发展要求和满足青年实践需求。各高校团委工作普遍缺乏主动性，存在仅仅以完成任务和考核指标为工作导向的心态，不能很好地开拓业务、推动创新，同时志愿活动的频率还不能完全满足高校青年的需求。另外，志愿者队伍建设滞后、服务工作的宣传报道欠缺等原因都影响着社会实践活动和志愿服务的质量，一定程度上可能削弱大学生的参与积极性。

四、新媒体建设滞后

总体来看，新媒体建设得到了高校青年的肯定。首先，笔者调查了各高校在校学生对新媒体公众号的知晓度和关注度[你是否关注学校共青团组织的新媒体公众号？（单选）]。如图5-13所示，约90.00%的学生关注了学校新媒体公众号，表示“没听说过”相关公众号的学生占比仅3.43%，这一结果表明各高校公众号在校内的知晓度较高，得到了在校学生的广泛关注；关注并经常浏览学校公众号的学生占比24.26%，关注但只偶尔浏览的学生占比50.73%，这一结果表明约3/4的学生会关注公众号上的相关信息，也从侧面说明，公众号推送的相关文章和信息与在校学生的生活息息相关，一定程度上回应了同学们的各种需求，因此得到了大部分学生的关注。其次，笔者调查了大学生对学校共青团媒体公众号的满意度[你认为学校共青团新媒体公众号建设状况如何？（单选）]，如图5-14所示，22.22%的受访

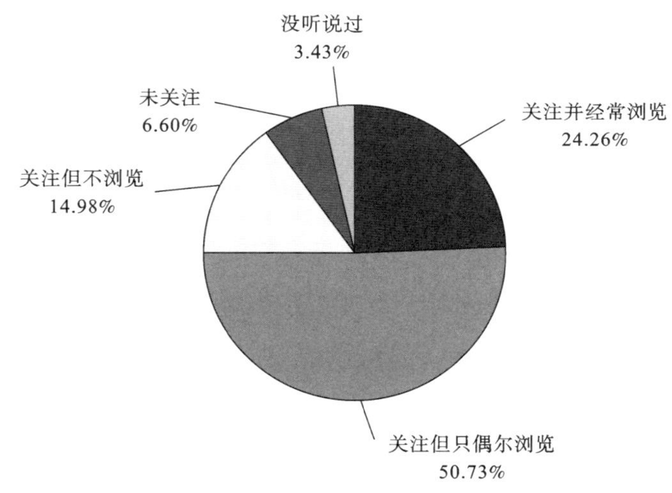

图5-13　受访大学生对学校共青团新媒体公众号的知晓度和关注度

者认为学校的新媒体公众号“非常好”，41.40%的受访者认为“好”，总体满意度为63.62%，认为做得“一般”的学生占比29.11%，认为“差”的学生仅占1.46%，还有5.81%的学生表示自己“没看过”。由这一调查结果可知，大部分同学对学校共青团的新媒体公众号建设持肯定态度，满意度也较高。

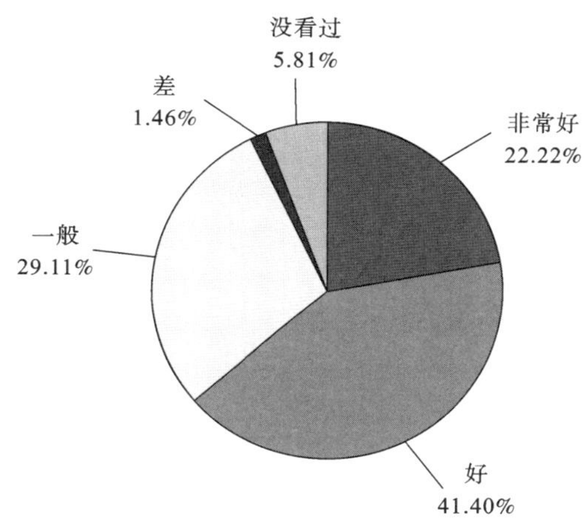

图 5-14　受访大学生对学校共青团新媒体公众号的满意度

新媒体建设还存在不能紧跟青年，不能实实在在满足青年需求的问题。当被问到“你认为学校共青团新媒体公众号吸引力不够的原因是什么？（多选）”时，如图 5-15 所示，52.73%的受访者指出公众号“形式缺乏新意”，30.69%的受访者认为“内容不实用”，还有24.66%和19.54%的受访者分别认为公众号“更新不及时”和“语言呆板生硬”。当被问到“你觉得学校共青团微平台建设在哪些方面需要加强？（多选）”时，如图 5-16 所示，排名前五的方面依次是“互动性需要增强”“内容需要更加拓宽”“表达形式要更加丰富”“紧跟潮流，不能仅局限于微博、微信”“服务性需要增强”。综合以上两个问题的调查结果，笔者认为学校共青团公众号建设虽然在一些方面取得了创新，比如能在部分推送的文章和视频上运用青年人喜欢的形式发布青年人关心的问题，但是，笔者认为，大多数公众号依然普遍存在两大问题：一是互动性差，缺乏新意，在形式上不能做到很好地吸引青年；二是自说自话，不接地气，在内容上不能很好地满足青年。

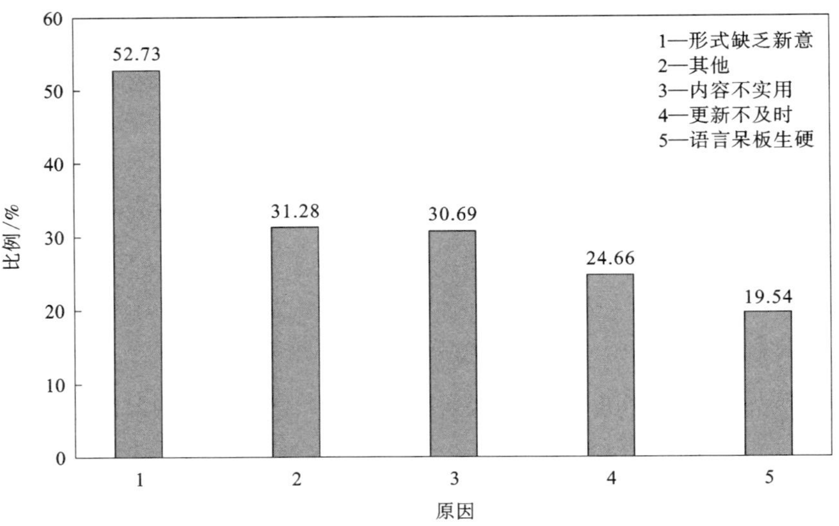

图 5-15　受访大学生认为学校共青团新媒体公众号缺乏吸引力的原因

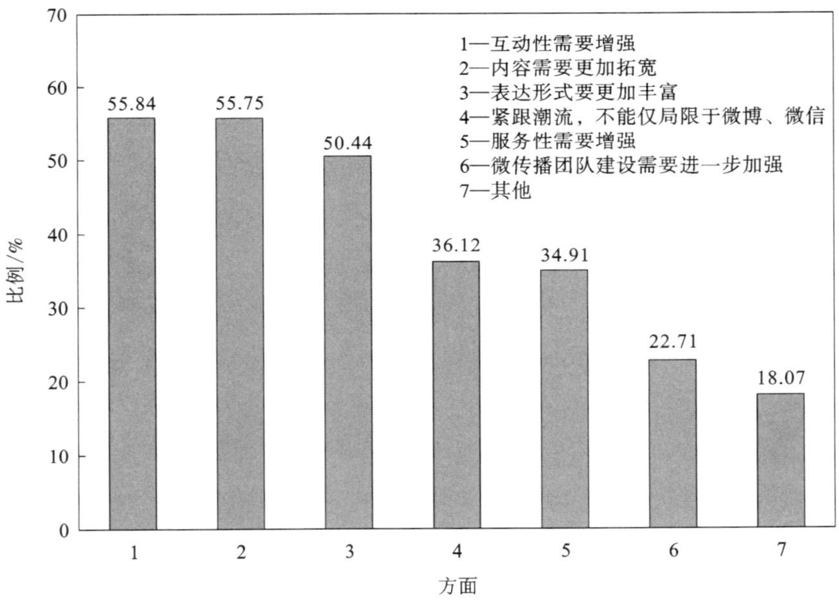

图 5-16　受访大学生认为学校共青团微平台建设需要加强的方面

为进一步调查大学生在公众号内容方面的需求，笔者还设计了“你希望学校共青团新媒体公众号推送何种内容的推文？（多选）”这一问题，如图 5-17 所示，有 59.17%的受访者认为“校园活动”应该多推送，实现信息对称，59.05%的受访者认为“文化艺术”的相关内容要多推送，还有 49.97%的受访者选择“主流意识形态”、46.82%的受访者选择“新闻”。这一结果反映了当代大学生关注的内容是丰富多样的，信息需求是广泛的，其中以与校园生活最相关的“校园活动”为关注重点。从大学生们的这一期望可以看出，高校共青团新媒体公众号的建设依然缺乏对校园活动、文化艺术等满足青年全面成长成才、发展兴趣爱好、联谊交友等需求的内容和信息的推送，各公众号可能更多的是发布自认为“重要的和有用的信息”，缺乏对高校青年需求的调查与了解。

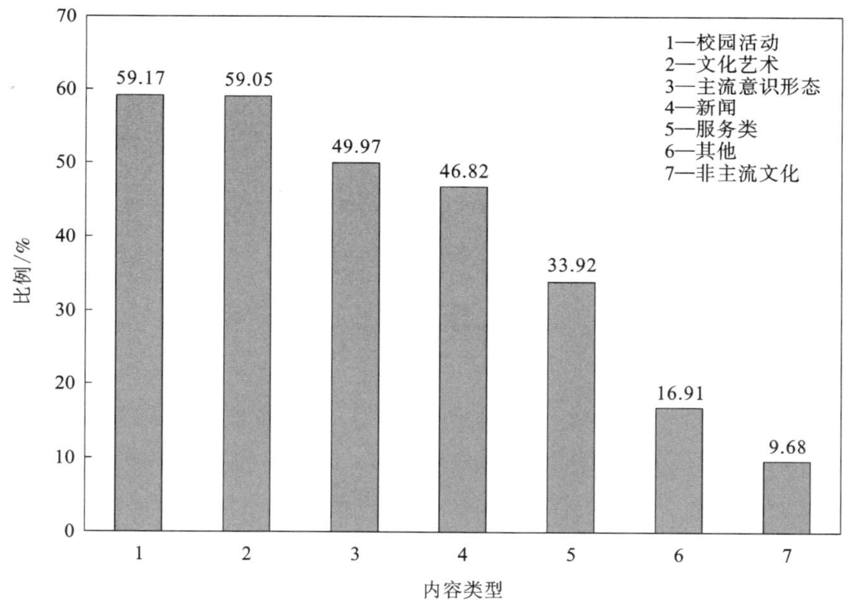

图 5-17　受访大学生认为未来学校共青团新媒体公众号应多推送的内容类型

第二节　服务青年工作创新面临的问题

高校共青团工作创新的理论指导指出，服务青年、凝聚青年是高校共青团工作的核心，工作目标是帮助高校青年成长成才、全面发展，相关工作涉及在校青年的学习生活权益保障、就业创业指导、物质和精神需要满足等，工作方式是主动了解和研究高校青年的特点与需求，贴近青年，回应关切，采取青年喜爱的方式帮助其成长，避免官僚主义和形式主义。为更好地检视高校共青团服务青年工作创新的成效，笔者整理了调查问卷，从调查数据来看，受访大学生对高校共青团服务青年的工作总体有较积极评价，认为相关工作能基本满足在校青年的需求，但是，受访者亦表示，少数高校共青团服务青年的工作依然存在形式化和表面化现象、信息获取与反馈渠道单一、服务青年的基本能力不足等问题，具体情况如下。

一、形式化和表面化现象

总体来看，大学生对高校共青团开展的活动有较高的满意度。如图 5-18 所示，当被问及“你对学校共青团组织所举办的活动的总体评价是

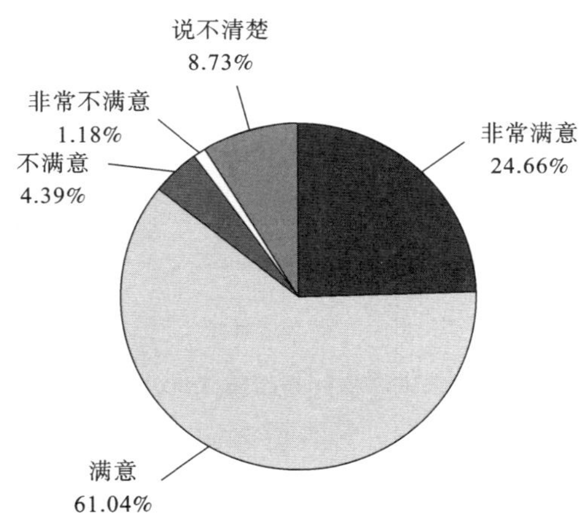

图 5-18　受访大学生对高校共青团所举办的活动的总体评价

什么？（单选）”时，24.66%的学生认为“非常满意”、61.04%的学生选择了“满意”，满意度高达85.70%。这些数据表明，绝大多数在校大学生对高校共青团组织的服务青年各方面需要的活动持肯定态度。为进一步探查高校学生的获得感，笔者让受访者回答了“你参加共青团组织举办的活动是否会有收获？（单选）”“你参加共青团组织举办的活动有哪些方面的收获？（多选）”两个问题。针对第一个问题，22.36%的受访者认为“非常有收获”，48.83%的受访者认为“一般会有收获”，可见71.19%的受访者能从团组织举办的各项活动中得到收获，还有25.90%的学生认为能否得到收获“视活动而定”（图5-19）。针对第二个问题，66.24%的学生认为参与共青团组织的活动“结识了更多朋友”，64.18%的学生认为“沟通能力得到提升”，还有50.93%的学生认为自己的“文化素养得到提高”，选择这三个选项的学生占比居前三，另外有41.89%的学生认为其使自己的“休闲娱乐更加丰富”（图5-20）。数据说明，高校团组织服务青年的工作较好地满足了高校学生的交友、表达、精神文化、休闲娱乐等方面的需求，青年在活动中有较多的获得感。

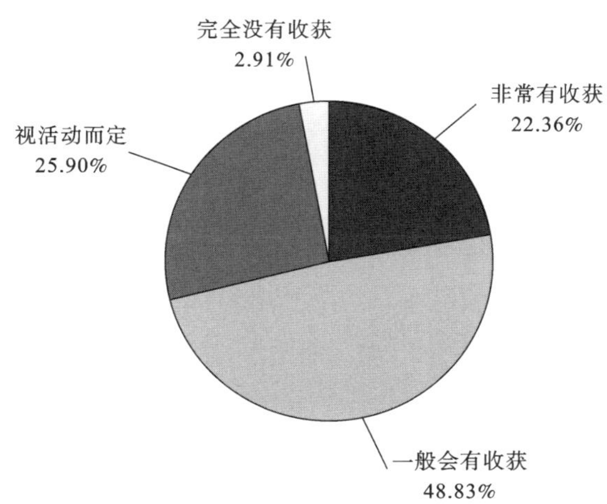

图5-19　受访大学生对参加共青团举办的活动是否会有收获的评价

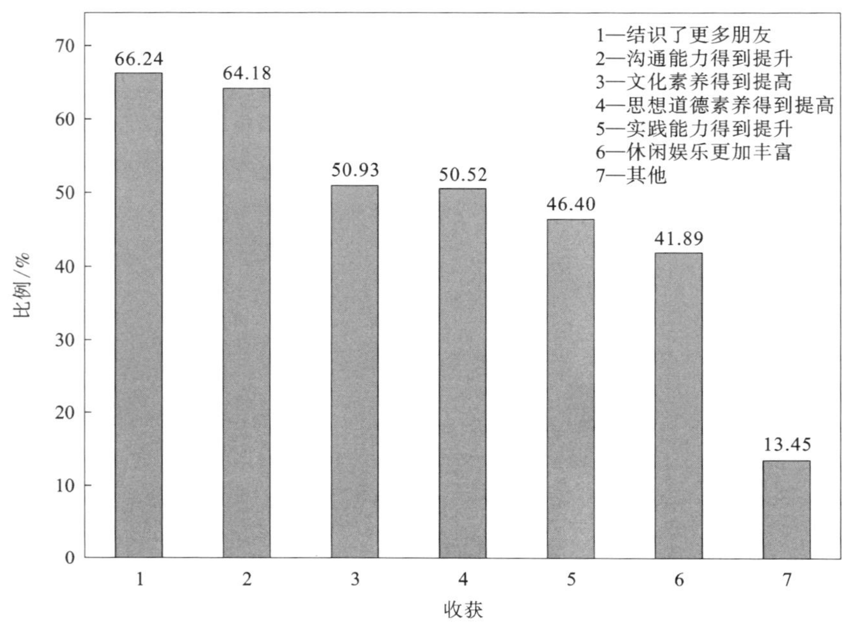

图 5-20　受访大学生认为参加共青团组织举办的活动所得到的收获

部分高校青年认为共青团在服务青年的工作中形式化和表面化现象突出。如图 5-21 所示，当被问及“你觉得学校共青团工作存在的不足主要体现在哪些方面？（多选）”时，有 59.25%的受访者认为“活动内容和形式不够丰富多样化”，50.72%的受访者指出工作的“号召力、凝聚力、吸引力不够”，二者是受访者认为的主要的两个不足之处。具体到共青团组织举办的活动的不足之处，当被问及“你认为学校共青团组织举办的活动存在的不足主要体现在哪些方面？（多选）”时，如图 5-22 所示，44.38%的学生认为活动是“灌输式教育，缺乏实践性”，43.60%的学生认为活动“内容太局限，涉及面窄”，42.05%的学生指出活动“内容陈旧，缺乏吸引力”。对于造成这些问题的主要原因，被问及“你觉得当前学校共青团活动存在不足的主要原因是什么？（多选）”时，如图 5-23 所示，53.53%的学生认为是“创新性不够，活动简单重复”，45.27%的学生指出是团组织“自说自话，学生被动参与”，33.63%的学生认为这些活动“不够务实，缺乏内涵深度”，31.34%的学生认

为相关工作和活动“对多数学生的需求关注不够”。

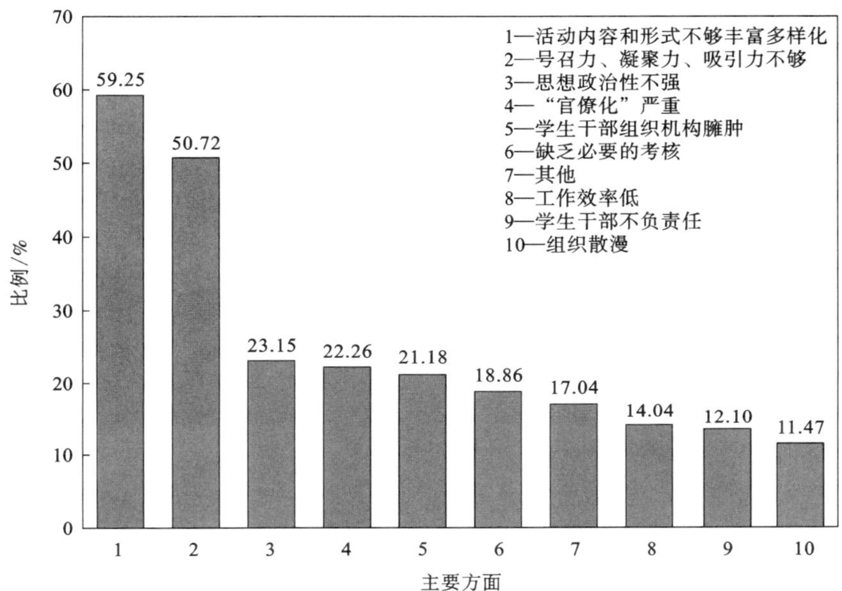

图 5-21　受访大学生认为高校共青团工作存在的不足

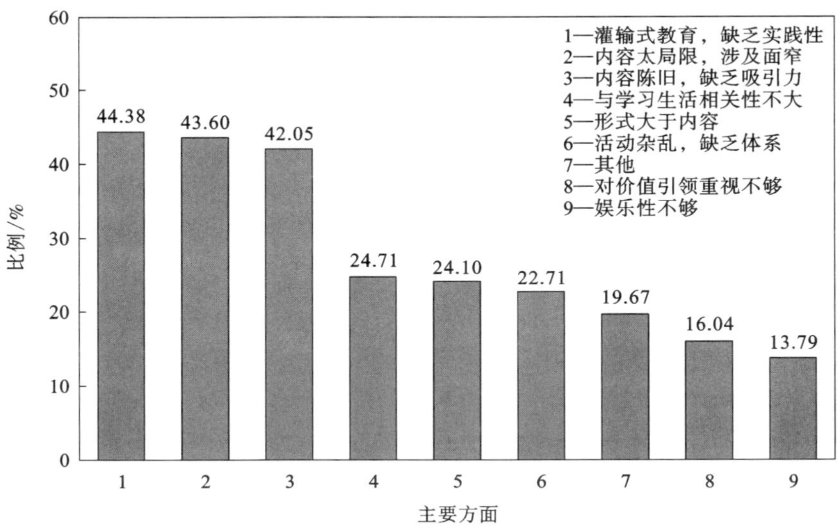

图 5-22　受访大学生认为学校共青团组织举办的活动存在的不足

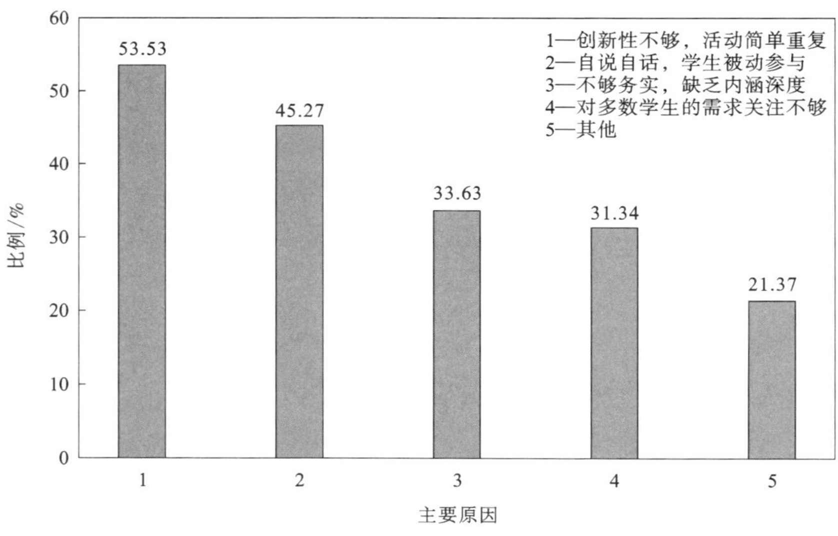

图 5-23　受访大学生指出的当前学校共青团活动存在不足的主要原因

二、信息获取和反馈渠道单一

《高校共青团改革实施方案》中提出要“推行直接联系服务引领青年师生制度”，落实“大宣传大调研”“常态化下基层”“向基层服务对象报到”“团干部直接联系青年”等工作要求，相关要求和措施一方面加强了高校共青团组织与高校青年的联系，另一方面推动了调查研究工作的展开，服务青年的工作逐步走向细致化。笔者统计了相关高校共青团干部每年深入班级或宿舍的频次及与普通学生谈心谈话的频次，如图 5-24 和图 5-25 所示，有 72. 73%的高校共青团干部表示自己每年深入学生班级或宿舍“10 次以上”，有 80. 23%的共青团干部每年与普通学生谈心谈话的次数为“10 次以上”，没有深入班级或宿舍、与普通学生谈心谈话的共青团干部仅分别占 2. 05%和 1. 14%。调查数据表明，受访的绝大多数高校共青团干部能够较好地贯彻落实共青团改革实施方案的相关要求，逐步推动服务青年工作的细致化，能够主动贴近青年、了解青年、倾听青年的声音、反映和解决青年诉求。但是由于共青团干部的人数和共青团干部个人的精力、时间有限，共青团干部与学生点对点的接触往往只能解决部分学生的问题，要实现服务青年工作的全面覆盖、精细化和高效化，还有赖于信息渠道的拓展与畅通、服务青年工作机制的建立和完善。

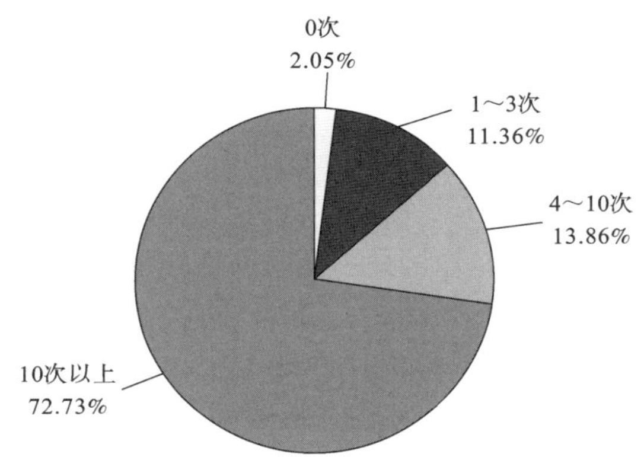

图 5-24 受访共青团干部每年深入学生班级或学生宿舍的次数

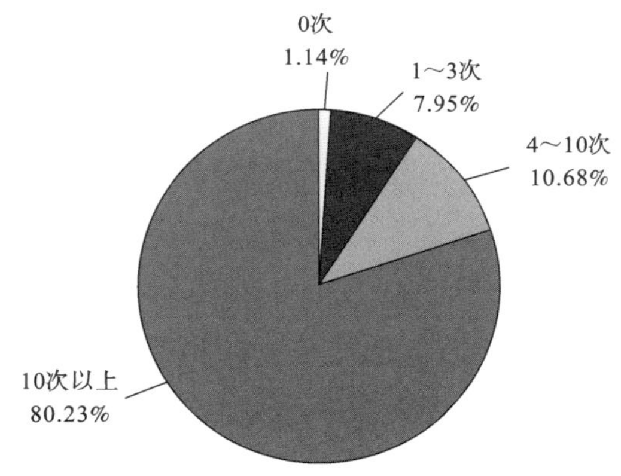

图 5-25 受访共青团干部每年与普通学生谈心谈话的次数

部分高校共青团提供给高校青年的信息获取与反馈渠道单一，普通学生相较学生会干部、班干部和社团干部获取信息与反馈问题的渠道更少，存在不平衡的现象。如图 5-26 所示，超过半数(53. 02%)的学生是通过“辅导员或团干部通知”获得团组织的活动信息，30. 91%的学生通过“校园宣传”获取信息，还有 8. 58%和 7. 49%的学生分别选择“同学转达”和“其他”。以上调查数据表明，部分湖南省高校学生获取共青团组织活动信息的渠道较单一，主要是通过辅导员和团干部获取，还有接近 1/10 的学生是通过同学转达获取信息，高校青年主动获取信息的渠道较少、能力较弱。进一步分析如图 5-27 所示，学生会干部和班干部通过“辅导员或团干部通知”获取信息的比例(分别为 58. 70%和 57. 50%)明显大于普通学生(47. 70%)和社团干部(52. 00%)，而普通学生通过“同学转达”获取信息的比例(11. 10%)明显高于其他三者(分别为 7. 00%、5. 80%和 7. 50%)，两组数据的对比表明普通学生获取信息的能力相较其他三者弱，甚至很多时候要依赖“二手信息”。笔者认为，一方面，班干部、学生会干部和社团干部因学生工作的优势能更容易接触到共青团组织活动的信息；另一方面，数据反映出部分普通学生的信息获取和反馈渠道并不通畅，一些高校团委在服务青年的工作中依旧延续着“重精英，轻大众”的倾向，校园内服务青年的资源并不能全面、平衡地分布。

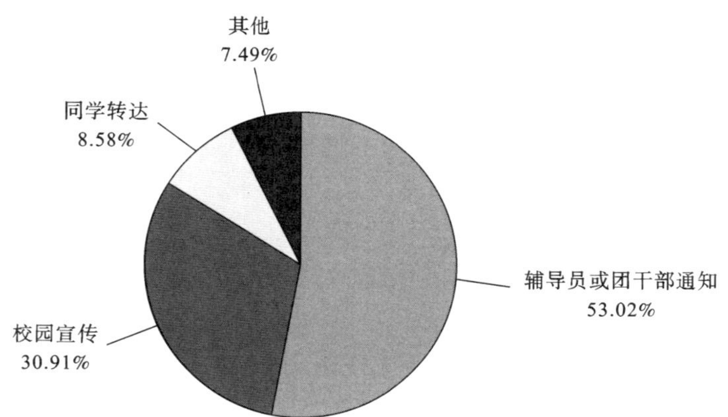

图 5-26　受访学生获得共青团组织活动信息的主要渠道

从高校团组织服务青年的实际情况来看，部分高校依然缺乏反映高校青年生活权益问题的渠道，有的高校虽然大力推动“校领导接待日”“职能部门领导面对面”等活动，但是学生代表在会上提出的问题往往是“提前安

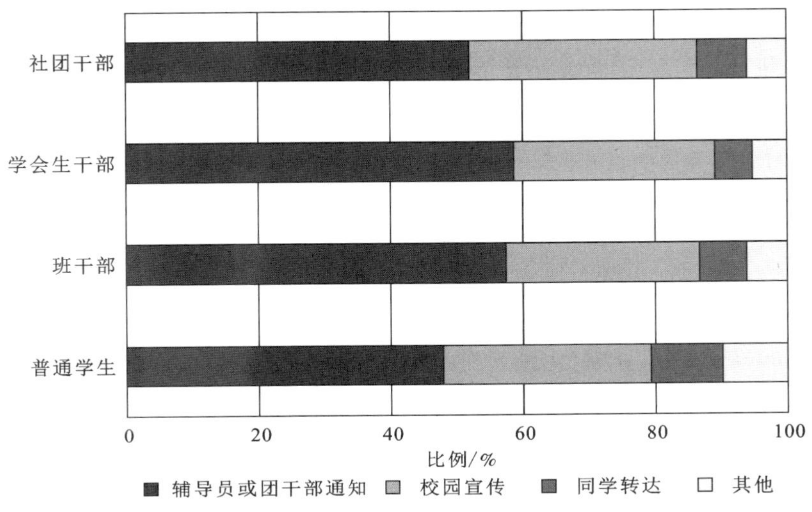

图 5-27　不同身份在校生获得共青团组织活动信息的主要渠道

排好的”，或者要求学生不要提日常生活权益的问题，要提与学校发展大政方针相关的问题。这样的方式实际上让面对面活动的实效大打折扣，同学们真正关心的问题得不到解决，久而久之高校青年便对这一渠道产生了不信任感。另外，设置权益委员收集权益问题并通过校、院、系学生会权益部给相关职能部门提出提案是各高校维护学生日常权益的主要方式，但部分高校依然存在为了收集问题而收集问题、职能部门不重视学生会的提案、提案缺乏反馈、维权进度不透明甚至解决问题低效或无法解决的现象。

三、服务青年的基本能力不足

部分学生会和社团干部存在服务意识较差、行政化色彩浓厚的问题。如图 5-28 和图 5-29 所示，有 25. 41%的受访学生认为“服务意识差”是学生会和社团干部中存在的比较大的问题，30. 77%的受访学生认为学生会工作存在“服务意识不强，行政化色彩明显”的问题。数据表明，作为高校团委指导下的学生组织与在校大学生接触最广泛的学生组织，部分学生会和社团依然存在服务能力不强的问题，有些学生干部只是机械地完成团委布置的工作和任务，对工作缺乏主动性和责任心。

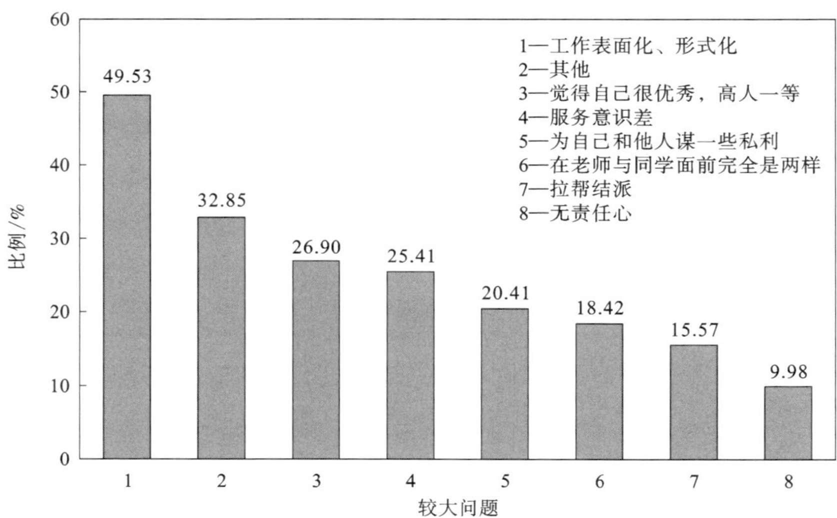

图 5-28　受访大学生认为学生会或社团学生干部中存在的较大问题

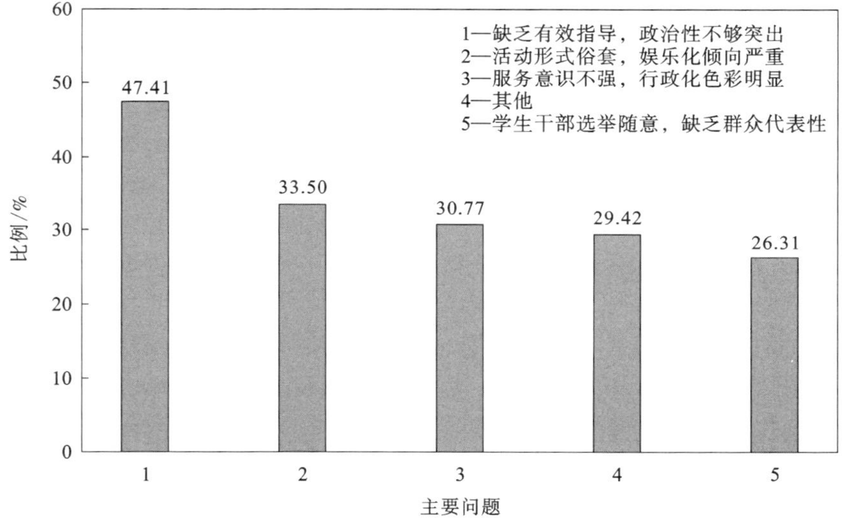

图 5-29　受访学生认为学生会工作中存在的主要问题

部分高校共青团的组织架构不完善、团干部不重视对青年的研究。从对高校共青团干部的调查数据来看，如图 5-30 所示，当被问及“您所在高校团委的内设机构主要有哪些？（多选）”时，仅有 38.64%的受访团干部表示该校团委设置了“双创中心”，不到一半的受访者（45.45%）表示该校团委还设置了“其他”内设机构，由此可推测湖南省半数以上的受访高校团委并没有单独设置维护高校青年权益的“权益部”或“青年服务中心”等。由于机构设置的不足，这部分高校团委服务高校青年的重要职能就不得不拆解到其他内设机构内，成为其他工作的附属，一些更具专业性的工作如对接校内外权益工作资源、共青团与人大代表和政协委员面对面等难以开展，客观上造成了服务青年职能缺失和能力不足。当被问及“近五年来您主持或参与青年工作研究的相关课题的情况如何？”时，如图 5-31 所示，有

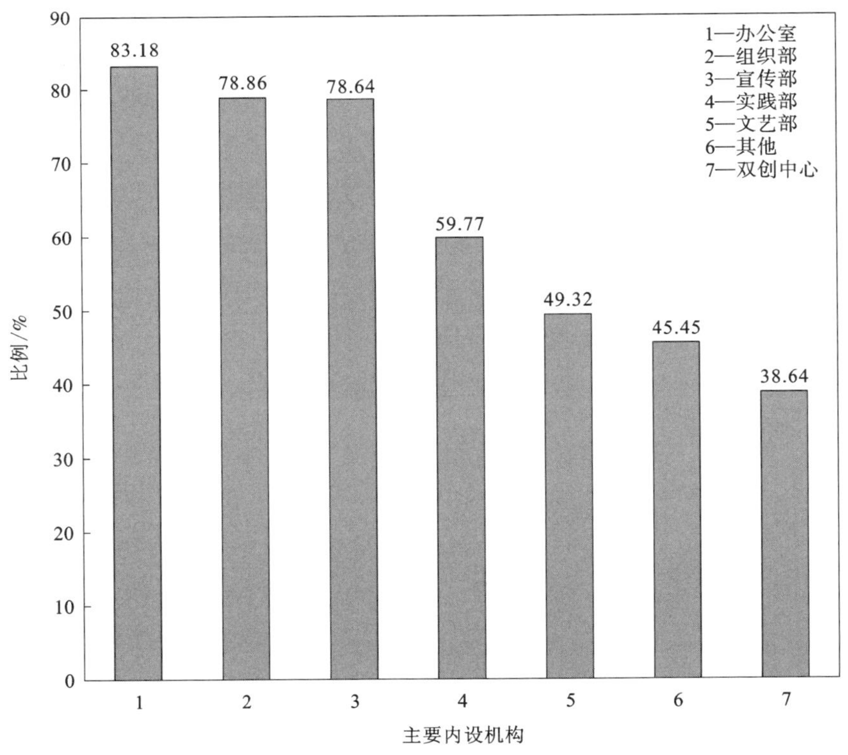

图 5-30　受访团干部所在高校团委的主要内设机构

52.73%的受访团干部表示没有主持或参与青年工作研究的相关课题，主持或参与了1~3项的占比为38.86%，主持或参与了3项以上的仅占8.41%。该数据表明，近五年来，湖南省高校的大部分团干部平均每年主持或参与一项青年工作研究的相关课题的经历都没有，超半数团干部五年来根本没有研究过青年工作的相关课题。虽然该数据不能说明相关团干部没有进行经验总结和创新，但是系统的科研和调查有利于团干部科学地把握青年工作规律，提升工作质量。况且调查数据显示，受访团干部中取得硕士及以上学位的占比68.87%，还有5.45%的受访团干部取得了副高及以上职称，表明受访团干部队伍的整体素质较高，具有一定的科研能力和知识储备，但在青年工作课题研究上，该团体并没有很好地发挥自身优势，对青年工作还局限于日常经验总结，缺乏对工作背后的规律和青年成长成才过程的科学探讨，因而容易出现服务青年能力不足、思维滞后的现象。

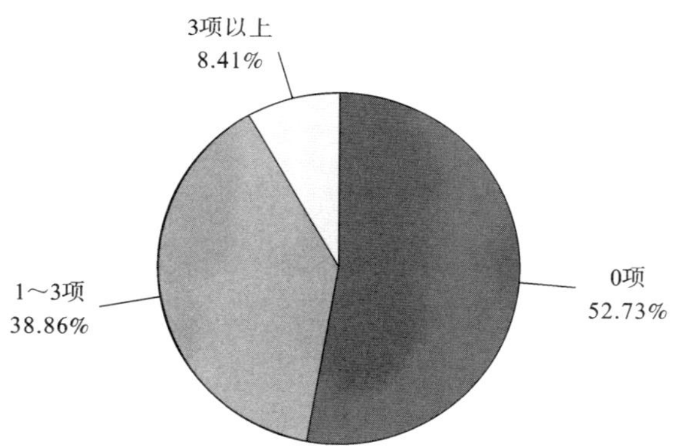

图5-31　近五年来受访团干部主持或参与青年工作研究课题的情况

从实际情况来看，部分高校团委在服务青年的工作中缺乏资金、人力和物力，同时，高校团委自身并不具备直接解决高校青年权益和发展需要的能力，往往需要校内各职能部门如学工部、后勤保障部等配合，因此，部分高校如果存在团委与其他部门职能划分不明确的情况，就容易产生工作推诿的现象。另外服务青年不仅仅是团委一个部门的工作，如“双创”、就业帮扶、维权资源整合等需要在校党委的统一领导下制订工作规划，划分工作职责，协调各个部门，需要投入大量的财力和人力。高校团委能力的发挥除了取决于自身客观情况，还要受制于高校的整体规划与能力，以及其他部门的配合情况，因此部分服务青年的工作远超高校团委自身能力和实际工作中的权责范围。

第三节 团的建设工作创新面临的问题

高校共青团的自身建设是高校共青团工作的基础。首先，从组织性质来看，高校共青团是连接党和高校青年的桥梁和纽带，既是先进高校青年的集合体，具有先进性，又是高校青年的群众组织，具有代表性，高校共青团的自身建设是保障其先进性和代表性的重要手段；其次，不同的时代任务对高校共青团的自身建设提出了具体要求，团组织必须依据时代要求来改革创新，提升活力；最后，规范化、制度化是高校共青团自身建设的发展方向，只有完善规章制度、发扬民主，才能保证高校共青团在具体工作中有序履职、提高工作实效。新时代以来，高校共青团的自身建设工作在贯彻落实相关规定的基础上有部分新探索。从调查数据来看，受访的大学生和部分高校的团干部在积极评价高校共青团的建设工作的同时，亦指出目前在组织建设、学生会和社团指导工作、基层支部规范化建设、团干部队伍建设等方面面临问题，具体情况如下。

一、组织建设工作方面

从高校共青团开启全面改革起，大部分高校的共青团组织重视组织建设工作，基本能做到按照要求和规定召开团代会、完善组织配备等，但是还有部分高校共青团滞后于改革的相关要求。针对湖南省部分高校的 440 名团干部(在岗有编制的团干部)的问卷调查的结果显示，湖南省少数高校共青团存在团委未单独设置、兼职挂职不满足《高校共青团改革实施方案》要求、团干部兼职其他工作、团委内设机构不健全、高校团委书记未通过团代会选举、团的工作未纳入学校党建考核等各种问题。

如图 5-32 所示，83.86%的受访团干部表示自己所在高校团委是“独立设置”的，但仍有 16.14%的受访团干部表示自己所在高校的团委是“合署办公”。高校团委合署办公明显不符合 2016 年下发的《高校共青团改革实施方案》(以下简称《方案》)中第 15 条改革措施“优化资源条件保障机制”中提出的“高校校级团委须单独设置，已经合并或归属其他部门的必须予以纠正，并合理界定区别于其他部门的工作职能”[①]的要求。关于高校团委的人员编制情况，有 182 位受访团干部表示所在高校团委有缺编的情况，占受访人数的 41.36%，接近一半。而针对《方案》中校、院级团委兼职和挂职的规定，如图 5-33 所示，受访者中有 53.41%的团干部指出所在高校团委“全部为专职团干部”，有部分教师兼职团干部的团委不多，有部分学生兼职团干部的团委就更少，占比为 38.64%。在校级团委班子成员的组成上，如图 5-34 所示，有高达 61.59%的受访团干部表示班子成员“全部为专职团干部”，有“部分教师兼职副书记”的团委班子只占 38.86%，有“部分学生兼职副书记”的团委班子只占 35.23%。当问及受访团干部是否还兼任了其他工作职务时，342 位受访者选择“是”，占比高达 77.73%，专任团组织职务的受访者仅有 98 位，占比 22.27%。在校级团委的内设机构情况上，如图 5-30 所示，所在高校团委有办公室的占比 83.18%，有组织部的占比 78.86%，有宣传部的占比 78.64%，有实践部、文艺部、双创中心和其他部门的分别占比 59.77%、49.32%、38.64%和 45.45%，每项指标都未达到 100%，表明部分校级共青团在职能部门的设置上并不齐全，部分职能还不能充分发挥。从以上调查数据可以看出，部分高校团委在组织架构和人员组成上依旧未能严格贯彻落实《方案》，团的建设水平依然需要加强。

① 共青团中央基层建设部编:《党的十八大以来共青团基层建设制度汇编(2012—2019)》，中国青年出版社，2020 年版，第 331 页。

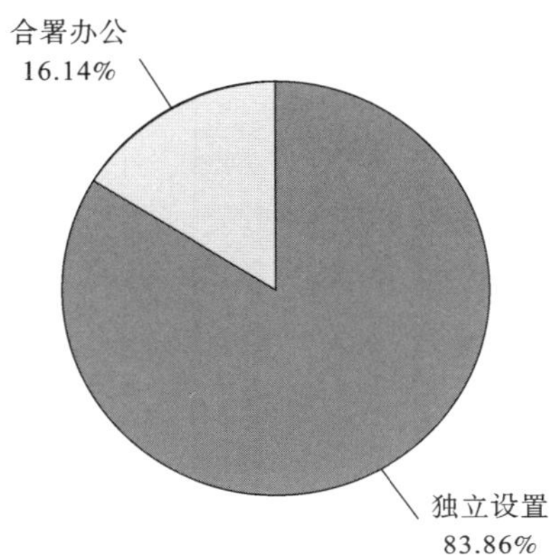

图 5-32　受访团干部所在高校团委的设置情况

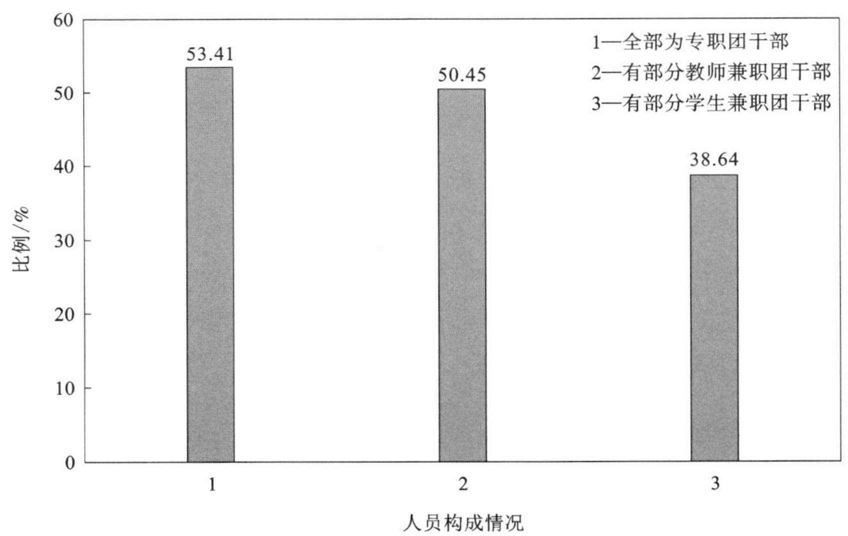

图 5-33　受访团干部所在高校团委的人员构成情况

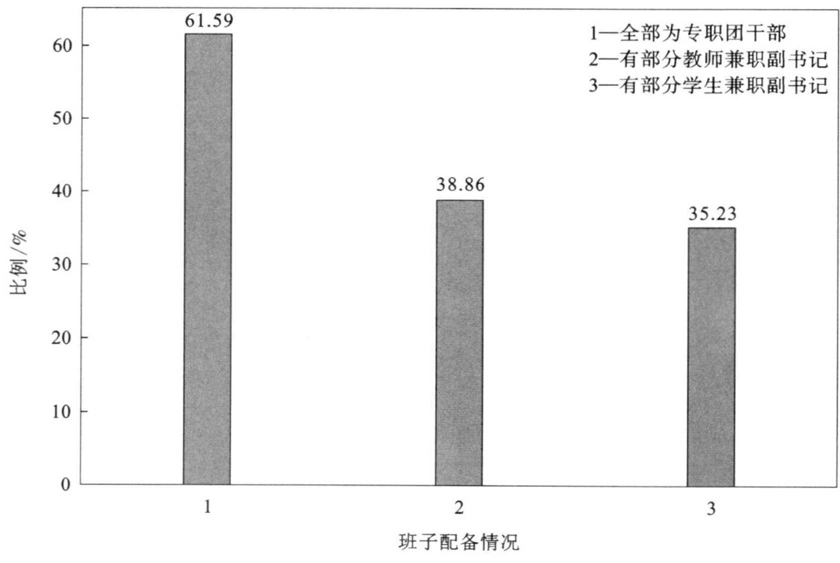

图 5-34　受访团干部所在高校团委班子的配备情况

在民主建设上，少数高校共青团存在不规范、不透明的现象。当受访团干部被问及自己所在高校的团委书记是否通过团员代表大会(简称团代会)选举产生时，83.41%的受访者表示“是”通过选举产生，但依然有16.59%的受访团干部指出团委书记不是由团代会选举产生(图 5-35)；针对相关高校是否定期召开团代会和学代会(全称学生代表大会)的调查，94.32%的受访团干部所在高校能定期举行，有 5.68%的受访团干部指出所在高校未能按规定定期举行团代会和学代会(图 5-36)。以上两项数据表明，少数高校在民主选举和干部任用的过程中依然存在不规范、不公开透明的情况，共青团的民主建设需要加强。在高校党建带团建制度的落实执行上，88.41%的受访团干部表示该校已将共青团工作纳入学校党建工作考核评估之中，但是 11.59%的受访者反映了相反情况(图 5-37)；当问及团干部所在高校团委书记是否列席学校党委会时，59.09%的受访者选择“是”，40.91%的受访者选择“否”(图 5-38)。以上两组数据显示，部分高校未严格执行《方案》“优化加强党建带团建机制”的具体要求，未落实相关措施，学校对共青团的建设工作重视程度不够。

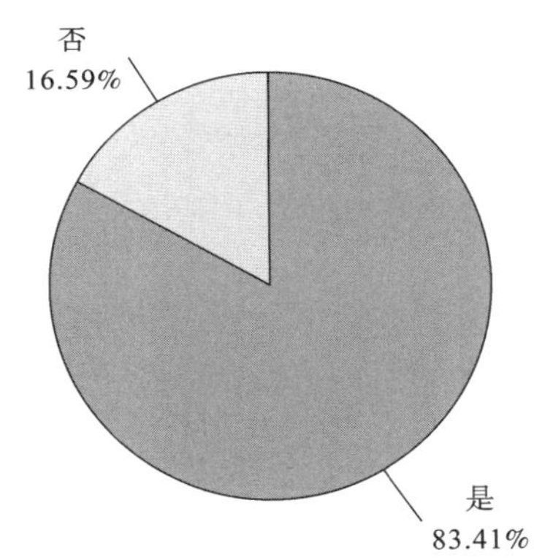

图 5-35　受访团干部所在高校的团委书记是否通过团代会选举产生

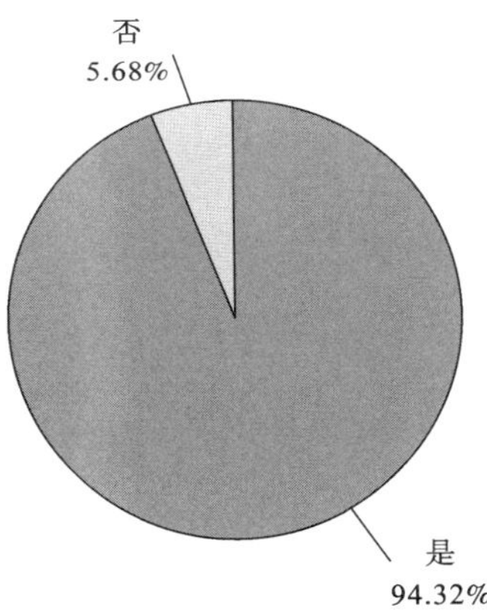

图 5-36　受访团干部所在高校是否定期召开团代会和学代会

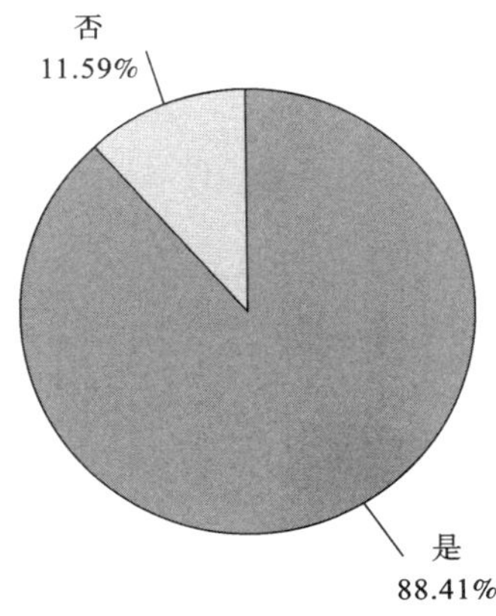

图 5-37　受访团干部所在高校是否将共青团工作纳入学校党建工作考核评估

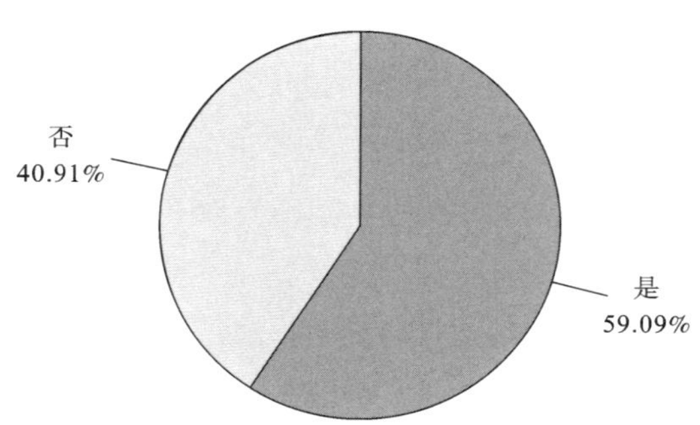

图 5-38　受访团干部所在高校团委书记是否列席学校党委会

二、学生会和社团指导工作方面

总体来看，受访在校大学生对学生会和社团开展的活动，对学生干部的思想、能力、作风有积极评价。分别有 24.66%和 61.04%的受访大学生对学校共青团组织举办的活动表示“非常满意”和“满意”，分别有 26.52%和 46.90%的受访大学生对学生会或社团学生干部的思想、能力、作风的总体评价是“非常满意”和“满意”。两项数据表明，宏观地看，此次调查的大部分在校大学生对团委指导下的学生会和社团工作感到满意。但是，调查数据亦显示，当谈到具体的工作时，受访大学生指出了目前学生会和社团存在的问题，如学生会缺乏有效指导，政治性不够突出，存在娱乐化、行政化倾向和学生会干部和社团干部工作表面化、形式化倾向，社团发展缺乏老师指导，社团发展目标不明确，社团缺乏资金保障，活动质量有待提高等。

针对学生会工作存在的主要问题，47.41%的受访大学生认为“缺乏有效指导，政治性不够突出”，有 33.50%的受访大学生表示“活动形式俗套，娱乐化倾向严重”，有 30.77%的受访大学生认为学生会“服务意识不强，行政化色彩明显”（图 5-29）。可以看出，部分受访大学生认为学生会工作依然受到“四化”的影响，需要加强团委对相关工作的指导。如图 5-28 所示，当被问及“你认为学生会或社团学生干部中存在的较大的问题有哪些？（多选）”时，49.53%的受访大学生表示“工作表面化、形式化”是最主要的问题，还分别有 26.90%和 25.41%的受访大学生指出学生干部存在“觉得自己很优秀，高人一等”和“服务意识差”的问题。以上三个问题是受访大学生指出的最主要的问题，这些问题反映了学生会和社团干部存在没有踏实履职的现象，部分学生干部在思想和作风上或多或少地受到“四化”影响，因此，仍需要加强高校团委对学生会和社团的指导与管理，完善学生会和社团的考核制度，提升其政治性、先进性和群众性。

在针对社团的发展情况调查中，如图 5-39 所示，分别有 49.80%、46.92%、44.67%、44.59%的受访大学生认为社团发展的主要问题是“缺乏老师指导，社团发展目标不明确”“缺乏资金保障，活动质量较差”“管理制度缺乏，组织建设薄弱”“活动开展乏力，社团成员参与度低”，以上四个主要问题所占比例相差不大，均接近 50.00%。可以看出，部分受访大学生认为，从社团长远发展来看，由于其缺乏专业教师的指导而存在盲目性；从社团自身建设来看，由于其有集合共同兴趣爱好者的本质特征，管理上不具备强制性，亦缺乏管理制度建设，组织凝聚力有待加强；从社团活动的保障来看，缺乏资金是最主要的问题，资金缺乏导致活动质量不高，进而导致

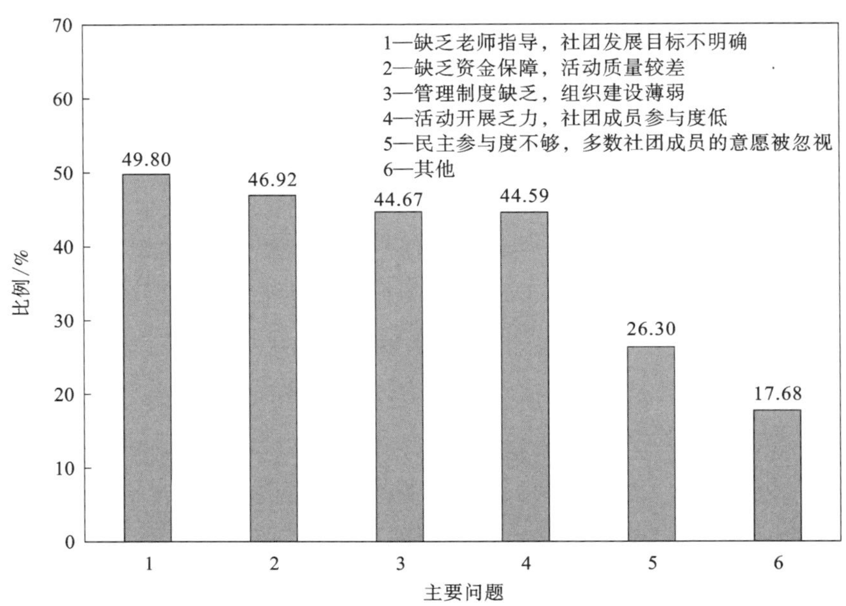

图 5-39　受访大学生认为社团发展存在的主要问题

社团吸引力和凝聚力有限，直接影响社团的招新和未来发展。因此，可以看出这四个问题是相互影响、相互联系的，得不到解决的问题影响社团发展，进而形成恶性循环，社团发展仍需得到高校团委的重视和充分支持。

三、基层支部规范化建设方面

在校大学生对有关共青团的支部建设的事宜、制度了解不够。从各项措施落实的实际情况来看，调查数据显示，不少受访大学生依然对“三会两制一课”与“推优入党”不了解，并且认为“推优入党”不透明，亦有不少受访大学生认为身边的团员先进性不明显。在入团动机这一问题上，调查数据显示，部分受访大学生功利心较重，且有约 1/3 的同学没有加入团组织的迫切愿望。

关于支部的“三会两制一课”制度，笔者调查了受访大学生对该制度的了解程度，如图 5-40 所示，仅有 11.09%的受访大学生认为自己“十分了解”，29.67%的受访大学生认为自己“比较了解”，“有点了解”和“完全不了解”的大学生占比分别为 40.64%和 18.60%，“完全不了解”的大学生占比几乎达到了 1/5。从各高校共青团组织是否按照规定时间举行“三会两制一课”来看，如图 5-41 所示，依然有 16.32%的受访大学生反映自己所在支部没有按照规定时间举行。以上两组数据反映部分高校还存在执行“三会两制一课”制度不规范、宣传普及该制度不力的现象。

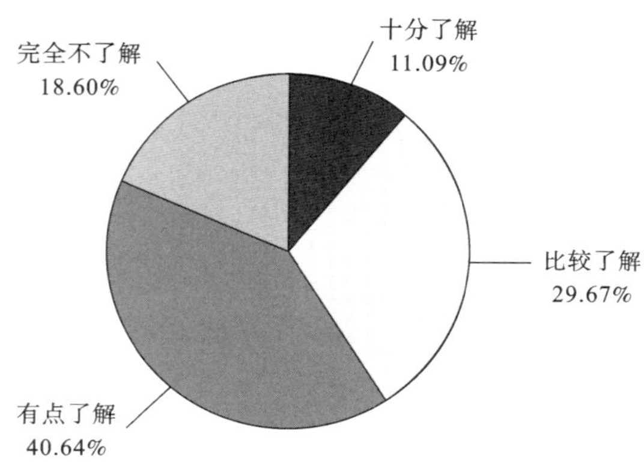

图 5-40 受访大学生对“三会两制一课”的了解程度

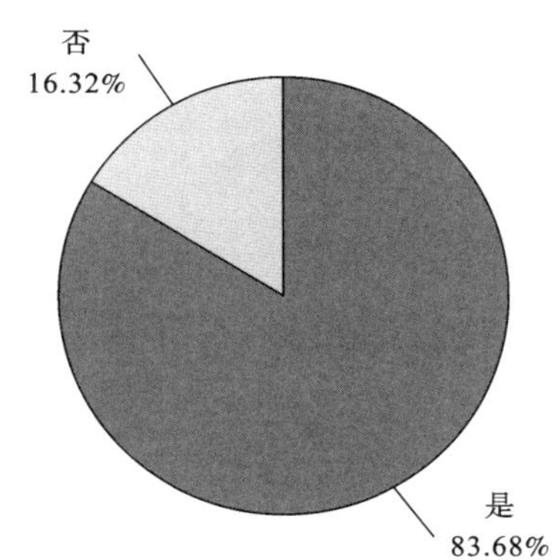

图 5-41　受访者所在学校共青团组织是否按照规定时间举行“三会两制一课”

关于共青团组织的“推优入党”，从受访大学生对该项工作的了解程度来看，如图 5-42 所示，“十分了解”的受访大学生占比 30.68%，“听说过”的占比为 58.13%，“不了解”的占比为 11.19%。数据说明受访大学生对“推优入党”工作的了解程度较“三会两制一课”高，但完全不了解的受访大学生占比依然不低。从受访大学生对“推优入党”工作的总体评价来看，如图 5-43 所示，超半数(56.41%)的受访大学生认为共青团组织的“推优入党”工作“非常认真，能够做到公开公平公正”，表明“推优入党”工作得到了大部分受访大学生的肯定，有 31.05%的受访大学生表示“推优入党”工作“比较认真，但程序不规范，透明度有待提升”，另外还分别有 6.47%和 6.07%的受访大学生表达了消极评价和模糊态度。以上两组数据说明，部分高校的“推优入党”工作在开展中存在不规范、不透明的问题，基层支部的“推优入党”工作需要高校共青团进一步关注和重视。

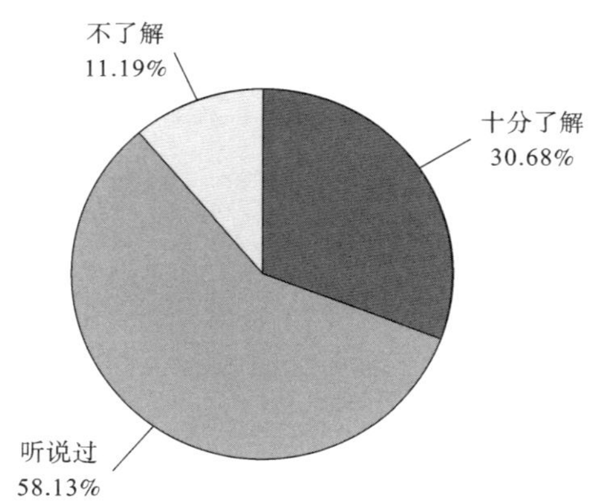

图 5-42　受访大学生对“推优入党”的了解程度

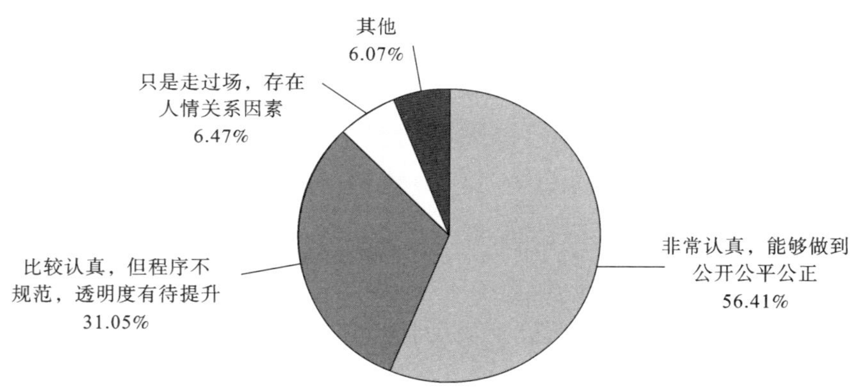

图 5-43　受访大学生对“推优入党”的总体评价

关于共青团组织的先进性和凝聚力问题，首先，从团组织的荣誉感、号召力和凝聚力来看，受访大学生中有 46. 40%认为加入团组织具有“很强”的荣誉感，但是对加入团组织表示没有太多感觉的受访大学生占比更高，为 53. 60%(“一般”“没有”“不清楚”的比例之和)(图 5-44)，这可能与绝大多数受访者在进入大学前已加入团组织有关；在对团组织凝聚力和号召力的评价调查上，认为“非常强”和“比较强”的受访大学生合计占比

74.63%，认为“一般”或“没有”的合计占比25.37%（图5-45）。其次，从团员的先进性来看，如图5-46所示，认为团员有先进性（51.02%）和没有先进性（48.97%，即“无明显不同，大家都差不多”与“没有，部分团员不如普通同学”的比例之和）的受访大学生基本持平。这一数据与加入团组织是否有荣誉感的调查数据有相似之处，近半数或超半数的受访大学生并不认为团员身份具有荣誉感、团员具有先进性，表明湖南部分高校共青团的工作在普通团员的先进性教育、理想信念教育、团干部的以身作则等方面犹有欠缺或不实之处。再次，从受访大学生加入团组织的意愿和动机来看，如图5-47所示，虽然有42.83%的受访大学生表示有“非常迫切”的加入意愿，但是选择“一般”“不太想”“完全没有”的受访大学生共占比34.23%，超过1/3；在加入团组织的主要动机上，如图5-48所示，71.60%的受访大学生认为“加入团组织有利于个人发展”（排名第一位），表明当前大学生加入团组织有一定的功利性，分别有69.26%和67.65%的受访大学生选择加入团组织是因为荣誉感和归属感，还有65.67%的受访大学生认为加入团组织能参加更多的活动。综合以上各组数据来看，一方面，受访大学生认为团组织能够给团员带来归属感和荣誉感；另一方面，团支部和团员的先进性有待加强，当前部分青年选择加入团组织的功利性较强。

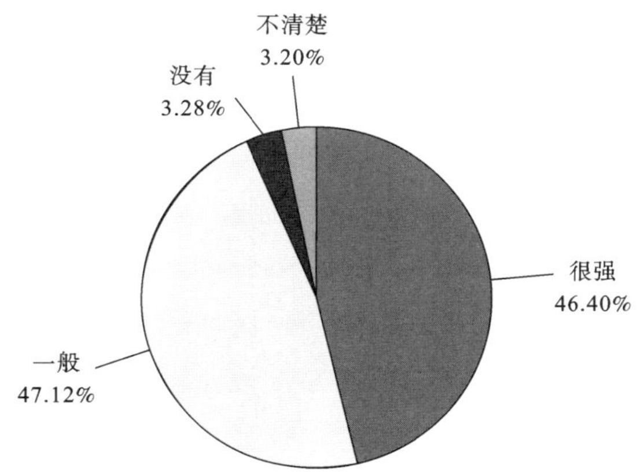

图5-44　受访大学生认为加入共青团组织是否具有荣誉感

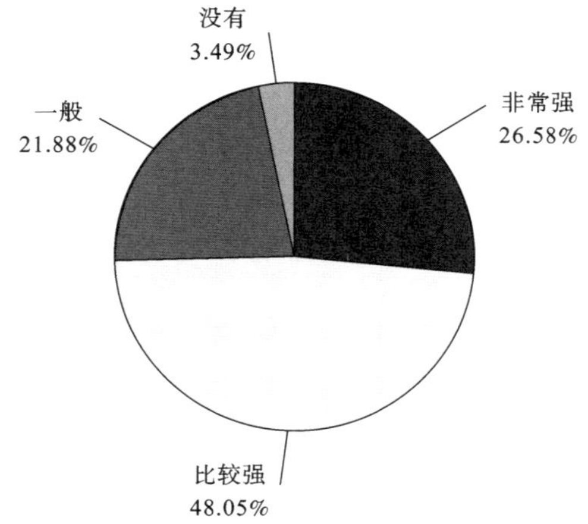

图 5-45　受访大学生对共青团组织的号召力和凝聚力的评价

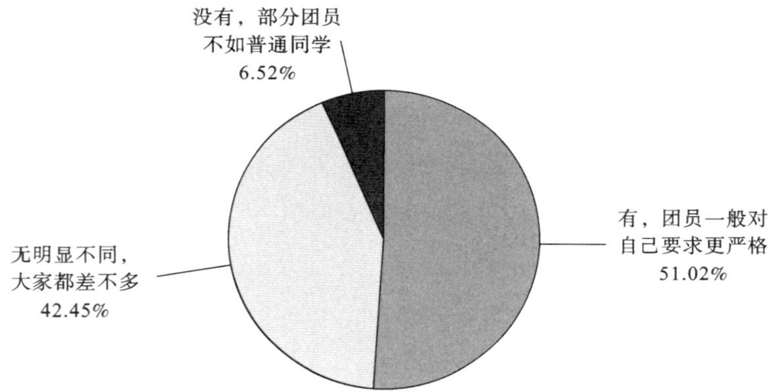

图 5-46　受访大学生对身边的共青团员是否具有明显先进性的评价

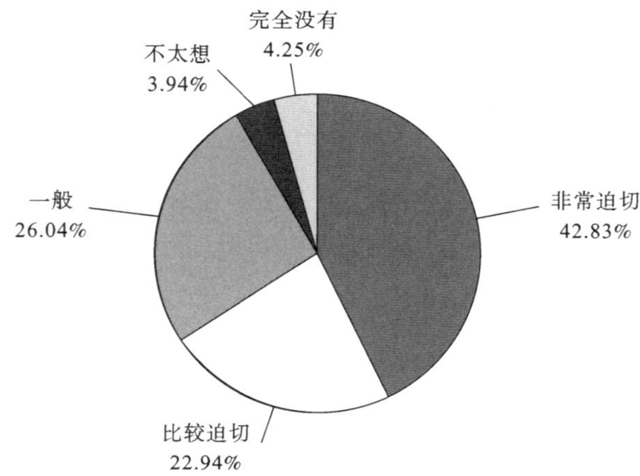

图 5-47　受访大学生加入共青团组织的意愿情况

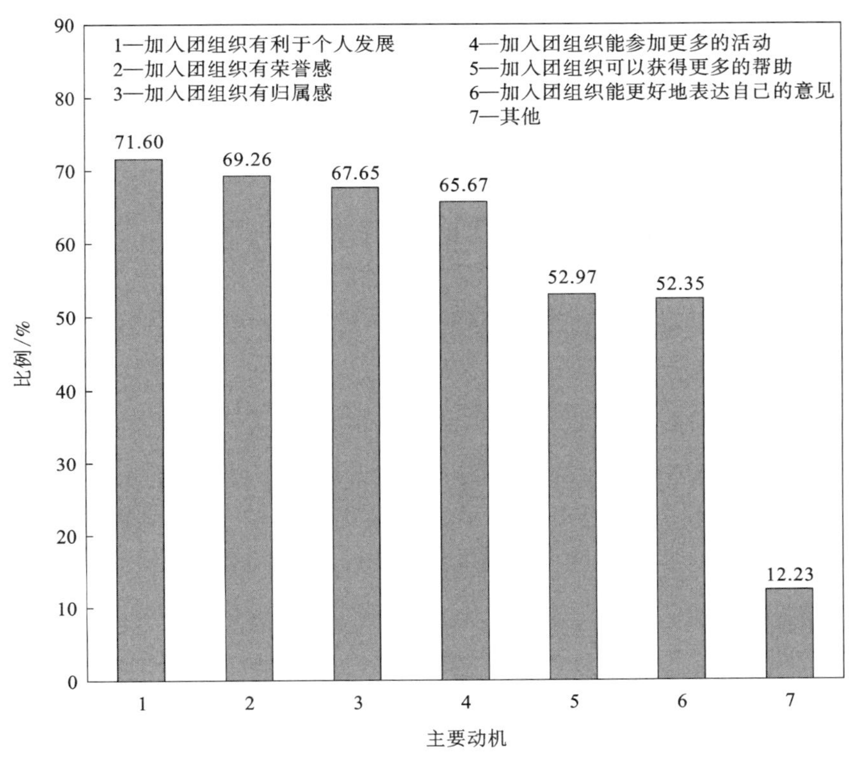

图 5-48　受访大学生加入共青团组织的主要动机

四、共青团干部队伍建设方面

总体来看，受访大学生对身边的共青团干部有积极的评价。如图 5-49 所示，对团干部的印象排名前五的分别是“与人为善”(75.98%)、“认真热情”(71.34%)、“纪律性强”(66.02%)、“政治思想素养好”(63.60%)、“学习刻苦”(60.35%)，认为团干部“爱摆架子”“缺乏责任心”“冷漠”的受访大学生较少。但在被问及“你觉得学校共青团工作存在的不足主要体现在哪些方面？(多选)”时，如图 5-21 所示，除了具体活动和组织架构的问题，还有 50.72%的受访大学生认为共青团工作“号召力、凝聚力、吸引力不够”，22.26%的受访大学生认为“‘官僚化’严重”，14.04%的受访大学生指出团组织“工作效率低”，这三个数据均能反映少数高校共青团的团干部先进性、群众性不够，做事官僚作风突出，同时工作能力有待提高。

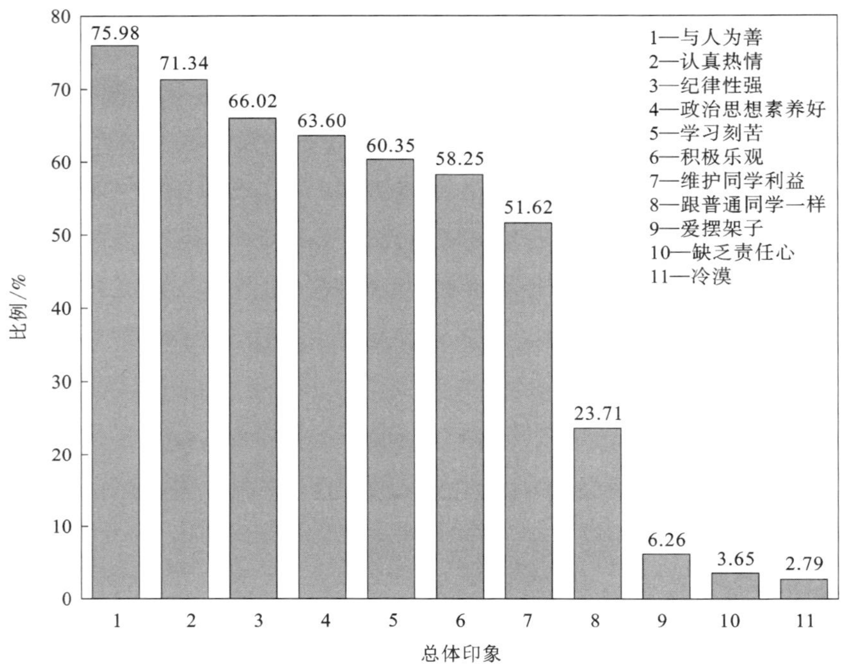

图 5-49　受访大学生对身边共青团干部的总体印象

关于团干部联系青年、了解青年和服务青年能力的问题，具体情况如下。如图 5-50 所示，近五年参加 3 次以上团组织举办的培训的团干部仅占 24.77%，大部分(58.86%)团干部五年内只参加了 1～3 次培训，而接近 1/5(16.37%)的团干部五年内没有参加过团组织举办的各类培训。在主持或参与青年工作研究课题的问题上，如图 5-31 所示，超过一半(52.73%)的受访团干部五年内没有接触过青年工作研究课题，主持或参与 3 项以上的仅占 8.41%。在直接联系青年的情况的调查中，分别有 72.73%、80.23%的受访团干部能做到每年深入班级或宿舍 10 次以上、每年与普通学生谈心谈话 10 次以上，但 0 次的仍然占比 2.05%和 1.14%；在给学生上团课的问题上，如图 5-51 所示，47.50%的团干部能保证每年给学生上 1～3 次团课，

29.09%的团干部能上4~10次，14.77%的团干部能上10次以上，但是仍有8.64%的团干部没有上团课。走访学生班级或宿舍、与普通学生谈话和上团课是团干部直接联系青年的具体体现，虽然大部分团干部能认真贯彻落实直接联系青年制度，但是还是有部分团干部达不到这一制度的基本要求。调查数据表明，部分高校团干部依然存在“四化”倾向，工作作风有待改善，高校共青团干部队伍建设亦需要持续加强。

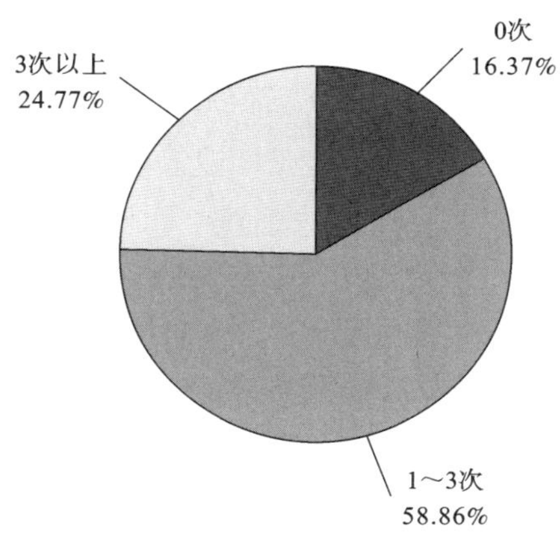

图 5-50　受访团干部近五年参加培训的次数

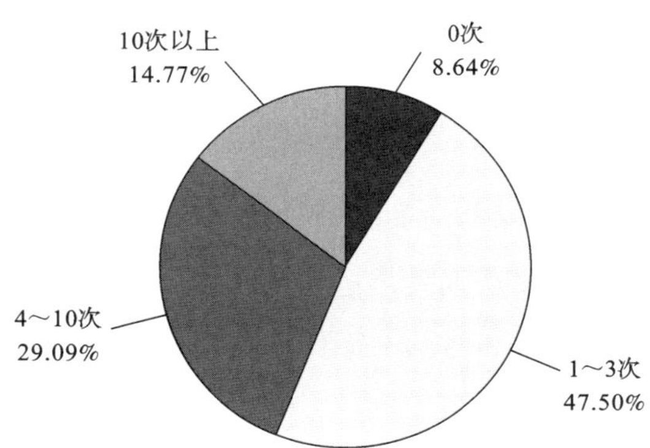

图 5-51　受访团干部每年给学生上团课的次数

第四节　新时代高校共青团工作创新面临问题的原因分析

高校共青团在新时代的全面深化改革中取得了进步和成绩，但部分高校共青团仍然受到“四化”倾向的影响，政治性、先进性和群众性不强，工作创新的成效不明显，在思想政治引领、服务青年和团的建设三大方面都面临突出问题。究其原因，笔者认为，部分高校及其共青团并未严格贯彻执行改革文件的具体要求，在落实党建带团建等改革安排上存在改革不到位、打折扣的现象，部分高校共青团不能创新工作模式，工作中不主动接触青年、不了解青年，同时，部分高校共青团组织机制不健全，工作人员的基础业务能力、创新意识和学习意识欠缺。具体原因笔者分析如下。

一、改革要求耦合度低

斯大林在论述共青团贯彻党的大政方针时指出，要保证党在共青团中的领导和青年对党的信任。因此，落实好党和国家的大政方针及改革要求是高校共青团坚持党的领导、获得青年信任的必然要求。但是，从调查数据来看，部分高校共青团工作表现出滞后于改革要求的情况，相关高校共青团及其干部不能严格执行改革方案，不能实打实地执行党建带团建、联系青年等各项改革安排，高校共青团工作创新受到较大影响。综合来看，有以下三方面的原因。

第一，党的领导在高校共青团改革中不能持续加强和完善。从推进地区内高校共青团工作创新协调发展的宏观角度来看，调查数据显示，湖南省不同层次的高校能获得和运用的工作资源相差较大，相关地区在高校青年工作的统筹推进和部署上缺乏地区党委统一的安排与规划，高校共青团工作表现出各自为战的局面；从高校自身发展的微观角度来看，少数高校不能很好地执行党建带团建制度，学校党委并未按照相关要求严格将团建纳入党建的考核范围，对相关工作不够重视，对团组织是否按照改革要求健全组织架构、工作机制和人员编制等情况关注不够，团组织的经费和团干部的培训得不到保障，少数高校党委不能协调其他校内职能部门配合共青团的相关工作。因此，从宏观和微观的角度来看，目前少数高校共青团在工作创新中面临问题的根本原因是没有加强与完善党的领导，高校共青团工作得不到应有的重视，改革工作缺乏地区和高校党委的统一规划与协调。

第二，少数高校共青团干部对改革的紧迫性认识不足。部分团干部对高校共青团改革工作的认识仅停留在文件之上，一方面，由于工作中的惯性思维和对旧有工作模式的习惯，部分团干部对改革不够重视，不愿意改革或者抵触改革；另一方面，由于改革文件和要求都是从宏观角度进行规划，部分团干部不知道该如何切实地将其与自身的实际工作结合，不能做到踏实执行或只能机械地执行改革措施，导致工作创新效果大打折扣。以上两方面的情况均反映出了部分团干部对改革的紧迫性认识不足和不求有功但求无过的工作心态，部分团干部不仅在行动上亦在思想上忽视改革，认为改革是上面的事情，而并不思考如何将改革在自己的工作中落地。

第三，少数高校在落实改革要求中存在客观困难。一是少数高校共青团在工作中得不到应有的重视，改革创新工作得不到高校其他职能部门的全力支持与配合，甚至在团的建设方面，由于人员编制、经费等问题，工作开展面临困难。二是少数高校共青团的干部兼职较多，团组织不能独立履行职责，因此高校共青团不能做到聚焦主业，拓展工作内容，而且团干部个人的精力有限，在人员编制不足的情况下，极少数共青团甚至面临基础工作难以开展的困难。三是少数高校并未根据党中央和团中央的相关要求，结合自身特色制定自己的共青团改革方案，因此，相关高校共青团在具体工作中缺乏工作指导与遵循，工作创新难以落地。四是创新意味着新情况和新挑战，少数高校共青团在工作中缺乏创新经验，而其他高校的工作模式又不能完完全全照搬照抄，各个高校有自身工作的特殊性，需要各高校共青团投入时间和精力摸索探讨。因此，创新工作滞后。

二、工作能动性欠缺

毛泽东认为共青团工作既要以党为中心，又要发挥独立性，做好共青团工作的要点是将党的大政方针同青年的特点相结合，要照顾到不同青年群体的特殊性，实事求是地、主动地做青年工作，避免脱离群众。然而调查显示，部分高校共青团工作创新中依然受到“四化”倾向的影响，存在形式化和表面化的现象，部分高校共青团在工作中主动性不强，未认真调查青年的需要，从主观出发开展工作和活动。具体原因有如下三个。

第一，工作理念落后，不主动对高校青年的需要进行调查和研究。调查中，不少受访者指出当下高校共青团工作和活动存在不了解高校青年的需要，自说自话、学生被动参与的现象。笔者认为，这样的现象反映出部分高校共青团仍然受到机关化、行政化的影响，在服务青年的工作中不是将高校青年视作能动的主体，而是视作管理的对象和灌输的对象；将上级下发的文件和精神绝对化，而不去调查高校青年的具体需要，不能很好地将引导青年、帮助青年的目的与服务青年、关注青年、贴近青年结合起来；只重视工作是否开展、活动是否举行，而不关注高校青年的需要是否得到实实在在的满足；仅从主观上认为“青年应该得到什么”，而不从实际调查和研究中发现“青年到底需要什么”。

第二，主动性弱，工作简单重复。从调查数据来看，虽然参与活动的大部分学生表示有所收获，但是依然指出活动“内容太局限，涉及面窄”“内容陈旧，缺乏吸引力”的重要原因是相关工作和活动创新不够，不论是形式还是内容都没有完全赶上时代发展的潮流、不能直击高校青年的痛点，而且简单重复的现象较普遍。笔者认为，一方面，这反映了部分高校团干部依然缺乏对工作的深入思考；另一方面，由于普通学生接触最多的是学生会、社团等学生组织，这些组织每年都会换届，每年都由新成员来完成相关工作，工作缺乏创新的持续性，因此在换届的新成员尚不能完全熟悉工作的前提下，对往届工作的简单重复就在所难免。

第三，视野较窄，重视易出成绩的工作，对需要长远规划和部署、起效周期长的工作关注度不够。长远的规划和部署往往需要高校举全校之力来推进，需要大量的调查研究和人力、物力的投入。部分高校共青团工作在这方面存在局限有其客观原因。但是，笔者亦要指出，目前部分高校共青团缺乏创新的根本原因并不是能力不足，而是团组织和团干部缺乏服务青年的意识和精神，缺乏对工作的深入思考，仅仅认为只要"考核表"和上级规定的任务完成了，工作就算做好了，工作缺乏主动性和长远规划。这样的工作方法虽不至于出现大的纰漏，但长此以往必然造成共青团工作与高校青年所思所想脱节、共青团的职能削弱、共青团的先进性和代表性降低，这实质上仍然是一种形式主义的、不作为的工作模式。

三、工作方式方法欠佳

列宁指出，做青年工作需要将青年人的学习紧密地和实践结合起来，教育和学习的方法"决不是向他们灌输关于道德的各种美丽动听的言词和准则"①，对于共青团来说，其要将自身建设成为"一支能够支援各种工作、处处都表现出主动性和首创精神的突击队"②。因此，为了实现工作创新和实效提升，高校共青团应该不断提升干部队伍的学习能力，了解青年，根据实际情况灵活运用工作的方式方法。但是，问卷调查的情况反映出部分高校共青团在工作中能力不足，相关工作亦无法采用青年人喜闻乐见的形式和内容，部分活动对高校青年缺乏吸引力。造成这些问题的深层原因是部分高校共青团的工作方式方法存在问题，团的工作者既没有系统接受培训，又没有对青年工作的基本规律进行探讨和总结。

团干部缺乏系统的培训。调查数据显示，仅有24.77%的受访团干部在近五年内参加了3次以上团组织举办的培训，58.86%的受访团干部五年内只参加了1~3次团组织举办的培训，还有16.37%的团干部五年内没有参加过团组织举办的各类培训。因此，团干部的系统培训存在缺失的情况，团

① 中共中央马克思恩格斯列宁斯大林著作编译局编：《列宁选集》第4卷，人民出版社，1995年版，第292页。

② 中共中央马克思恩格斯列宁斯大林著作编译局编：《列宁选集》第4卷，人民出版社，1995年版，第295页。

干部在工作中无法得到系统的指导和学习科学的工作方法，相关工作经验亦缺乏交流和借鉴的平台。这样的情况造成团干部只能自己去摸索工作的方式方法，存在一定的盲目性，影响工作的创新和实效性提高。

未能系统研究青年问题和青年工作。系统的科研和调查有利于团干部科学地把握青年工作规律，提升工作质量。但是在主持或参与青年工作研究课题的问题上，数据显示，52.73%的受访团干部五年内没有主持或参与青年工作研究课题，主持或参与 3 项以上的仅占 8.41%，而受访团干部群体中，取得硕士及以上学位的占比 68.87%，还有 5.45%的受访团干部取得了副高及以上职称，主持或参与青年工作研究课题的比例与团干部中高学历人员的比例存在巨大反差，团干部队伍整体素质较高的优势并没有得到有效发挥，团干部缺乏对工作背后的规律和青年成长成才过程的科学探讨，因而容易形成能力不足、方式方法欠佳、思维滞后的现象。

四、工作载体发展滞后

习近平总书记强调群团组织要不断保持和增强政治性、先进性、群众性，要组织和动员广大群众走在时代前列，因此，要求高校共青团工作不断与时俱进，运用有效的工作载体，实现对高校青年群体的组织动员和凝聚引领。问卷调查的结果显示，在思想政治引领和服务青年的工作领域中，部分高校共青团存在工作针对性不强、渠道不畅的问题，综合来看，工作载体的相对落后是以上问题存在的主要原因。

服务青年的信息渠道不畅，工作载体较落后。调查显示，部分在校大学生获取信息和反馈问题的渠道单一，同时，普通学生相较学生会干部、班干部和社团干部获取信息与反馈问题的能力更弱，存在不平衡的现象，甚至很多时候，普通学生要依赖“二手信息”。而在高校举办的校领导接待日等活动上，个别高校存在学生代表在会上提出的问题是提前安排好的，或者要求学生只能提与学校发展大政方针相关的问题等。在日常权益问题的收集上，存在为了收集问题而收集问题、职能部门不重视学生会的提案、提案缺乏反馈、维权进度不透明甚至解决问题低效或无法解决的现象。以上问题均反映了服务青年的信息渠道不畅、载体落后，相关信息只能更多地让因学生工作的优势更容易接触到共青团组织的班干部、学生会干部和社团干部获取，存在“重精英，轻大众”的现象，工作载体的相对落后导致校园内服务青年的资源不能全面、平衡地分布。

网络平台的工作载体建设需加强。在网络平台的建设上，综合来看，由于部分高校不能建设一支专业和稳定的新媒体运营队伍，因此在工作中存在不能紧跟高校青年需要、自说自话、简单重复的情况，推文的形式和内容都有较大的提升空间。部分高校新媒体平台由校团委的新媒体运营中心或者有相似职权的部门负责具体管理，但实际上是由在校的学生社团或者组织义务性运营。这样的管理模式虽说节约成本，同时也能锻炼在校生，给予对新媒体运营感兴趣的同学展示才能的机会，但是在校生一方面有学业压力，另一方面对于非专业人士的大学生而言，存在专业培训时间长、工作上手较慢、缺乏专业制作工具等现象，等学生能熟练掌握相关技能并具有专业运营能力时，他们又要因为毕业而离开组织。所以这样义务性的运营模式缺乏约束性，运营的好坏取决于同学们积极性和主动性的高低，甚至有时候取决于学业压力大小；同时，运营连贯性差，组织每次换届后都需要新一届学生较长时间地学习和适应，因此不可避免地出现工作简单重复、缺乏创新等问题。

校园文化活动不接地气。调查显示有47.22%的受访者认为共青团的校园文化活动“缺乏趣味性，说教气息比较浓”，有45.23%的受访者认为共青团举办的活动“表达方式让人不习惯，有距离感”，有31.92%的受访者表示这些校园文化活动吸引力不足的主要原因是“观念保守，理念陈旧”。以上数据表明，在校园文化活动这一载体上，部分高校共青团存在跟不上时代和青年发展变化的问题，活动不接地气，形式上简单重复，内容上不能走进青年内心。因此，校园文化活动的吸引力不足，创新受到影响。

实践活动工作载体需要创新。调查数据指出，高校青年对实践活动有较高的热情和积极性，但是目前部分高校共青团提供的实践活动存在不能满足高校青年需求的情况，在运用实践活动这一工作载体中存在单一化、同质化的现象。工作滞后于需求表明部分高校共青团在实践活动的形式和内容上因循守旧，不能通过主动工作提升实践活动这一载体的实效性，不能很好地开拓业务，不能综合利用校内校外的各种实践资源，同时在志愿者队伍建设、实践服务工作等方面依然存在不足，削减了高校共青团工作创新的成效。

第五节 小 结

本章依据针对湖南省各高校师生的问卷调查情况，整理了高校共青团工作创新在思想政治引领、服务青年和团的建设工作创新中面临的问题，分析了这些问题出现的原因。现将本章内容总结如下。

新时代高校共青团思想政治引领工作创新面临的问题。调查结果显示，相关工作的成果和问题主要集中在四个方面：一是工作成效整体向好，但是不平衡现象突出，不同层次高校的学生、不同在校身份的学生和不同政治面貌的学生对学校思想政治引领工作的满意度呈现出不平衡的状况。二是部分活动形式得到创新，但是亲和力仍然缺乏，活动简单重复和形式单调的现象依然没有普遍改善。三是实践活动广泛开展，但是项目单一化、同质化，实践活动形式和内容因循守旧，并没有紧跟时代发展要求和满足青年实践需求，部分高校团委工作缺乏主动性。四是新媒体方便了青年，但是仍建设滞后，不能满足需求，公众号建设互动性差，吸引力有限，内容上自说自话，不接地气，较不重视新媒体运营人才队伍建设。

新时代高校共青团服务青年工作创新面临的问题。总体来看，新时代以来高校共青团服务青年工作取得了显著进步，但是部分高校共青团还存在以下三方面的问题：一是工作形式化、表面化，服务青年工作和活动的形式与内容缺乏创新，简单重复的现象较突出，对高校青年需要的调查和研究缺乏，重视易出成绩的工作，对需要长远规划和部署、起效周期长的工作关注不够。二是高校青年的信息获取与反馈渠道单一，不同在校身份的学生获取信息的能力有较明显差别，在维权方面依然存在为了收集问题而收集问题、职能部门不重视学生会的提案、提案缺乏反馈、维权进度不透明甚至解决问题低效或无法解决的现象。三是部分高校团委服务青年的基本能力不足。客观上，部分高校团委在服务青年的工作中缺乏资金、人力、物力，职能部门设置上亦存在缺失；主观上，少数团干部和学生干部服务意识较差，部分专职团干部缺乏对工作背后的规律和青年成长成才过程的科学探讨。

新时代高校共青团的建设工作创新的新问题。总体来看，受访者认为部分高校共青团在组织建设、学生会和社团指导工作、基层支部规范化建设、团干部队伍建设等方面面临问题，少数高校团委在组织架构和人员组成上依旧未能严格贯彻落实改革方案，团的建设水平依然落后于改革要求，少数高校对团的建设工作重视程度不够，未能严格落实“优化加强党建带团建机制”的具体要求，部分高校学生会和学生社团的发展并未得到团委的充分重视，缺乏来自团委的有效指导和资源保障，部分高校的基层团支部在工作开展中存在不规范、不透明的现象，活力提升不明显，部分团干部的工作能力不足，工作作风上存在官僚主义和形式主义。

新时代高校共青团工作创新面临问题的原因分析。目前高校共青团工作创新面临的问题的出现可归结为四点具体原因：一是部分高校共青团对改革要求认识不足、落实不到位，部分高校团干部对改革的紧迫性认识不足，部分高校在创新中面临客观的困难。二是部分高校共青团工作受到“四化”倾向的影响，工作主动性不强，简单重复现象较多；工作理念落后，不调研青年需要；工作视野较窄，不重视长远的工作规划和安排。三是部分高校共青团工作的方式方法欠佳。部分团干部既没有接受系统的培训，又没有利用自身高学历、有科研经历的背景深入研究青年问题和青年工作。四是部分高校共青团工作载体未能做到与时俱进，服务青年的信息渠道不畅，网络平台建设滞后，校园文化活动不接地气，实践活动的创设上缺乏对校内外资源的挖掘和灵活运用。工作载体建设的滞后影响了工作创新的成效。

第六章

新时代高校共青团工作创新的领域

在此领域可指思想活动和实践活动的范围，新时代高校共青团工作创新的领域指在新时代各高校共青团根据党的统一部署和相关改革方案要求，对各项工作进行改革创新的范围。总体来看，高校共青团根据存在的问题、困难和挑战，依据改革方案规划了工作创新的相关措施，进行了新的探索。本章将基于2012年以后部分湖南高校共青团的工作报告，从高校共青团工作创新的三大主要领域，即思想政治引领、服务青年和共青团的建设入手，梳理新时代高校共青团针对存在的主要问题进行创新的举措，从创新的内容上评估创新的进展状况。

第一节　思想政治引领工作创新的领域

思想政治引领工作是高校共青团工作的核心，根据《共青团中央改革方案》《高校共青团改革实施方案》《深化学校共青团改革的若干措施》等官方文件的规定，思想政治引领工作包括理论引领和实践引领两大部分。理论引领主要指通过学习、宣讲、交流等形式的活动帮助青年了解马克思主义及其中国化成果，领悟相关理论的精髓，激发爱国主义和爱社会主义的精神；实践引领主要指通过社会实践，如志愿服务、基层锻炼等形式，围绕国家当前的大政方针和热点事件展开思想引领，帮助青年树立为民服务、为社会服务的思想价值观念。针对思想政治引领的两大部分，高校共青团工作创新的领域如下。

一、关注社会热点时事

党的十八大以来，各高校共青团尤其重视对时事政治的学习，主要以主题团课和主题团日邀请专家宣讲或者开展自主学习、举办相关文体活动如知识竞赛等形式，积极开展了对习近平新时代中国特色社会主义思想、党和国家的重要会议和重要决议精神的学习，结合新中国成立70周年、中国共产党成立100周年、五四运动100周年等时间节点，开展活动，进行思想政治引领。总体来看，湖南各高校共青团对该工作的创新主要体现在形式创新的四个方面。

1. 利用青年人喜闻乐见的活动形式开展工作

高校青年往往对共青团的思政活动存在形式陈旧、获得感低的刻板印象。为改变高校青年的这种印象，实现在潜移默化中影响青年、引领青年，湖南各高校共青团在保证学习内容和效果的基础上开展了形式多样的时事学习活动。邵阳学院团委为迎接新中国成立70周年，策划组织了新中国成立70周年“每月一歌、每月一影、每月一书”的特别团日活动，如“每月一歌”以“万人同唱一首歌”的形式，在新学期第一堂课前15分钟，由各团支部书记带头在各自教室与任课老师高声同唱《我和我的祖国》，团员青年们在这一过程中受到了思想和情感上的洗礼与激励。湖南科技学院团委为更好地学习党的十九大和习近平总书记系列重要讲话精神，开展了“我的青春我的梦”心理角设计大赛，为迎接新中国成立70周年举办了“争做光荣旗手”国旗班生活体验活动、“家国·青春·梦想”诗文朗诵比赛、拍摄快闪视频《我和我的祖国》等形式多样的主题教育活动，实现了较好的活动效果。湖南工学院利用微团课、知识竞赛、官微“团团带你学”栏目等形式，让党的十九大精神、团的十八大精神和党团知识变得生动形象，让“青年大学习”成为团员青年的一种新常态。地处湘潭市的湖南科技大学先后开展了纪念彭德怀120周年诞辰和毛泽东125周年诞辰的活动，深入挖掘本地著名党史人物的事迹和精神，让高校青年在伟人精神鼓舞下树立坚定的理想信念。

2. 将学习精神和宣讲传播相结合

专人讲课、材料学习是目前高校团组织学习新思想、贯彻新决议的主题团日活动普遍采用的形式，但这样的活动往往存在青年学习积极性不高、活动互动性和亲和力差、没有入脑入心、学习效果难以检验等问题。为了解决这些问题，湖南部分高校共青团将团员青年的学习和学习之后的宣讲传播相结合，创新了思想政治引领的形式。中南大学团委在 2018 年抓住团的十八大、全国教育大会、改革开放 40 周年大会等的召开时机组织青年学子热评热议 7 次，在全校团员中广泛开展“学思践悟新时代，砥砺奋进正青春”思想教育实践，同时选拔活动中的积极分子组建了中南大学红色故事宣讲团，深入新生军训连队及班团活动中传播红色文化故事；2019 年又在全校团员中广泛开展了“青春心向党　建功新时代”和“青春告白祖国”主题教育实践活动，再次组织宣讲团走进思政课堂、去往大中小学传播红色文化故事。这样的方式起到了两方面的积极作用：一方面，对于宣讲团的团员青年来说，他们只有认真学习相关时事和精神，才能保证宣讲效果，同时在准备宣讲和正式宣讲的过程中，相关知识得到了巩固，对相关理念有了更深的体会，实现了真正的入脑入心；另一方面，对于校内的普通团员青年，尤其是新生，同辈宣讲的方式提高了思想政治引领的亲和度，青年更易于接受，榜样力量更容易彰显，同时，宣讲人和听讲人之间地位是平等的，这有利于相互讨论和相互学习，有利于提高思想政治引领工作的实效。

3. 将科研、调查与思想政治引领相结合

在思想政治引领工作中，高校青年往往处于被动地位，缺乏主动性。新时代共青团工作要求高校共青团了解青年的特点和需求，开展有针对性的思想政治引领工作。针对这一问题，湖南一些高校采取了积极措施。湖南科技学院在 2019 年以纪念五四运动 100 周年为契机，在校级课题立项中设立了针对团干部的“五四运动和五四精神研究”专项课题，要求团干部学习贯彻习近平总书记在纪念五四运动 100 周年大会上的重要讲话精神，并以该精神为指导来研究五四运动，一方面研究历史，传承五四精神，另一方面研究青年和青年运动，总结和探讨不同时代青年人的共同价值追求和当代青年的新特征与新风貌，鼓励团干部真正地关注青年，把握青年工作的规律，做青年的贴心人。湖南科技大学结合学校“教学礼拜周”，开展了青年学生思想政治与学习生活需求状况调研，主动了解青年学生的思想政治需求，形成了《关于湖南科技大学青年学生思想政治与学习生活需求调研结果的分析与总结报告》。这样的调研有利于避免思想政治引领工作中的主观性，有利于避免工作开展的贵族化和娱乐化倾向，即避免思想政治引领工作只照顾到少部分青年的需求、活动开展缺乏针对性、高校青年在活动中缺乏获得感的现象。同时，高校团员青年的主体地位在这样的调研中得到体现和尊重，针对他们普遍需求的思想政治活动能够更好地调动团员青年的积极性、主动性，实现凝聚青年的工作目标。

4. 利用“青马工程”推进思想政治引领工作

“青马工程”是全国大学生骨干理想信念教育的重要抓手，其把理想信念教育放在首位，着力培养一批能够运用马克思主义的立场、观点、方法分析问题、解决问题，牢固树立政治意识、大局意识、核心意识、看齐意识，对党忠诚、信仰坚定、素质优良、作风过硬的大学生骨干，实现对广大学生的团结凝聚作用。湖南省开设了大学生青年马克思主义者骨干网络培训学院（以下简称“湖南青马在线”），通过网络在线学习的形式，要求学员在线学习马克思主义的基本原理、中国特色社会主义、习近平新时代中国特色社会主义思想、党性修养、党风建设、党纪教育、党史国史、团的基本知识、青年研究、组织行为学、经济学等10门必修、20门选修课，修满40学分并考核合格者将获得颁发的电子毕业证。湖南省各高校共青团依托“湖南青马在线”，将线上线下培训相结合，开展校内培训和选拔，推进网络团校建设，形成了自身的一套培养体系。如长沙理工大学整合了校院两级“青马工程”培训体系，形成了“网络青马班—院级青马班—校级青马班—未来管理者培训班”四级培训体系，采取递进制度，完成前一阶段培训的优秀学员才有资格参加下一阶段培训，提高了对学员素质的要求。湖南各高校共青团将线上线下培训模式结合，既扩大了“青马工程”的受众面，又丰富了学员的学习形式，达到了无场地、场景要求，随时随地学习的效果，既方便了学员的生活和学习，又便于采用网络系统管理每一位学员的学习情况，提升了工作实效。

二、形塑青年的价值观念

高校共青团在新时代育人的根本任务是培育能担当实现“两个一百年”奋斗目标、实现中华民族伟大复兴的中国梦大任的时代新人，引导青年投身社会实践，在服务社会和人民中发挥自身作用。树立理想信念是高校共青团思想政治引领工作的重要途径。湖南省各高校共青团主要利用寒暑假期间的学生团队实践活动、全国和各省市的志愿服务比赛与项目及学校组织的实践教育活动等形式来开展此项工作。结合党和国家的大政方针与新时代的主要任务，各高校在如下三个方面探索了新举措。

1. 围绕脱贫攻坚，引导高校青年在深入农村、服务农村中树立理想信念

打赢脱贫攻坚战是全面建成小康社会、实现第一个百年奋斗目标的最重要和最艰巨的任务。湖南省各高校共青团引导青年深入农村，用自身的专业技能和知识，多角度、多方位地服务脱贫工作。其一，各高校共青团组织青年投身电商扶贫。2021 年，湖南依托省市场营销协会，发起了 127 所高校、近 10 万人参与的湖南省高校消费扶贫营销大赛，在 3 个多月的时间里，各高校共青团以“卖好家乡产品”“讲好家乡故事”两个主题，动员高校青年以微信小程序线上展销和校园展销会的形式售卖家乡产品，或者以直播的形式介绍家乡，讲述家乡特色。参赛学生累计在抖音、快手等新媒体平台发布以介绍扶贫产品为主要内容的短视频 23.5 万条，短视频累计浏览量超 2 亿次；发起直播 5.3 万次，累计观看人数超过 2700 万人次，带动销售扶贫产品超过 20 亿元，掀起了高校青年参与扶贫的热潮。中南大学团委为助力学校定点扶贫工作，组织青年教师和学生来到实地，与江华瑶族自治县电商办联合开设了“中南大学江华青年电商人才培训班”，每期有近百名江华青年参加培训，线上则依托“中南小团子”微信公众号平台开展青年电商线上培训，推出近 20 节以“直播带货”为主题的视频课程，满足学员的不同学习诉求，实现线上线下培训相结合的、完整的培训模式。其二，各高校共青团组织青年深入农村，广泛开展调查，力所能及地为乡村建设服务。吉首大学团委在 2018 年统筹开展了湖南省“乡风文明建设”千村万户大调查，指导和组织学生深入 14 个市(州)1000 余个建制村，走访 10000 余户，访问

(谈)5694人，完成调查问卷10587份，免费诊治1894人次，捐送价值15000余元的药品，为600余人提供心肺复苏、绷带包扎、静脉止血、三角巾包扎、触电溺水等急救内容培训，为457名学生进行免费的教育培训，累计捐赠体育用品560件，学习用品与书籍2100余件，围绕农村地区培训和践行社会主义核心价值观、农村思想道德建设、农村优秀传统文化传承、农村公共文化体系建设、推动移风易俗、文明村镇创建、农村先进典型选树等方面开展深度调研，撰写调研报告20余万字，为湖南省文明办等有关部门提供决策参考依据，助力乡村振兴战略。它还拍摄纪录片10余部，完成了《社会实践总结画册》风采录20本，义务维修了家电500多台，在国家、省级媒体发表了专题报道514篇，取得了良好的成绩和社会反响。湖南理工学院团委在2018年组织了全校400名青年团干部、8000余名青年团员，先后深入岳阳市周边13个村庄、12个基层单位和10个社区开展理论宣讲、科技帮扶、脱贫攻坚、关爱留守儿童等社会实践活动共计150余次，直接服务对象人数达10000人，开展调研40余次，共收回调查问卷1300余份，撰写调研报告15篇。

2. 围绕疫情防控，组织高校青年在积极作为中树立勇于担当的意识

疫情期间，全国各高校共青团积极响应党和国家号召，带领高校青年奋战在抗疫一线，为抗疫工作做出了突出贡献，同时也在抗疫工作中推动了思想政治引领工作的创新。首先，各高校共青团积极组织青年投入抗疫志愿服务工作。中南大学团委动员青年学生响应团中央《返乡大学生团员们，请到社区(村)报到》的倡议，全校26个学院451名青年志愿者投身基层防疫一线，同时开展了“与抗疫一线医务人员家庭手拉手专项志愿服务”活动，实施“五个一”行动，即一本关爱台账、一份关爱“套餐”、一支志愿者队伍、一套关爱机制和一条宣传战线，保障对一线医务人员及其家属的关爱和慰问、物资补给等，积极宣传医务人员的感人故事和抗疫典型，传播正能量，其中中南大学湘雅三医院健康管理中心“天使之光”疫情防控志愿服务队荣获团中央评选的“抗击新冠肺炎疫情青年志愿服务先进集体”称号。其次，各高校共青团积极组织志愿者队伍开展校内疫情防控工作。湖南工学院团委重点组织了校园疫情防控志愿服务活动，组建了“就餐秩序维护

服务队”“门卫门岗秩序维护服务队”等志愿服务小队，以团员志愿者为主体来维护校园防疫秩序，展现了团员青年勇于担当、冲锋在前、乐于奉献的精神风貌。再次，各高校团委积极开展防疫宣传和抗疫精神宣传工作，传播正能量。湖南农业大学团委组织开展了“青春聚力齐行动，同心战‘疫’显担当”线上主题团日活动、“传承雷锋精神，青春同心战‘疫’”学雷锋志愿服务活动、“感谢‘坚守’，致敬‘逆行’，爱满湘农”抗疫主题作品征集活动并进行“云”展示、“青春战‘疫’我先行”专题学习等活动，开启“云”交流320余次。邵阳学院团委云上开展了“同心聚力”，青春战‘疫’主题团日活动、“展翼青年说”等活动，线上推出了防控战‘疫’纪实文章共85篇。

3. 围绕公益项目和公益赛事，在志愿服务项目中树立青年服务社会的意识

高校共青团依据部分公益赛事和项目的要求拓展了志愿服务的范围、创新了服务方式。第一，各高校团委积极组织校内青年参与全国、各省市的志愿服务赛事，结合高校所在地的情况设计志愿服务项目。湖南理工学院在第五届中国青年志愿服务项目大赛中，以社区志愿服务为切入点，设计了以周边城乡接合部学院路社区为主阵地、面向社区及邻近村留守儿童的“爱·雏鸟——多维关爱服务进社区”项目，以及满足老人防诈骗需求，提高老年人防骗意识的“情暖桑榆——空巢老人防骗关爱”项目，荣获全国银奖；中南大学在2018年设计了“‘待用长沙’与环卫工人同行”项目，在2019年设计了“青春护航·成长相伴——做儿童生理心理健康的守护者”项目，分别获第四届中国青年志愿服务项目大赛金奖和第四届中国青年志愿服务公益创业赛银奖。第二，各高校团委根据当地情况，自主开展志愿服务和社会实践工作。湖南科技大学团委携手该校的“云尚书阁”团队开展“千图湖湘”公益活动，动员全校师生捐赠图书，共计达到1000公斤，部分书籍回赠给本校学子，助力本校学子学习；针对永顺县双湖村的定点扶贫工作和雨湖区雪园社区孵化工作，挂牌成立了湖南科技大学大学生社会实践基地、“阳光伴学”志愿服务实践基地。湖南科技大学信息学院电子俱乐部、航空航模协会社团与九华和平科大小学建立了对口社团社会实践基地。在社会实践中，该校团委还开展了“印象龙潭·筑梦乡村”的教育关爱暑期社

会实践与志愿服务项目，拍摄的《印象龙潭·筑梦乡村》视频入选全国大中专学生志愿者暑期“三下乡”社会实践活动百佳创意短视频。这些志愿活动和对志愿赛事的准备促进了高校共青团思想政治引领工作的发展，服务群众、关心社会和他人的思想也在活动中潜移默化地进入了青年人的头脑。

三、弘扬主旋律和正能量

高校共青团的思想政治引领工作需要通过具体的文化载体来实现。新时代以来，湖南省各高校共青团积极开展弘扬优秀传统文化、革命文化和社会主义先进文化的活动，推动了校园文化建设，传播了正能量。该板块工作的创新主要体现在对当地优秀文化的挖掘和丰富文化活动形式上。

1. 重视对本地优秀文化的挖掘

对优秀文化资源的利用能创新高校共青团思想政治引领工作的模式，提升工作实效。从湖南省部分高校共青团的实践情况来看，第一，湖南省有丰富的红色文化资源，省内各高校共青团积极利用相关资源开展文化育人工作。中南大学团委策划了“传伟人精神　立时代新功”的社会实践活动，组织万名师生组成200余支社会实践队深入湖南省韶山、宁乡等地寻访革命伟人的足迹，同时结合“伟人故事大家讲”“伟人精神人人传”的宣传实践活动，帮助高校青年在红色文化的熏陶下坚定为实现中华民族伟大复兴的中国梦而奋斗的理想信念，《教育部简报》连续3期4次推介有关工作，人民网、新华网、《中国青年报》予以宣传报道。湖南高速铁路职业技术学院结合衡阳本地英烈夏明翰120周年诞辰开展了系列活动，宣讲作品《铁血男儿夏明翰》和在夏明翰故居实地取景、由该校教师指导拍摄的微电影《夏明翰：用一生践行共产党人的初心使命》获得衡阳市优秀作品奖，《铁一般的信仰》上报至省教育厅并参加了中华经典诵读比赛。第二，湖南省有丰厚的传统文化积淀，湘楚文化和少数民族传统文化资源丰富，省内各高校共青团积极挖掘相关资源，不断丰富文化育人的内容。湖南师范大学团委将传统文化与校园文化有机结合，以湖湘文化为切入点，在2017年举办了以“楚韵潇湘　逐梦启航”为主题的校园文化艺术节、学生学术节“双节”晚会，并在“双节”活动期间大力弘扬传统文化，举办了4期家风、国学、汉文化等有关传统文化的讲座，开展了以传统文化为主题的红色论坛 11 期，累计参与学生达 1500 余人。同时该校团委利用暑期实践的机会，组织了 24 支队伍开展了涵盖祠堂、女书、夏布、花鼓戏、昆曲等内容的“筑梦潇湘 · 彰显湘楚底蕴”湖湘文化专题调研，让高校青年在实践活动中感受优秀传统文化的魅力。中南大学团委重视挖掘江华瑶族自治县的少数民族传统文化资源。2016 年，该校申报的瑶族长鼓舞项目成功入选教育部中华优秀传统文化传承基地项目。随后该校组织青年教师和学生开展了“江华瑶族长鼓舞传承”实践调研计划活动，重点立项 10 支团队赴江华开展实地调研，实地挖掘文化资源。第三，各高校共青团重视对其他优秀文化的挖掘与传播，积极弘扬正能量。一方面，新冠疫情期间，湖南省的医务工作者响应党和国家的号召，以舍生忘死的精神奔赴抗疫一线，驰援湖北，涌现出了许多先进集体和个人，留下了许多感人的事迹，各高校共青团积极开展宣传工作，以抗疫精神鼓励青年在新时代奋勇前进。湖南农业大学团委邀请了湖南援鄂医疗队前方总指挥、中南大学湘雅二医院副院长徐军美等全国抗疫先进个人来校开展“聆听战‘疫’故事，汲取奋进力量”抗疫先进事迹报告会，让高校青年近距离感受英雄模范的风采，接受心灵的洗礼。另一方面，相关高校共青团结合自身特色挖掘文化资源，推动了校园文化育人工作。吉首大学团委举办了“孝心大学生”评选活动，组织了民族文化艺术节风情展、摄影展、文化展等系列教育活动，承办了“爱我祖国 · 兴我中华”民族院校大学生演讲比赛总决赛。湖南工程学院团委以弘扬宪法为切入点，策划组织了“宪法小卫士”网上学习活动、“弘扬宪法精神，构建和谐校园”的宪法宣传周活动，让高校青年通过喜闻乐见的形式了解宪法，树立和强化宪法至上的观念。

2. 创新文化传播，丰富文化活动形式

各高校共青团在挖掘优秀文化内容的同时亦在创新文化活动形式，不断提高文化育人的实效。其一，构建传统文化传承基地，将传承优秀传统文化落到实处。中南大学申报的“瑶族长鼓舞”项目入选了首批中华优秀传统文化传承基地项目，依托该项目，中南大学举办了“湘韵新传”江华瑶族长鼓舞文化创意设计展，并持续推动长鼓舞的课程建设、学生社团建设、工作坊建设、科学研究和辐射带动等，获得专利2项，出版了瑶族长鼓舞普及绘本1套，建成了瑶族长鼓舞传承基地建设成果展示馆，相关项目获第五届全国高校“礼敬中华优秀传统文化”特色展示项目，成果得到教育部“传承的力量·清明篇”弘扬学校中华传统文化成果纪录片展播。邵阳学院团委以传统曲艺为切入点，鼓励和帮助校内学生社团三言曲艺社的发展。该社团被湖南省曲艺家协会首批授予湖南省高校曲艺人才培养基地，社团成员参加了湖南省大学生曲艺大赛，获得了大赛创作一等奖和最佳组织奖，目前累计有5名社团主创成员毕业后到红星曲艺传承社发展，传承曲艺文化。其二，用场景再现和艺术创作的形式传播先进文化。湖南省隆回县是湖南大学定点帮扶县，湖南大学先后筹措资金1100余万元，在当地打造了4个乡村标准化示范学校并派出支教队伍、帮助建成“农家乐”21个、帮助隆回县消费扶贫公共服务平台企业在e帮扶平台上架产品60款等，帮助当地实现了脱贫摘帽。其中，白水洞村是湖南大学的驻点帮扶村，为了更好地宣传脱贫攻坚精神、宣扬互助脱贫的事迹，湖南大学团委组织高校青年师生创作了小品《幸福直播白水洞》，在长沙首届岳麓山青年戏剧节上展演，得到了广泛好评。其三，结合多种活泼形式，打造体系化的文化传播活动。为宣传抗疫精神，弘扬正能量，湖南工学院团委邀请青年教师演唱、历时一个月制作了宣传视频《坚信爱会赢》，得到了学校师生的广泛传播，同时又组织了“青春抗疫情，我们在一起”视频、文字故事、绘画书法、摄影系列作品活动，激励青年学生把青春梦融入中国梦，营造了浓厚的校园文化氛围，让高校青年在这一系列活动中潜移默化地接受精神熏陶。湖南科技学院团委鼓励高校青年传承传统文化、树立文化自信，举办了“沐浴校园书香，传承中华经典”诗文吟诵大赛和“书写国风经典，坚定文化自信”现场书法大赛，利用竞赛和奖励机制鼓励大学生学习文化经典，传承书法技艺。

四、培育新时代新青年

建立“第二课堂成绩单”制度是高校共青团改革的重要措施，其意在满足大学生兴趣培养、身心素质拓展、社会工作锻炼、社会观察实践、创新创业创造、志愿公益和社会参与等成长成才的需求。“第二课堂”支撑思想政治引领的“第一课堂”，让大学生在社会实践和锻炼中巩固“第一课堂”的教育和引领成果，并以此培养全面发展的时代新人，因此“第二课堂成绩单”制度亦是思想政治引领和高校共青团融入高校“大思政”格局的重要措施。本小节主要探讨各高校共青团针对该制度在机制上的创新，“第二课堂”的具体实践内容上的创新将放到“服务青年工作创新的领域”这一部分的具体措施中探讨。“第二课堂成绩单”制度的机制创新主要体现在如下两个方面。

1. 建立和完善“第二课堂成绩单”制度

总体来看，“第二课堂成绩单”制度是一个新兴事物，各高校共青团在实施改革的过程中都经历了探索的过程。其一，部分高校共青团积极走访了省外高校，学习建立和完善该制度的先进经验。湖南科技大学团委在2018年走访了北京科技大学、南京工业大学等“第二课程成绩单”试点高校，学习了各高校“第二课堂成绩单”优秀建设经验。其中，如南京工业大学是团中央的“高校团学改革示范校”，其在2017年承办了全国高校“第二课堂成绩单”工作推进会，创设了江苏省大学生第二课堂数据应用中心，该校关于“第二课堂成绩单”制度的部分具体做法在全国得到推广。湖南科技大学团委在走访中学习了先进经验，于2020年制定出台了《湖南科技大学“第二课堂成绩单”工作管理实施办法（试行）》，组织召开了“第二课堂成绩单”制度试点推进会，以教育、化学化工、机电工程学院为文、理、工科学院代表进行试点实施，制定出台了试点学院培养方案。其二，各高校共青团在建立和完善“第二课堂成绩单”制度的过程中重视意见反馈，针对实际情况及时调整实施的具体方案。湖南理工大学团委选定2018级新生为“第二课堂成绩单”系统的运用对象，2018年一年共计有4362名学生注册登录，9312条活动信息成功录入，在系统运行前和运行中，该校团委组织召开了系统优化会议8场，收集意见134条，根据实际情况解决了其中的78条意见，整改率达58.21%。其三，各高校共青团根据高校自身情况，同校内相关部门配合，共同制定和完善了相关实施方案，形成了制度保障体系。湖南工学院团委积极争取了学校党委的支持，与学校相关部门合作，在“第二课堂成绩单”制度的建设上形成了学校党委行政统领，团委主抓，教务处（教师发展中心）、学生工作部、科技与校企合作处、招生就业处、创新创业教育中心等部门协同配合、齐抓共管的工作格局，先后修订了《湖南工学院素质与能力拓展学分认定与管理办法》《湖南工学院学生社团管理暂行办法》等规章制度，形成了“第二课堂”的各环节和最终考核的制度体系与制度保障依据。

2. 提升“第二课堂”管理效能

互联网搭建的管理系统提升了“第二课堂”的管理效能。部分高校共青团运用的“第二课堂成绩单”系统是由原共青团中央学校部与全国学校共青团研究中心共同指导开发的多终端免费校园应用程序“到梦空间”，该系统集合了30多所高校共青团工作系统和相关工作经验，目前已在全国900多所高校推广应用。在具体应用情况上，如湖南高速铁路职业技术学院团委于2019年采用“到梦空间”系统，当年激活学生用户12201名，各学生组织部落共457个，其中包括252个班级部落、78个协会部落、117个团学会部落，以及所有校级组织部落，学生参加各类提升自我综合素质的活动都能在系统中实时记录。2019年，学校后台系统共发布活动数量10323个，人均参与活动50.60次，人均加入部落3.70个，获奖总人数5213人，活动录取率32.00%，活动签到率98.00%，活动综合评价平均分为4.69分。2020年，该校继续利用“到梦空间”推进“第二课堂成绩单”制度建设，活动参与人数67万余人次，部落数量达349个，活动数量超过10000个，其中有5690人在参与活动中获得奖项，人均参与活动数达45.70次，其中文体活动占42.37%，活动综合评价平均分为4.64分，2019—2020学年2018级“第二课堂”素质拓展分100分以上占比14.63%，2019级“第二课堂”素质拓展分100分以上的占比13.80%，各项数据综合稳步前进。管理系统的应用和工作机制的创新产生了两方面的积极效应，一方面方便了同学们的活动参与，保证了信息对称，拓展了大学生参与满足自身发展需求的各种活动的途径和渠道；另一方面提升了管理效能，数据直观地呈现了活动参与状况和综合评分，使以往难以监督和评估的内容有了量化指标，管理效率得到了提高，“第二课堂成绩单”制度实施的效果得到了保证。

3. 建立校外“第二课堂”实践基地

在“第二课堂成绩单”制度的建设过程中，各高校共青团重视“校地合作”，通过资源的整合来提升工作的实效性。2017 年，湖南师范大学团委在校党委的支持下与社区开展合作工作，设立了 16 个校地合作、区校共建大学生德育实践基地，共有 17 个学院参与，每月开展活动超过 200 次，每月服务时长超过 1000 小时，参与项目的团队结合社区情况，对社区进行定期回访，形成双向评价机制。2018 年，学校组织项目团队参与了岳麓区共建方案起草及研讨，多次深入社区洽谈，协同合作创建“校地合作 · 区校共建”实践育人共同体，在 19 个社区建立德育实践基地，开展 800 余项活动，参与共建服务的学生人数为 3000 余人次，形成了“一区一品”的特色服务项目。2019 年，学校实践基地增至 21 个，覆盖学校 21 个本科学院，每月开展活动超过 200 次，每月服务时长超过 1000 小时。这一合作共建“第二课堂”的模式得到了湖南省委和团中央领导的肯定，相关经验和具体措施得到了《光明日报》、《中国教育报》、新华网等多家媒体的集中报道和推介。学校、社会和政府的协调配合带来了丰富的“第二课堂”资源，同时大学生在“第二课堂”中了解了社会基层状况，参与了实际问题的解决，有助于高校青年树立为人民服务的意识，将理论与实践相结合，避免在学校所学所思与社会脱节的情况。

第二节　服务青年工作创新的领域

当前高校共青团服务青年的工作主要包括对高校青年的合法权益的维护、对高校青年学习和生活的帮助、对高校青年的身心健康的守护和对高校青年创新创业就业的帮扶，其中，合法权益的维护是核心和重点。高校共青团服务青年工作创新的领域如下。

一、关心青年利益

高校青年的校园生活需要权益保障工作正常开展。新时代以来，湖南省各高校按照《高校共青团改革实施方案》《深化学校共青团改革的若干措施》等文件精神，建立和完善权益维护机制，取得了一定程度的创新，主要体现在以下三个方面。

1. 主动调查，积极反馈

一方面，高校共青团组织校内师生，成立权益问题调查的团队。2016 年，湖南师范大学选聘了“校长学生助理”团队，联合校学生会，开展了住宿安排、食堂餐饮、空调维护费、体育馆开放时间、毕业生电费补贴等专题调研，组织开展了文创设计大赛、“净”待校友回家活动、全校卫生检查工作、校园指示牌设计等，建立健全学生权益维护、沟通协调机制，有效了解、协调、解决学生利益诉求；当年共发布微信推文 7 篇，阅读量达 23050 次，收集提案 133 个，立案 96 个。另一方面，高校共青团就师生最关注的问题，主动开展座谈会、恳谈会等，直面权益问题。2017 年，长沙理工大学团委针对高校青年关心的食堂问题，开展了“走进食堂”后厨分享会暨专题恳谈会活动，让同学们了解食堂文化，引导同学们关注食堂、了解食堂、关注自身利益、维护自身利益。2019 年，学校针对“校园网套餐过高”和“食堂菜价上调”等热点问题，分别进行了“信息化问题沟通会”及“后勤餐饮问题沟通会”，对在线下线上权益问题收集通道中收集到的共计 66 条权益问题进行解答，并将解决情况通过微信公众号“长沙理工阳光传媒”进行反馈，如《食堂没 Wi-Fi？掌上长理性能低？这些我们都帮你解决!》等推文切实关注学生权益问题，对学生的质疑予以回应，得到了高校青年的积极关注，起到了正向舆论引导的作用。

2. 拓展权益反映和维护渠道

权益渠道的拓展和疏通主要关注两个方面的问题，第一，解决高校青年和校内职能部门的联系问题。高校团委典型做法是开展“校领导接待日”、与职能部门负责人面对面等活动。湖南科技学院在 2020 年组织了“校领导接待日”“校领导午餐会”“后勤部门交流会”等活动 4 次，畅通了广大学生建言献策和解决权益问题的渠道。湖南科技大学召开全校权益大会，组织学生参加“校长面对面”活动，倾听、了解并及时解决学生的权益需求。第二，搭建与完善高校青年权益问题反馈和维护的日常机制。长沙理工大学团委依托校院两级学生会权益部和学生代表大会常任代表，搜集整理学生权益问题，报送机关党委督察室，畅通了反馈渠道，通过微信公众号“长沙理工阳光传媒”反馈问题的处理情况，推进了问题解决。湖南科技大学团委在校、院团委学生会中分别建立青年权益中心和权益保障部，在班级设立权益委员，在学生宿舍与教师区域设立权益信箱，倾听和了解高校青年的权益问题。吉首大学团委在 2018 年通过“JSU 学生服务直通车”QQ 群，搭建学生与职能部门沟通平台，参与学生 1000 余人次，在线意见反馈 331 次。可见，将日常权益维护机制与关注重要的、突出的和较难解决的权益问题的“校领导面对面”相结合，是目前湖南高校团委创新权益维护工作的主要方式。

3. 重点关注校内困难团员

关注校内弱势群体及其普遍性利益诉求有利于促进教育公平和维护学生合法权益。对弱势群体的帮扶有物质和心理（精神）两个层面的工作，涉及生活、学习、就业、情感等方方面面。从湖南省各高校团委的相关措施来看，帮扶工作主要集中在物质层面。吉首大学团委在 2018 年开展了针对困难青年学生学业、生活、创业、就业等方面的积极帮扶工作，开展了如“爱心物资捐赠”“冬季爱心物资发放”“青创吧”等活动，解决学生的实际困难；2019 年又实施了“贴心工程”，以民族健身操比赛等形式举办活动，覆盖 9500 人次，并为 190 名少数民族贫困生发放了冬季爱心物资。湖南科技大学团委开展了“湘潭薪火计划”圆梦大学活动、“一元捐”助学活动，仅 2018 年累计捐助困难学生 83 人，捐助金额 155000 元。湖南工程学院团委为困难团员送温暖，于 2018 年开展了“希望工程五四特别助学活动”及帮扶困难团员“温暖行动”，共资助 21 名困难团员；2020 年又继续推进建档立卡贫困大学生就业帮扶工作，落实《关于深入推进“千校万岗”行动　扎实做好建档立卡家庭毕业生就业精准帮扶工作的通知》要求，利用学校资源、校友资源、社会合作机构资源，举办了 32 场“千校万岗”招聘会，参与学生 3842 名，帮助 168 名建档立卡学生找到了工作。湖南大学团委深入推进“千校万岗”行动，全校团干部 2020 年成功帮扶 191 人就业，逐步探索顶岗就业和定向选送的实践成果运用工作体系，全年对外推荐优秀学生 300 余名。

二、引领青年成才

近年来，全国各高校越来越重视针对高校青年的学术服务工作。做好学术服务工作有利于激发高校青年的科研热情，提升科研质量，解决科研困难。湖南省各主要高校团组织亦展开了相关工作，主要聚焦服务在校大学生日常学习和科研、构建激励计划等方面。

1. 服务学生日常学习和科研

大学生在高校的主业是学习和科研。从以往的经验来看，高校对学生的管理往往以约束为主，主要依靠纪律、规章等强制性手段。近年来，高校共青团在改革中不断探索新思路，转变工作方式，用服务和引导的方法来满足青年学习、科研的基本日常需求，在“润物无声”中激发青年的学习热情。中南大学团委指导学生会、研究生会围绕提升学风，开展了“青春不低头”无手机课堂建设活动，连续 3 年累计发放手机存放袋 1200 余个，提升了学生的上课专注度。同时，该校团委依托朋辈优势，分 4 批立项开设了学业互助辅导室 30 个，给同学们提供自主学习和研讨的场地，方便了高校青年的学术活动。该校团委还针对本科生的公共课程，连续 6 年组织编写并发放了高等数学、大学物理等 11 门课程的“学霸爱心笔记”，仅 2018 年累计发放 3000 余册，电子版下载量 2 万余次。同学们利用“学霸爱心笔记”查漏补缺，完善个人的知识体系。同时，“学霸们”规范的记录和对一些问题的思考总结能潜移默化地起到朋辈激励的作用，能更好地提升学子的学习积极性。另外，该校团委针对研究生科研任务重、课余时间少的具体情况，将学术研究与活动相结合，集趣味性和科普性于一体，多次举办了“研究生学术演讲比赛”，充分展示了在校研究生的科研风采和学术魅力。该校团委还在疫情期间组织了线上 12 期“青春云课堂”，累计观看人数 54000 余人次，满足了疫情期间同学们的学习需求，在全校范围内掀起了学习新风尚。

2. 构建激励计划

好的科研激励计划能激发高校学生的研究热情，让学子在竞争中碰撞出科研的火花。同时，激励计划能提供一定的经费支撑，有助于研究成果的创新性转化。湖南科技大学团委根据校党委统一部署，自 2018 年起实施了

“大学生科研创新计划”项目工作，2018—2020 年每年下拨专项经费 50 万元，分别立项项目 239 项、227 项和 217 项；同时，该校团委开展了“卓越学子计划”，仅 2018 年就有立项项目 27 项，其中第一批重点项目 13 项，第二批重点项目 11 项，委托项目 3 项。中南大学团委实施了“联合学习型团队构建计划”，覆盖 26 个学院，2018 年共有 200 余名研究生、2000 余名本科生报名参加；2019 年共组建团队 131 支，参与人数 1260 人，共申请专利 93 项，获得国家级荣誉 9 项、省级 73 项、校级 68 项，获得国家级科创立项 14 项、省级 85 项、校级 183 项，发表高水平论文 25 篇，实现了优秀研究生与本科生的双向联动、共同提高；2020 年有来自全校 33 个二级学院的 497 支团队获得各类荣誉和立项累计 600 余项。服务科研上的计划创新和实施能帮助学生迅速了解科研的程序和方法，尽快地走进学科研究的大门，从而规范高校学生的科研过程、提升科研质量。新时代以来，湖南省各高校团委在该方面取得了一定创新和进步，相关工作对营造良好校园环境、打造优良学风有积极作用。

三、关爱青年健康

文体活动是高校青年喜闻乐见的活动形式。形式丰富、内容充实的文体活动既能帮助高校青年养成良好的生活习惯、培养积极的生活态度，又能帮助高校青年陶冶情操，实现思想和身体的全面发展。各高校在文化和体育活动两方面都有一定创新，具体情况如下。

1. 丰富文化活动

丰富的文化活动能陶冶高校青年的情操，满足青年的文化精神需求。各高校共青团在该项工作中有积极的创新措施。首先，部分高校共青团重视对当地文化资源的挖掘。湖南科技大学位于著名画家齐白石的故乡湘潭市，因此该校团委将这一文化资源与校内文化活动相结合，组织了多届“齐白石”大学生文化艺术节，重点筹办了“齐白石”大学生文化艺术节美术作品（中国画）展览、高峰论坛、学术讲座、白石真迹寻踪、师生共绘中国梦、莲城历史寻迹等系列活动，打造了品牌文化，丰富了高校师生的精神文化生活，提高了同学们的艺术鉴赏能力。同时该校团委积极承办相关文化活动，如承办了 2018 年湖南省“高雅艺术进校园”之湖南文理学院“武陵风韵”艺术团“中国民族风”高校巡演、“沃是音雄”2018 青少年音乐计划湖南科技大学海选和高校 PK 赛等，组织了“砥砺奋斗，出彩青春”湖南科技大学三“全”(即“全民‘悦’读”“全民‘韵’动”“全民 K 歌”)系列校园文化活动，组织录制了“音为青春・2019 中国大学音乐超级联赛”单曲，为高校青年提供了丰富的文化活动。其次，部分高校共青团结合自身校园文化创新文化活动。吉首大学团委将校园风景与摄影相结合，在 2018 年举办了第二届“微笑吉大”之文明规范影视作品大赛，在 2020 年组织了“我爱我的祖国”微视频、摄影作品大赛。湖南师范大学团委则协助校办公室筹建了“师大记忆”校园文化用品店，推出系列文创产品，得到了师生、校友的广泛欢迎，实现了校园文化创新转化。

2. 倡导健康生活

为提高当下高校学生的身体素质，部分高校依托手机移动端开展了以打卡、计次为主要形式的体育锻炼活动。但是由于这类体育活动强制性较强，同学们参与积极性较低，存在“上有政策、下有对策”和“作弊”的现象，体育活动的成效一定程度上被打了折扣。因此，怎样才能让高校青年自主参与体育活动、用什么样的形式更好地引导青年养成锻炼身体的好习惯是目前高校共青团探索创新的关注点。湖南省各高校团委以健康生活为出发点，做了部分创新和尝试。湖南科技学院发布了“早安・湘科院”活动方案，号召青年学子养成早睡、早起、早餐、早读、早操(“五早”)的良好作息习惯，开展趣味“三走”活动、“奔向 2020 校园环校跑”、寝室文化艺术节之“同脚同心，龙马奋进”绑腿跑等活动，引导学生“走下网络、走出宿舍、走向操场”，积极参与课外体育锻炼活动。长沙理工大学团委利用当下较热门的跑步形式，举办了校园荧光夜跑，吸引 1100 余支队伍 4600 余人参加夜跑活动，以此倡导青年规律生活作息，养成健康积极的学习生活习惯。

四、服务青年成长

青年时代往往是个人最具有创新精神和创造活力的时代，亦是青年通过探索和创新不断成长的时代，因此高校青年对创新创业的基本需求是不能忽视的。做好服务创新创业工作，既能促进高校毕业生运用所学来实现个人价值，又能推陈出新，激发社会活力。总体来看，新时代以来，湖南省各高校团委服务青年的成长和创新创业工作主要聚焦在如下两个方面。

1. 组织学生参与各类青年创新创业活动

青年创新创业是当前高校鼓励青年创新创造的重要平台，各高校共青团均积极组织大学生参与相关比赛项目。湖南大学联合中南大学等多所高校承办了岳麓山大学科技城首届青创文化节，选送 25 支学生创新创业创意团队参展“三创市集”，为广大青年创新创业开辟了更广阔的舞台和空间。该校团委还推荐了“焰影神探——室内多楼层火灾救援定位导航系统”项目作为湖南省唯一代表参加“挑战杯”中国大学生创业计划竞赛“天使面对面”资源对接会，用资本赋能助力创新创业成果有效转化。湖南科技大学团委积极组织学生参加了 2018 年“创青春”中国青年创新创业大赛，共获得国家级铜奖 3 项、省级银奖 4 项和铜奖 6 项，并获得省级团体优胜杯 1 个；组织学生参加了 2018 年度第四届中国“互联网+”大学生创新创业大赛，在“青年红色筑梦之旅”赛道中，该校获 4 项省级三等奖和优秀组织奖；组织学生参加了第二届“深创杯”国际大学生创新创业大赛，荣获团队二等奖 1 项和优秀双创项目奖 1 项；组织学生参加第七届中国创新创业大赛（湖南赛区）暨第五届湖南省创新创业大赛，获优秀奖两项；组织举办了第十一届湖南科技大学大学生节能减排社会实践与科技竞赛，经学生自行申报，学院推荐，共收集作品 274 件，最终评出特等奖作品 15 件（推报参加第十一届全国大学生节能减排社会实践与科技竞赛）、一等奖作品 26 件、二等奖作品 49 件、三等奖作品 57 件。吉首大学团委以校内外勤工助学基地建设为抓手，举办了 2018 年“起点创业坊”活动，为在校学生提供勤工助学岗位 188 个，既帮助有需要的青年勤工俭学，又有利于学子在实际劳动中提升个人技能。

2. 促进交流，实现成果创新性转化

创新成果转化是一项系统性工程，需要高校、社会等多方力量合力。目前各高校共青团对该领域工作展开了探索，其中，构建科创孵化基地是主要的方式。湖南省各高校共青团主要以孵化基地的形式培育团队，同时重视运用各方资源，提升创新创业交流质量，促进创新成果的实现。湖南师范大学团委近年来重视服务高校青年的创新创业工作，于2017年筹建了学校桃子湖文化创意产业园大学生创新创业孵化基地，从42支团队中遴选了16支优秀团队入驻，并举行学生项目路演，获得了好评，其中以相关项目发展而来的长沙市兴继成网络科技有限公司已成功在湖南股权交易所优选板(Q板)挂牌上市。2019年，该校团委又遴选和指导了40个学生项目团队入驻天马、桃子湖大学生创新创业孵化基地，组织举办创新创业培训40余场、“精勤讲堂”学术讲座110余场、“学术沙龙”7场，参与人数8000余人次，开展了“金点子”大学生创意大赛、创意教育视频大赛等，参与学生人数2000余人次。2020年，该校团委再次遴选和指导了21个学生项目团队入驻创新创业孵化基地，组织举办了“精勤讲堂”学术讲座126场、创业沙龙1场、创客星城校园行活动1场，参与人数6600余人次；开展SYB(start your business，创办你的企业)培训班共14个，包含13个本科生班和1个研究生班，共计招收420名学员；继续开展“金点子”大学生创意大赛，覆盖21个学院5000余人。湖南理工学院团委于2018年成立了“创新创业俱乐部”，俱乐部有指导老师3名，下设创新小组25个、创业小组33个，定期开展创新创业类活动，孵化创新创业项目。同时该校团委筹办了科技创新节，举办多场“创新创业沙龙”并邀请“创青春”“互联网+”“挑战杯”国赛评委来校开展创新创业培训讲座，2018年培育创新创业项目132个，直接受益人群达650余人；2020年举办了创新创业培训讲座20余场，培育创新创业项目199个，直接受益人群1400余人。中南大学团委重视创新创业的交流活动，一方面，利用校友资源，以创业咖啡屋特色活动的形式，邀请杰出校友与有创业想法的学生面对面交流；另一方面，推动各地学子开展关于创业创新的交流，积极拓宽学生视野，发挥朋辈力量。2018年中南大学第十九届海峡两岸大学生创业交流研习营活动举办，邀请逢甲大学、实践大学等7所中国台湾高校的43名师生与中南大学师生一起体验传统文化，共筑创业梦想。2019年该校举办了“青春创业路·携手湘港情”湘港两地大学生创业文化周活动和“缘聚创业梦·携手两岸情”海峡两岸大学生创业交流研习营活动。创业创新交流的形式加强了青年学子之间的联系，既让来自湖南、台湾、香港等地的高校青年了解了彼此的思想和生活，又拓宽了青年们的视野，推动了创新创业工作。

第三节　共青团的建设工作创新的领域

高校共青团的建设包括组织建设、阵地建设和队伍建设，共青团的组织建设包括组织架构设置、领导机制和基层组织建设等方面；共青团的阵地建设涉及互联网阵地和大学生团员的各项事务等；共青团的队伍建设涉及团干部的思想政治、作风和工作能力等方面。总体来看，高校共青团的建设工作创新的领域如下。

一、共青团的组织建设

党政军民学，东西南北中，党是领导一切的。在高校共青团工作的改革过程中，坚持党的领导保证了改革前进的正确方向和改革成效的发挥。从团的组织建设来看，湖南省各高校积极落实加强党建带团建机制的相关要求，在高校党委的领导下不断优化团的工作和资源条件保障机制，同时，各高校亦不断加强基层团支部的建设。工作中的新举措具体体现在以下三个方面。

1. 贯彻落实党建带团建机制的相关要求

《高校共青团改革实施方案》明确指出要“优化加强党建带团建机制”，具体要求包含将团的建设纳入高校党的建设总体格局，将共青团工作作为检查考核高校(院系)党建工作的重要内容且占比不低于10%，高校党委每年至少召开1次专题会议研究团的工作，高校党委明确由一名副书记分管共青团工作，高校行政应有一名副校长联系共青团工作，完善高校团组织的双重领导体制等。总体来看，湖南省各高校基本能执行改革要求，完善相关工作，并在改革要求的基础上结合自身实际情况继续深化相关工作。中南大学在2021年的工作中将共青团重点工作列入学校党政工作要点，校团委书记列席校党委理论学习中心组集体学习，将团学组织建设纳入二级党组织书记抓基层党建述职评议考核内容，且权重占比不低于10%；同时，该校在11月分别召开了2次研究共青团工作的校党委常委会专题会议，听取了校团委兼职副书记选聘情况汇报、学生代表大会准备相关情况等，研究成立了中南大学青年工作领导小组和学生社团工作议事协调小组，由主管学生工作的副书记和主管本科教学的副校长任正、副组长，对共青团工作进行指导。湖南大学将“推优入党”作为党建带团建的重要工作，该工作被纳入学校党员发展规划，使共青团员成为党组织发展青年党员的主要来源是该工作的目标。据统计，2021年，湖南大学共发展党员4018人（含教师），经过团组织规范推优程序所发展的人数为3980人，占比高达99.05%。同时该校团组织还在党委的统一领导和部署下下发了《关于规范落实“三会两制一课”制度的通知》《湖南大学2021年主题团日工作指导意见》《2021年湖南大学“学党史、强信念、跟党走”学习教育工作方案》等通知方案，具化对各学院团组织的指导，实现了全校各团支部“党史学习教育”完成率达100%、“学社衔接”率达98.3%、支部对标定级率达100%的工作成效。

2. 在党的领导下优化资源条件保障机制

优化资源条件保障机制是《高校共青团改革实施方案》的明确要求，其一，要求各高校共青团独立自主地开展工作，高校校级团委须单独设置，完善组织架构，明晰高校团委与其他部门的职能划分；其二，要求各高校共青团参照《关于进一步加强和改进高等学校共青团建设的意见》，根据实际情况完善人员编制、干部配备和管理；其三，各高校要按照在校生人均每年不低于20元的标准划拨校级团委日常工作经费，保证共青团工作的活动场所、设备和时间。总体来看，湖南省各高校由于资源匹配和发展的不平衡，部分高校在改革文件下发以前就达到了改革要求，部分由于客观情况在文件下发前还未能达标的高校在近年积极优化资源条件保障机制，已取得较好进展。吉首大学团委按正处级机构独立设置，设办公室、组织宣传部、学生群团组织管理部3个科级机构，各二级学院团组织于2021年全部升格为团委，学院团委为正科级机构，均设立专职团干部，符合条件的10名院团委书记均已任命为科级实职干部，教师团干部培训纳入了学校干部培养计划，经费由人事处予以保障，其课时计算、职级待遇、工作考核均按照学校辅导员管理办法。在团工作经费保障方面，学生活动经费按照人均每年55元划拨，各二级学院学生活动经费由校团委统筹划拨，2021年设立了学生社团建设管理、大学生社会实践、“挑战杯”竞赛、学生艺术团等专项经费共70余万元。在其他资源的保障上，学校在学生食堂专门规划一层楼作为共青团组织阵地，建有青年沙龙室、青年书吧、排练厅和学生活动中心，配置了音响设备、办公设施等，供团学组织开展活动。湖南文理学院团委是独立设置的正处级团委机构，有专职团干部3人、挂职副书记2人，全校设置15个学院团总支，学院团总支书记在职级晋升和职称评定方面享受辅导员单列待遇，有1个独立学院团委，团委书记是同级党委委员；2021年，该校按照相关要求，划拨了团委工作经费45万元。

3. 激发基层团支部活力

第一，依托“智慧团建”推进基层团支部建设。湖南省各高校共青团依托“智慧团建”完成了团支部对标定级、团员信息录入和学社衔接等相关工作，着力打造基础团务、团员管理和团的信息统计网络化。中南大学团委在2020年依托“智慧团建”推动“从严治团”，完成全校1116个团支部100%对标定级，发展团员250名，学社衔接率达96. 3%，该校获评湖南省基层团建示范点。湖南大学团委亦在2020年完成了全校支部对标定级，新发展团员录入率100%，学社衔接率达97. 4%。其他高校按照要求录入了团员信息和团支部对标定级工作；在学社衔接率方面，2020年，湖南理工大学达98. 6%、湖南科技学院达96. 9%、湖南科技大学达96. 9%、邵阳学院达96. 1%、湖南工学院达93. 8%、湖南农业大学达93. 7%、湖南师范大学达93. 0%等。总体来看，“智慧团建”实现了技术上的创新，既推动了管理的信息化、网络化，又方便了支部日常团务的开展，提升了高校团支部建设的实效。

第二，完善落实“三会两制一课”制度。“三会两制一课”是指支部大会、支部委员会、团小组会（三会），团员教育评议制度、团员年度团籍注册制度（两制），以及团课（一课），落实“三会两制一课”是团的基层组织的基本任务之一。湖南省各高校共青团重视“三会两制一课”制度的建立和落实，中南大学团委开展了基层团支部落实“三会两制一课”制度情况专项督查与意见反馈；湖南大学团委下发了《关于规范落实“三会两制一课”制度的通知》，指导校内各团支部开展工作；长沙理工大学团委针对“三会两制一课”制度的落实，制作推行了《班团工作手册(2021试行版)》，在全体新生中实施，规范团内政治生活，为班团建设提供具有较强可操作性的工作指南和工作日志；湖南农业大学团委除了向基层团支部印发《团支部工作手册》外，还针对“三会两制一课”制度的落实情况建立了“团支部每月自查—学院团委每季度督查—学校团委每半年验收”的三级监督考核机制，让团支部建设有账本、有记录，学校根据规定每年分春、秋两季开展团员教育评议、团支部考评以及团籍注册等，评议、考核、注册覆盖率达100%，同时要求教师团干部在新生入学教育和青年马克思主义者大学生骨干培训中必须为团员青年讲授团课，以此更好落实“三会两制一课”制度。其他高校亦有相关措施。总体来看，湖南省各高校针对“三会两制一课”制度的工作强调设立规范、工作留痕、事后督查，团支部建设的规范化工作得到了进一步推进。

第三，推进实施团支部“活力提升”工程。除了通过“智慧团建”和制度化建设来提升团支部工作的便捷程度和规范性，湖南省各高校共青团还积极实施团支部“活力提升”工程，其主要工作为实施班团一体化、开展主题团日活动和开展“青年大学习”等。在班团一体化上，长沙医学院团委建立了团支部委员与班委交叉任职制度、班级重要工作和安排由团支部审议决策制度，不断提升“班团一体化”建设水平；湖南城市学院团委和湘南学院团委开展调研，制定了各自的“班团一体化”改革实施方案，并开始试点推行工作。在开展主题团日活动上，各高校共青团按照思想政治工作的相关要求，结合时事热点指导校内各团支部开展特色主题团日活动，如中南大学团委将“四史”教育分专题列为2021年4月、5月、9月、10月全校基层团支部团日活动主题，全校1778个团支部100%开展了党史专题学习会、主题团日活动、党史主题团课，组建了百名团支书党史学习教育宣讲团，其录制的党史学习教育短视频《时代新人说——杨开慧》在中央广播电视总台“时代楷模发布厅”和“中国大学生在线”平台上展映；长沙理工大学团委以中国共产党成立100周年、辛亥革命110周年、九一八事变纪念日为契机，开展了“青春奋进新时代，志愿实践我先行”主题团日活动、“青春心向党，献礼一百年”系列主题教育活动、纪念九一八事变主题签名活动、“请党放心，强国有我”军训快闪等红色主题活动，利用青年人喜欢的形式引导大学生把个人理想融入国家建设的事业中，既提升了思想政治引领实效，又激活了基层团支部活力。在开展“青年大学习”上，各高校团委积极探索更好的学习机制。中南林业科技大学团委设立了“青年大学习”先进团委流动红旗制度，2021年组织全校团员青年开展了28期“一起学党史”网上主题团课学习，平均学习率在90%以上。长沙学院团委成立了“青年大学习·一起学党史”专项工作小组，组织开展了“我为青年做件事”主题调研活动，收集基层团组织在开展“青年大学习”活动中存在的困难和问题，定期反馈基层团支部的学习情况，重点分析和总结有些学院参与率较低的原因以及存在的工作实际困难，做到有的放矢地解决问题，同时该校还不断完善激励机制，通过制作专题进行推送的方式来树立优秀典型，分享优秀做法，形成群策群力的效应。

二、共青团的阵地建设

根据资料整理情况来看，各高校共青团的工作阵地建设创新主要集中在两大方面：一是指导学生会和学生社团工作，构建“一心双环”团学组织格局，二是按照相关要求部署，拓展新的互联网工作阵地，具体措施如下。

1. 建设好学生会和学生社团工作阵地

第一，组织调研，制定学生会和学生社团的改革工作方案。首先，各高校团委积极展开了针对学生会工作和学生社团发展的调研活动，总结了问题，找到了需要改革的具体方面。湖南师范大学团委在2019年开展了“大学生社团的管理与建设”专题调研活动，开展座谈会3次，发出问卷2000余份，形成调研报告1份，并在此基础上修订了《湖南师范大学学生社团管理办法》；2020年召开了学校学生社团建设管理评议会，对社团指导老师选聘、社团经费、社团分类、社团优化整合等问题进行了讨论，决定成立湖南师范大学学生社团建设管理评议委员会。长沙学院团委在2019年针对社团会员、社团负责人、指导老师、业务指导单位等对象开展了5场学生社团工作调研座谈会并进行了问卷调查，设立了社团工作整改台账；2020年，该校团委对照社团工作整改台账，继续推进社团整改工作；2021年，该校制定出台了《长沙学院社团建设管理办法》，校团委根据该办法成立了学生社团管理部。其次，各高校团委根据实际情况制定针对“一心双环”团学组织格局的改革方案。2018年，湖南科技大学结合学校团学工作实际，根据《湖南科技大学共青团改革实施方案》《湖南科技大学学生会组织改革实施方案(试行)》等文件要求制定出台了《湖南科技大学学生干部管理办法》《湖南科技大学学生会章程》《湖南科技大学学生社团管理办法》，建立健全了团学工作制度，积极推进各学院团委和学生会工作改革。2020年，湖南大学党委制定出台了《湖南大学学生社团建设管理实施细则(试行)》，组建了湖南大学学生社团建设管理评议委员会，确立了围绕学术研究、创新实践和群体集合的学生社团发展新导向，制定了“两年三步走”的优化整合实施方案。中南大学党委亦在2020年制定出台了《中南大学学生社团建设管理办法》，构建了学校党委统一领导的、党委学生工作部(处)牵头负责的，校团委、党委组织部、党委宣传部(新闻中心)、党委保卫部、党委教师工作部、人事处、本科生院、研究生院等相关职能部门共同参与的学生社团工作机制，投入100万元专项经费，支持社团开展活动。

第二，优化学生会和学生社团体系。在优化体系方面，改革完善学生代表大会制度、精简优化学生会组织机构和优化学生社团体系是近年来高校构建“一心双环”团学组织格局的重点工作。《学联学生会组织改革方案》中明确规定了学生代表大会制度的改革事宜，指出学生代表大会召开周期不得超过两年，一是扩大代表的广泛性，二是探索实行常任代表会议制度，三是选举产生校级学生会组织领导机构。湖南省各高校均按照相关要求，规范学生代表大会的召开。在优化学生会组织机构方面，湖南师范大学将学生会组织的建设纳入了学校党建工作总体规划，校级学生会组织主席团成员减至5人，部门减为6个，工作人员精简为60人，同时组建了以学生代表为主，校党委学生工作部(处)、团委等共同参与的校级学生会组织工作人员评议会，要求主席团成员和工作部门负责人每学期向评议会述职；长沙理工大学将团委学生组织、学生社团联合会和青年志愿者联盟、组织部、创新创业部和学工部学生组织勤工助学部、民兵连和本科生信息组一并整合纳入校学生会学生干部体系，制定了《关于学院学联组织机构设置的指导性意见》，同时将学生会的规模从260余人缩减至53人，学生社团联合会从120余人缩减至32人。在优化学生社团体系方面，湖南科技大学团委建立了学生社团从注册到注销的“全生命周期管理模式”，力求促进学生社团组织规范化、健康化发展；该校在2018年组织了学生社团考核会，将学生社团总数由125个精简为113个，提升了社团整体质量。《湖南大学学生社团建设管理实施细则(试行)》制定了社团发展的三步走规划，即第一阶段从类型、组成结构、活动质量入手，将现有117个学生社团优化整合到54个，第二阶段根据学生社团发展建设情况分为A、B两类管理培育，第三阶段以“一个学院办好两到三个学生社团”为目标，逐步构建起校、院两级学生社团建设管理体系，该校团委亦建立了“品牌活动重点扶持、传统活动引导创新、小型活动基金补助”的学生社团发展支撑体系；2021年通过学生代表大会财务工作委员会审核、批准，规范财务工作流程，全年累计举办各类活动288场。湖南科技学院团委制定了《湖南科技学院学生社团精细化管理资料汇编》，严格把控社团日常管理、意识形态关口，以及活动形式、内容、经费来源等，建立了学生社团末位淘汰机制，2020年学生社团由原来的69个清理整顿为59个。

第三，规范学生干部的选拔、考核和培养。《学联学生会组织改革方案》强调要建立健全学生干部选拔制度，规范学生干部选拔标准和程序；建立健全评价考核制度；建立学生干部退出机制；优化学生骨干培养机制。总体来看，湖南省高校在推动该板块工作创新上主要聚焦以下要点。一是在学生干部的选拔上重视政治合格和学习优秀。湖南师范大学团委细化了校级学生会组织主席团候选人、工作部门成员的遴选程序，明确工作人员应为共产党员或共青团员，学习成绩综合排名在本专业前30%，且无课业不及格情况，社团主要负责人学业成绩综合排名须在前50%，且无课业不及格情况。二是监督考核的形式主要以述职和民主测评为主。中南大学学生会以工作述职和民主测评的形式组织了主要学生干部面向学生代表和一定比例非校级学生会干部的考核，学生代表对其满意度均在90%以上。长沙理工大学团委推动学生会组织的规范性建设，制定了学生会纪律考核办法，严抓学生干部作风问题，帮助其树立规矩意识；同时该校在校学生会内部组织了21天打卡活动，发挥学生干部表率作用，引导广大青年学生养成良好的学习、生活习惯，并在金盆岭、云塘两个校区设置多处“学生干部作风督导箱”。三是建立健全学生干部培养体系，重视对学生干部的思想教育。中南大学团委重视对学生社团干部队伍的培养工作，举办了“培苗工程”社团骨干培训班、社团会长论坛、社团团支书大会等活动，提升培育质量。长沙理工大学团委针对某大学“学生官”事件，召集全校主要学生干部开展了为期4天的“团学干部优良作风建设大讨论”主题活动，结合该校团学组织和学生干部队伍实际，探讨了该校团学干部存在的作风问题，让主要学生干部认识到了不良作风的思想根源，促进了学生会工作作风的改善。

2. 拓展互联网工作新阵地

第一，打造网络思想政治引领工作的新媒体体系。湖南省各高校共青团主要从三个方面来构建思想政治引领工作的新媒体体系。一是全面搭建和优化新媒体平台，形成全方位的平台体系。如湖南师范大学团委搭建了“翔网”、微信、微博、QQ与学院特色宣传平台为整体的新媒体工作体系。首先，该校团委重点打造该体系中的核心——团委微信公众号“湖南师范大学团委”。该公众号有较大影响力，获评湖南省青媒奖“十佳微信公众号”，该校团委曾获“团十八大以来共青团宣传思想文化工作先进单位”称号，相关工作在湖南省高校新媒体建设中处于领先位置。其次，该校团委重视“翔网”的建设。“翔网”以共青团工作为主打，是一个囊括校园内外活动和特色讯息、全面反映校园文化动态、记录学生成长与发展的信息平台。湖南师范大学团委根据青年需求和实际运行情况，优化调整了“翔网”的11个栏目设置，增设了“青梅微信”等互动栏目，同时结合已建成的“励德网”“青评网”“团学经纬”“青年文学”特色站点，整合了丰富多样的网络资源。再次，该校团委以学院分团委的网络宣传平台为依托，鼓励各学院办有特色的新媒体公众号，从而在全校范围内形成了较完整的、较全面的新媒体工作体系。二是建立和完善管理新媒体平台的制度体系。湖南科技大学团委制定了《湖南科技大学校园新媒体平台管理办法》，建立了团属新媒体平台信息发布“三审”制度，进一步梳理了团属新媒体平台及其管理工作，加强了对新媒体平台的监管。根据该管理办法，该校团委及时处理了“表白墙”“学生会公众号”等平台的网络舆情事件，保证了新媒体平台在规则中有序发挥作用。三是打造新媒体运营人才队伍体系。中南大学团委以工作室的形式建设新媒体运营队伍，如中南小团子工作室、中南大学升华影视工作室(又称校团委网络信息部)，二者由在校学生组成，隶属校团委，共同负责中南大学团委公众号和 bilibili 账号等新媒体平台的运营。前者被原共青团中央学校部评为全国优秀新媒体专业工作室；后者主要负责校内学生日常活动的视频节目制作与图片供稿，下设网络部、技术部、美工部、视频团部等部门，除运营新媒体平台外，该工作室还开发了社团招新小程序、中南初印象小程序等，曾获得“2019 高校视频新闻扶持计划(团队类)”“十佳校园视频团队”称号等。

第二，运用多种方式提升平台影响力。新媒体平台的运用丰富了思想政治引领工作的手段，同时，用心撰写的文章、精心制作的视频等优质内容在不断地提升新媒体平台的影响力。湖南省各高校共青团在这一方面的创新主要有以下三方面。其一，运用漫画连载的方式宣传红色文化。中南大学团委组织对漫画制作感兴趣的学生，依托《红色潇湘青年行》专栏，运用漫画的方式在网上发布红色故事，如制作了《纪念刘少奇 120 周年诞辰之不一样的刘少奇》、讲述毛泽东与杨开慧感情故事的《这才是真正的爱情》等，用青年人喜闻乐见和轻松活泼的形式来传承革命伟人精神。其二，运用短视频、MV 制作等方式宣传抗疫精神。湖南大学团委联合团省委“青年湖南”推出了《湖南青年战“疫”》系列海报和微视频，获团中央官微及新湖南等媒体采用刊发，相关文章阅读量累计突破 30 万次；湖南农业大学团委利用“湘农青年”微信平台推送防疫知识和志愿者典型事迹 47 期，创作了《同心战疫——湖南农业大学抗疫侧记》宣传视频作品；湖南师范大学团委组织校内师生创作了《青春战疫》，获得了“2019 年度湖南省青媒奖最佳文化产品”；中南大学团委受团中央基层建设部委托，制作了《战“疫”中的青年突击队》主题视频，在全团发布，抗疫 MV《坚强的理由》等多个原创网络文化产品被

《人民日报》、教育部官网、共青团中央官微、央视频等中央媒体宣传推广，播放量超过百万次。其三，运用直播、网络专栏等互动形式分享校园生活。湖南省高校共青团开展“团团带你逛校园”直播活动，不断扩大影响力。邵阳学院团委组织的“团团带你逛校园”网络直播活动，超过45万观众参与直播和互动；湖南师范大学团委组织的“团团带你逛师大”网络直播活动则通过网易、微博、腾讯直播，全平台浏览量超过100万次，取得了良好的宣传效果；中南大学团委将关注点放到校园军训直播和校园美食上，2017年推出新生军训直播，全网观看人数达46万人次，2019年在“中南小团子”bilibili账号中开设了每周更新的校园美食类栏目——《“升”夜食堂》，全网播放量突破200万次。这些互动式的传播方式向外界展现了丰富多彩的校园生活和校园文化，展示了当代大学青年的风貌，在提升大学的网络影响力的同时，又给予了青年人张扬个性、发挥专长的平台，亦给予参与直播和互动的观众同大学青年交流的机会。以上这些形式和方法上的创新丰富了高校共青团思想政治引领工作的层次，有助于改变青年对思想政治引领工作的刻板印象和提升工作的实效性。

三、共青团的队伍建设

《中国共产主义青年团章程》专设“团的干部”一章，对团干部任用标准、职责等作了具体要求，明确规定团干部应做到政治上要坚强、学习要刻苦、工作要勤奋、作风要严实和品德要高尚。新时代以来，共青团中央下发了《关于新形势下推进从严治团的规定》《关于进一步加强团干部教育培训工作的意见》《关于提高政治站位　改进工作作风的六条规定》等文件，强调团干部队伍建设的重要性，并对具体问题进行部署，《高校共青团改革实施方案》《关于加强和改进新形势下高校共青团思想政治工作的意见》等文件又对高校团干部队伍的建设提出了新要求。总体来看，新时代高校共青团干部队伍建设的要求如下：第一，坚定团干部理想信念，牢固树立政治意识、纪律意识和规矩意识；第二，做好团干部选拔、培养、任用工作，使人尽其才；第三，打造团干部队伍优良作风，加强联系青年，强“三性”去“四化”；第四，改革团干部配备考核管理制度，健全团干部工作队伍。总体来看，湖南省各高校共青团在以上各方面均有探索和尝试，具体典型做法总结如下。

1. 牢固树立政治意识

第一，各高校共青团将理论学习和实践走访结合在一起，以此为培养团干部理想信念和政治意识的主要方式。湖南科技大学团委建立了政治理论集中学习制度，将每周二下午定为校团委职工的理论学习时间；长沙理工大学团委建立了共青团干部集体学习制度，以团干部做主题学习分享、校领导做主题学习报告辅导的形式展开；湖南工学院团委依托各种党政资源，先后组织团干部赴韶山、井冈山、湘南学联等爱国主义教育基地开展培训、学习等活动，通过实地参观、工作交流、理论讲座等形式来坚定团干部的理想信念，同时在这一过程中学习先进经验，开阔团干部的眼界视野，不断提高团干部的理论素质和工作能力；湘潭理工学院团委在 2021 年组织团干部进行了 8 次集中培训，召开了 15 次团干部政治学习和业务学习交流会。

第二，各高校团委结合每年的“先进团干部”评比，树立校内团干部模范，宣传优秀团干部的相关事迹，利用榜样帮助广大团干部树立牢固理想信念。湖南高速铁路职业技术学院团委在 2018 年选树了百名优秀团干部，在全校团学干部中开展每月一次的“我的职责我履行，我的任务我完成”明星干部、明星干事评选，通过对先进事迹的宣传来发挥榜样力量；湖南工商大学团委在 2021 年以“成长的味道”为主题开展了“双十佳”宣讲会，组织宣讲 20 余场，参与人数 2000 余人次，扩大了榜样效应。

2. 完善管理考核制度

《高校共青团改革实施方案》要求打造专职、兼职、挂职相结合的高校共青团干部队伍，从青年教师中选任至少 1 名兼职或挂职副书记，从学生中选任 2 名兼职副书记；校级、院级团委班子中，兼职和挂职副书记的比例不低于 50%。湖南省各高校共青团按照要求逐步完善团干部队伍配备。中南大学团委于 2021 年召开了第四次团代会，选举专职书记 3 名，教工兼职副书记 1 名，学生兼职副书记 2 名；衡阳师范学院团委进一步完善了《衡阳师范学院共青团改革实施方案》，搭建了“1+1+2”的专职、兼职、挂职校团委班子模式，从优秀青年教师中选拔 1 名挂职副书记、1 名兼职副书记，从全日制在读优秀本科生中选拔 2 名学生兼职副书记。在对专职、兼职、挂职团干部的管理考核制度上，各高校共青团主要采取的是述职评优的做法。中南大学团委制定了《中南大学共青团“五四评优”办法（试行）》，针对二级团组织实施服务对象、同行、上级团组织三方考评机制，二级团组织负责人100%进行学年度述职评议，将团干部评议结果与荣誉表彰、课题立项等相结合，树立基层团干部创先争优的氛围；湖南农业大学团委针对教师团干部的职称评定、职级待遇、工作考核等均制定了保障政策，每年举行团干部年度述职评议，定期开展“优秀共青团干部”“优秀辅导员”评选表彰工作；南华大学团委在落实团干部年度述职评议制度的同时，将工作态度和业绩作为考核的主要标准，并将考核结果纳入年终绩效，奖优罚劣。在针对学生团干部的考核上，湖南师范大学团委从“德、能、勤、绩、学”五个方面对 5752 名校院两级团学干部进行监督考核，其中优秀率为 26.3%，不合格率为 0.12%；898 名主要学生干部中，学习成绩未达标人数为 31 人，占 3.45%。针对核查情况，该校团委要求各院对学习成绩未达标的学生干部采取个别谈话、组织帮扶、停岗免职等措施，校院两级共免职 12 人，谈话教育 19 人。目前来看，湖南相关高校虽然正在逐步推进团干部队伍配备改革，但是仍存在不达标的现象；在管理考核方面，虽然重视述职，但是考核不能完全做到量化，“人情分”占比较大，相关考核方案亦待完善，激励和惩处机制需建立健全。

3. 打造团干部队伍优良作风

新时代以来，各高校共青团坚持从严治团，大力整治团干部队伍作风问题，相关工作主要聚焦以下两方面：一是推行直接联系服务青年师生制度。湖南师范大学团委要求每名专职团干部经常性直接联系不少于 100 名团员青年和 1 个团支部，直接开展联系、服务、引导工作，参加支部活动，及时了解和掌握思想动态、学习生活情况以及利益诉求，2017 年共开展线下互动 149 次，线上互动 303 次，其中精华经验分享 426 次、基层感悟 150 篇；中南大学团委实施了团干部对毕业生的就业帮扶，36 名团干部联系 79 名 2021 届毕业生、10 名团干部联系 24 名 2022 届毕业生开展就业帮扶，起到了积极作用，其他高校团委亦有类似措施。二是加强针对团干部作风的教育及监督。吉首大学团委为强化专职团干部主体责任，于2018年起全面落实“一岗双责”，开展了“行业不正之风专项治理”“教育行业不正之风专项治理”“警示教育和自查自纠”学习教育，同时还开展了形式多样的活动，如党风廉政电子海报设计大赛、网络主题讨论、征文演讲等，对优化团干部作风、营造校园风清气正的廉洁氛围有积极作用。针对学生团干部的作风问题，湖南人文科技学院团委贯彻学校纪委“清廉校园”计划要求，制定了《学生干部作风督察细则》，重组了生活督察部，对学生会选人用人、日常工作开展等方面进行监督，对提升学生团干部队伍的作风和学生会成员在学生中的公信力有积极作用。

第四节　小　结

本章以湖南省各高校共青团为例，梳理了高校共青团进入新时代以来根据相关改革文件和要求，在思想政治引领、服务青年和共青团的建设工作中的创新领域和措施。现将本章内容总结如下。

新时代高校共青团工作在思想政治引领工作领域的创新。在关注社会热点时事上，各高校共青团利用青年人喜闻乐见的活动形式开展工作，将学习精神和宣讲传播相结合，将科研、调查与思想政治引领相结合，利用“青马工程”推进思想政治引领工作。在形塑青年的价值观念上，各高校共青团围绕脱贫攻坚，引导高校青年深入农村、服务农村；围绕疫情防控，组织高校青年在校内外积极作为；围绕公益项目和公益赛事，展开志愿服务项目。在弘扬主旋律和正能量上，各高校共青团重视对本地优秀文化的挖掘；创新文化传播，丰富文化活动形式。在培育新时代新青年上，各高校共青团在综合考察中建立和完善“第二课堂成绩单”制度；运用网络管理系统，提升“第二课堂”管理效能；建立校外“第二课堂”实践基地，加强与政府和社会相关机构的合作。

新时代高校共青团工作在服务青年工作领域的创新。在关心青年利益上，各高校共青团不断完善权益保障机制，主动开展调查，积极反馈；尽力拓展权益反映和维护渠道；重点关注校内困难团员。在引领青年成才上，各高校共青团服务学生日常学习和科研，构建科研激励计划。在关爱青年健康上，各高校共青团结合本地特色，丰富文化活动；倡导健康生活，积极引导青年参与体育活动。在服务青年成长中，各高校共青团积极利用平台优势，组织学生参与各类青年创新创业活动；培育团队，实现成果创新性转化，推动校际交流。

新时代高校共青团工作在团的建设工作领域的创新。在团的组织建设上，各高校共青团坚持党的领导，不断优化团的工作机制，贯彻落实党建带团建机制的相关要求；优化资源条件保障机制；激发基层团支部活力，依托“智慧团建”推进基层团支部建设，完善落实“三会两制一课”制度，推进实施团支部“活力提升”工程。在团的阵地建设上，各高校共青团建设好学生会和社团工作阵地，积极构建“一心双环”团学组织格局，通过调研制定学生会和学生社团的改革工作方案，展开了对学生会和学生社团体系的优化工作，逐步规范学生干部的选拔、考核和培养；拓展互联网新阵地，打造网络思想政治引领工作的新媒体体系，运用多种方式提升平台影响力。在团的队伍建设上，各高校共青团提升团干部队伍建设质量，通过理想信念教育，牢固树立团干部的政治意识；建立健全团干部队伍管理考核制度，完善团干部队伍配置；打造团干部队伍优良作风，坚持全面从严治团。

第七章

新时代高校共青团工作创新的路径

新时代以来，习近平总书记系列重要讲话精神和党中央的重要会议要求共青团在改革中形成“凝聚青年、服务大局、当好桥梁、从严治团”的工作格局，高校共青团要积极适应高校教育综合改革新发展和青年学生新特点，要以体制机制改革、组织创新和工作创新激发活力，提升实效。根据前文对高校共青团工作创新面临的主要问题和创新领域的整理，本章总结高校共青团的工作实践和创新经验，提出新时代高校共青团工作创新的精准化路径。

第一节　加强和改善党对高校共青团工作的领导

马克思主义青年观指出，党的领导是共青团工作的根本保证，在新时代改革发展的大背景下，党对高校共青团工作创新的领导主要体现在政治领导和党建带团建两个方面。习近平总书记指出：“听党话、跟党走始终是共青团坚守的政治生命，党有号召、团有行动始终是一代代共青团员的政治信念。历史充分证明，只有坚持党的领导，共青团才能团结带领青年前进，推动中国青年运动沿着正确政治方向前行。”① 加强党的政治领导能确保创新的方向，同时，加强党的政治领导有助于形成高校共青团思想政治引领工作的合力，实现系统创新。加强党建带团建并健全团的组织和领导机制是新时代全面从严治团的要求，有利于提升团的建设的质量，有利于保证相关改革要求和制度措施的落实与执行。

一、加强党对高校共青团的政治领导

加强党对共青团的政治领导是全面从严治团和提高工作实效性的必然要求。总体来看，高校共青团在思想政治引领的工作中表现出了不同层次高校的、不同身份的和不同政治面貌的学生对学校思想政治引领工作认可度的参差不齐，侧面说明，办学层次更高的高校更容易得到财力、物力、人力和思政项目等方面的支持，因此思想政治引领工作更易于开展，效果更好；同时，学生干部、党员与团员更容易进入高校共青团思想政治引领具体工作和活动的视野，因此他们能得到资源倾斜，对相关工作更了解，满意度更高。笔者认为，高校共青团思想政治引领工作不应只追求对少部分积极分子和精英的培养，更需要关注绝大部分同学的需求，因此，相关工作资源应均衡分配。做好这一工作需要加强地区和高校党委的统一领导，从加强党的政治领导的角度促进工作资源的平衡分配，着眼整体提升工作实效。

1. 加强党的领导，形成地区内高校思想政治工作总体格局

加强党的领导，推动地区内高校思想政治引领工作协调发展主要涉及两大方面：一是宏观层面，加强地区党委对地区内高校思想政治引领工作的领导，以地区党委的党建工作带动地区团委的团建工作。地区党委需要更加重视和关注高校青年的思想政治引领工作，要及时制定地区内青年工作方针，从更高层级协调资源配置、保障工作开展、完善监督落实，可尝试定期召开包括地区共青团和各高校共青团在内的情况研讨会、交流会、工作计划制订会和工作总结会，推动问题的解决和资源的合理分配，形成工

① 习近平：《在庆祝中国共产主义青年团成立 100 周年大会上的讲话》，载《人民日报》2022 年 5 月 11 日第 2 版。

作同规划、同部署和同落实的工作格局，地区团委则要负责具体的方案制定和落实，并及时向党委汇报工作进展。二是微观层面，加强高校党委对校内思想政治引领工作的领导。按照《关于加强和改进新形势下高校共青团思想政治工作的意见》的相关规划部署，高校党委每年至少要召开一次针对高校青年思想政治引领工作的专题研究会，在经费保障、人员配置、活动场所等方面给予校团委和相关组织、社团必要的支持，如清华大学共青团在党委的领导下，从每年的工作经费中预留了专项基层建设基金，支持院系团委和基层团支部根据自身情况有创造性地开展建设工作；高校团委要积极开展调查研究，听取高校青年的意见和建议，及时解决困难和问题；高校团委要建立完善的考核机制，对各院系党委书记抓青年思想政治引领工作的成效进行考评，积极推广各院系典型的改革创新措施。

2. 协同高校教育改革工作，在高校党委统一部署下加强团教协作

团教协作工作要求各地各级教育部门与共青团展开针对教育改革和高校共青团改革的合作，具体工作涉及沟通合作、信息交流、资源共享、阵地共建等。从其他省（区、市）高校共青团先进经验来看，笔者认为在团教协作中有三方面需要注意。第一，要在高校党委的统一领导下调配共青团和教学的资源。如北京大学历史学系与该校新成立的中华人民共和国史研究中心合作，由学院党委牵头、团委负责具体事务，举办了“党史国史系列讲座”，邀请了该校的名师泰斗就“中共早期革命”“边区群众运动”“革命与文学”等主题面向校内师生开展讲座，取得了良好的思想政治引领成效。第二，要构建完整的团教协作体系。如浙江大学团委以团课为抓手，打造了理论与实践相结合的团教协作体系，其一，由团委牵头组建了包含党政负责人、哲学社会科学教学名师和高水平思政教师、优秀专职团干部的师资组，并编写了教学大纲和课程教材；其二，分批次开展了新任团支书培训班、学生挂职团干部培训班、团学干部培训班；其三，组建了理想信念宣讲团，邀请团学工作中的先进典型到团支部中讲团课。浙江大学团委通过以上三个层次的工作构建了以团课为中心的团教协作体系。第三，要推进团教协作的创新不能局限于“教学”和课堂，还应有多种协作形式和内容。如南京大学团委与该校马克思主义哲学专业的青年教师协作，共同创作了 36 集网络

微剧《神会马克思》，取得了良好的宣传效果，创新了团教协作的形式和内容。

除以上三方面之外，笔者认为，团教协作还需要明确协作各方的职责和总体的监督落实方案，在具体的实施过程中，团委要提出具体的计划和流程规划，根据提前制定好的权责方案要求各部门积极配合；要积极搭建网络管理系统，并由高校团委来管理和运营该管理系统，明确协作部门的操作权限，提升管理效率。除此之外，各高校团委间要积极展开同类型、同层次高校共青团的交流合作，学习先进经验；要在改革措施实施前、中、后各阶段展开调查研究，听取同学们的意见和反馈，完善协作模式。

二、健全团的组织和领导机制

党建带团建制度是改革文件强调的重点。在落实和执行上，部分高校未严格执行“优化加强党建带团建机制”的具体要求；在团的组织架构和人员组成上，部分高校共青团未能严格落实改革相关要求，存在团委未单独设置、兼职挂职不足、编制不足、团干部兼职其他工作、团委内设机构不健全等问题；在民主选举和干部任用上，部分高校共青团依然存在不规范、不公开透明的情况。针对以上问题，笔者认为应有以下改革创新路径。

1. 在高校党委的领导下严格落实党建带团建相关要求

2016 年下发的《高校共青团改革实施方案》详细规定了“优化加强党建带团建机制”的相关要求，内容主要涉及以下六个方面：第一，将共青团工作作为考核检查高校（院系）党建工作的重要内容，占比不低于 10%；第二，高校党委须明确由一名党委副书记分管共青团工作，高校行政有一名副校长联系共青团工作；第三，高校党委每年至少召开 1 次专题会议研究团的工作；第四，高校团委书记为党员的，作为高校党委委员候选人提名人选；第五，完善高校团组织“受同级党组织领导、同时受团的上级组织领导”的双重领导体制，确定团组织主要负责人任免等事项的归属；第六，将“推优入党”纳入学校党员发展工作规划。2020 年下发的《深化学校共青团改革的若干措施》中再次强调要“提高党建带团建实效”，重点指出：一是要将团建工作纳入学校党建工作一并部署、同步考核；二是将团建经费纳入党建经费整体规划，保障校级团委工作经费；三是学校党组织不得随意撤销、合并团组织的相关机构，不得随意将其职能部门划归其他工作部门。因此，根据以上两份改革文件的具体规划，首先，相关高校共青团应在党委的统一领导部署下，严格落实要求，根据各项标准改革和调整工作，保证每一条措施的执行。其次，要加强思想建设，一方面是高校党委要从思想上重视党建带团建工作，围绕高校的根本育人任务，发挥领导核心作用，从顶层规划布局党建带团建工作，杜绝形式主义；另一方面是高校的党委和团委要树立协同共建意识，既要有领导高度重视，又要有全员主动参与，要在党建带团建工作中形成全面协调推进的格局。最后，要打造有效的组织领导、沟通协作和监督考核机制。各高校在具体工作中根据自身情况制定党建带团建工作的规章制度，提升工作的规范化，形成长效机制，同时要运用互联网、新媒体等工作载体，提升党建带团建的工作效率和影响力。

2. 根据改革要求因地制宜地健全团的组织和人员架构

关于高校共青团的组织架构和人员组成的改革方案，《高校共青团改革实施方案》在改革措施第 15 条“优化资源条件保障机制”和第 12 条“改革团干部配备考核管理制度”中有详细规定。关于组织架构，该方案明确规定：“支持团组织按照团章独立自主地开展工作，高校校级团委须单独设置，已经合并或归属其他部门的必须予以纠正，并合理界定区别于其他部门的工作职能。”[①] 领导职数、编制数根据学校规模和自身工作情况依照 2005 年发布的《关于进一步加强和改进高等学校共青团建设的意见》执行。关于干部配备，该方案指出要“打造专职、挂职、兼职相结合的高校共青团干部队伍”[②]，并对兼职和挂职副书记的比例、来源、是否占编制、是否对应行政级别、考核等作了明确说明。因此，根据相关要求，部分高校共青团需要因地制宜地做好改革工作。首先，从调查结果来看，湖南省部分高校共青团要解

① 共青团中央基层建设部编：《党的十八大以来共青团基层建设制度汇编（2012—2019）》，中国青年出版社，2020 年版，第 331 页。

② 共青团中央基层建设部编：《党的十八大以来共青团基层建设制度汇编（2012—2019）》，中国青年出版社，2020 年版，第 330 页。

决校级团委合署办公的问题，要根据团章明确团委的具体工作和权责划分，独立自主地开展工作。其次，部分职能部门不健全的高校共青团需要根据自身情况完善组织架构，一方面要健全基本工作部门，如办公室、组织部、宣传部等，另一方面根据共青团的三大工作内容，构建实践部、文艺部、双创中心、权益部、新媒体运营中心和青年研究中心等工作部门，完善团委的职能构建。最后，要根据改革文件要求，严格按照规定比例和选拔考核流程打造专职、挂职、兼职相结合的高校共青团干部队伍，着力解决缺编、专职团干部过多兼职等问题。

3. 加强民主建设，依规选举和任用干部

关于团的基层组织选举和团的各级代表大会的代表与委员会的产生过程，《中国共产主义青年团章程》在第二章“团的组织制度”中有明确要求，强调选举要体现选举人意志，投票方式为无记名投票，要广泛发扬民主；2017 年中青办下发的《中国共产主义青年团普通高等学校基层组织工作条例(试行)》(该条例不适用于高职院校)在“组织设置”一章中明确了高校团的代表大会定期召开制度，明确了团的基层委员会产生的过程、规模及任期等具体事项，再次强调了团代会中来自基层团支部、非团学干部的学生和青年教职工代表的比例不得低于 70%;《中国共产主义青年团基层组织选举规则》则对代表和委员会的产生、选举办法、报批手续、监督处理等事项有更进一步的详细规定。因此，高校共青团的民主选举是有系统的、详细的规章制度予以说明的。从对湖南省各高校共青团的调查结果来看，仍有少部分高校未能按照以上文件要求定期召开团代会、部分高校共青团的核心领导班子成员并未经选举产生，这些不规范、不公开透明的情况表明部分高校团组织在民主建设中未能严格执行相关要求。一方面，相关团组织需要在未来的工作中加强对共青团改革发展文件和精神的学习，根除团干部思想深处存在的官僚主义、形式主义思想，依团章和相关规定严格开展团的民主建设；另一方面，同级党委和上级团组织亦要加强对在团的建设上不合规、不合格的高校团组织的监督，制定严格的考核方案，消除程序不当、手续不全、未达标准的现象和问题。

第二节　创新新时代高校共青团工作的队伍建设

马克思主义青年观认为，由于青年相对缺乏社会阅历和经验，相对缺乏判断和辨别能力与保护自己的正当权益的能力，该群体需要得到社会的广泛关注，需要用科学的思想进行引导，帮助其树立正确的三观，组织和动员他们在为人民服务的过程中实现人生价值，这些工作需要由相关的工作者来实施，工作的成效取决于工作人员开展工作的情况。对于高校共青团，高素质的人才队伍承担着工作的组织和管理，是工作创新的基础力量。新时代高校共青团工作的人才队伍肩负着培育实现新时代历史使命的高校青年的职责，高校共青团的工作者需要围绕思想政治引领这一核心任务，展开对青年的服务工作，不断提升团的建设工作的质量，实现高校共青团工作的创新发展。因此，加强高校共青团工作的队伍建设尤为重要。

一、提高思想站位

思想政治建设是高校共青团干部队伍建设的重中之重。思想政治建设应包括两大方面内容：第一是树立和牢固理想信念，可进行党史国史、团史团情、国情社情的系统培训，在思想深处树立团干部的奉献和服务精神，消除官僚主义、形式主义等不良思想的影响；第二是要通过对工作的总结、梳理，对先进模范的推广宣传，使团干部充分认识到自己工作的重要性和价值所在，培养其对共青团工作高度的责任感，同时在朋辈、同事激励的环境下，提升工作的主动性和积极性。如北京大学团委高度重视团干部队伍的思想政治建设，制定出台《北京大学共青团干部培训方案》，改革了《北大共青团基层会议制度》，构建了一套完整的、有效的专职团干部培养体系。一方面，该校团委除每年开展两次全团系统理论学习，邀请专家、校领导等围绕解读马克思主义中国化最新成果、如何提升团干部的素养和工作能力等内容作报告，集体学习之外，还开展了“队伍建设月”主题教育活动，进一步巩固团干部队伍思想政治建设成果；另一方面，针对日常的团委基层例会，该校团委将其由每月两次改为一周一次，并增设了让参会人员分享交流工作经验的“青年大家谈”环节，给予团干部展示自己工作理念和成果、交流工作心得并相互学习激励的平台。湖南省各高校共青团可以从以上两方面加强团干部的思想政治建设工作，同时，相关高校共青团有必要“推行直接联系服务引领青年师生制度”、团干部给青年上团课等工作的实施方案和考核检查方法，在日常的思想教育之后严格地按照方案督促团干部工作，避免思想政治建设形式化、表面化。另外，要建立健全青年评议团干部的各项制度，不能大水漫灌式地向所有青年发放电子调查问卷而不考虑青年是否了解受调查团干部的工作和情况，应该有针对性地邀请团干部所联系的青年或支部成员进行单独座谈和问卷调查，要保护受访者的个人信息和谈话记录，让受访者能说真话、说实话，以此来提升团干部考核监督工作的实效。

二、树立服务理念

当代高校青年在学习和生活中有较高的自主性，价值观念和需求多元化，同时良好的教育条件和互联网的发展培养了高校青年独立思考、善于表达的能力，因此，如果高校共青团的工作不能做到有足够的说服力、不能提供高质量的服务，高校共青团干部不能做到以身作则，那么相关工作就不能吸引青年、引领青年。从实际情况出发，认识和掌握高校青年的新特征与新变化，树立服务理念并提升工作的主动性是高校共青团干部应坚持的思想方法。高校共青团开展服务青年工作的目的是方便高校青年的学习生活，促进青年全面成长，帮助青年更好融入社会、实现人生价值，因此，服务工作有别于组织、管理工作，需要高校共青团的工作人员真正树立服务意识，从高校青年的角度思考问题，为其提供实实在在的便利。近年来，助力大学生创新创业工作是各大高校共青团服务青年的重点工作之一。以该板块工作为例，笔者整理发现，其他省（区、市）部分高校共青团在树立服务意识、提升服务质量上有可资借鉴的做法。如为了更好地满足学生相关需求，支持学生创新创业，北京大学、上海交通大学等高校在教学管理制度等方面做出了改革创新，相关高校根据实际情况帮助有创新创业需求的学生转入对应专业学习，为其规划弹性学习年限，在教学政策允许的范围内接受这部分学生调整学业进程、申请保留学籍休学创业，从提升服务质量的角度简化其审批流程；厦门大学团委以服务为先，鼓励有需要的同学在校内实习创业，该校团委先后与77家企事业单位共建了共青团“青年就业创业见习基地”，并在校内建设了28家咖啡厅特色创业基地，校内咖啡厅完全交给经申请和选拔的学生团队自主经营和管理，让有创业实习需要的学生在校园内就能体验全仿真环境。除此之外，将调研青年的需要做在服务工作之前是必不可少的。调研可分为两大类别：一类是针对具体活动和工作的问卷调查或访谈，调研目的是服务具体工作事项筹备、提升青年获得感；另一类是针对高校青年开展的研究课题和项目，实现服务青年工作经验的理论化、系统化，在学理总结和规律探索的层面提升服务青年工作实效。因此，服务思想理念的树立重点在于提升高校共青团工作的主动性，团干部需要多做换位思考，保持与高校青年的密切联系，以此提升服务工作质量。

三、提升服务能力

服务能力提升的关键在于综合运用校内外的各种服务资源，补齐服务短板。丰富的资源是提升高校共青团服务青年工作的基础，在具体工作中，第一，高校共青团要积极运用上级党组织、团组织的政策和规划争取校外资源。如山东大学团委为了解决疫情期间大学生的就业求职问题，依托山东团省委、省人社厅推出的“青鸟计划”展开与济南、青岛和威海三地团(工)委的协作，征集了山东省内1000个优质实习岗位，为该校学生提供了山东省内的就业选择和机会；同时该校团委同学校就业指导中心合作，共同联系了1200余个暑期实习岗位，推出了“一假期一实习”计划和“助力就业·展望未来”暑期社会实践实习专项活动；在获取了优质资源的基础上，该校团委广泛地开展了针对基层团委、团支部的宣传工作，保证相关信息准确、快速地送达到需要的同学“眼前”和“耳边”，精准解决问题。第二，高校共青团要运用好校内资源。如武汉大学团委同该校在全国具有学科优势的马克思主义学院(全国重点马克思主义学院)协作，重点打造了“青马班”双学位培养制度，由团委组织选拔全校优秀学生进入“青马工程”，由马克思主义学院组建专业教师团队、编制教学大纲并授课，两年系统培训后，经考核合格者可以取得马克思主义相关专业本科学位；同时该校团委还同马克思主义学院在思政慕课和第二课堂等内容上展开协作，在重点发挥马克思主义学院的师资优势的同时提升了服务青年学术和精神需求工作的质量。客观来看，部分高校共青团在校内外资源的整合上存在一定困难，直接原因是自上而下的资源分配体系天然存在不平衡的情况，层次和级别较高的高校共青团或学校规模较大的共青团客观上更利于获取和调动资源，因此，解决高校共青团服务青年资源的问题需要上下联动，需要地区和高校的党组织统一协调，将服务青年相关需求作为一项重点工作推进；同时，高校团委应保持工作的主动性，及时根据相关的政策走向制定适合自身情况的工作方案或者主动调查，在调查的基础上向上级提案并编写解决方案供上级组织决策参考，以此推进上下联动，实现资源的协调配置。

服务能力提升要求做好对青年成长有益的长远工作的规划部署。当前的利益往往易于把握，成效易于突显，但影响可能不够深远；长远的利益较难把握，见效较慢，但往往影响深远。在高校共青团的实际工作中，往往存在只关注青年发展的当前利益或易产生成效的工作，而忽视青年的长远利益或需要大量投入的工作的现象，这样的思想认识导致了工作创新实效的削减。高校共青团应整合服务青年资源，将工作做实做好，充分关注投入周期较长、投入时间精力多但高校青年们实实在在需要的工作。在服务青年创新创业的工作中，厦门大学将创新创业活动作为第一课堂的延伸，成立了由全校相关职能部门（包括团委）共同参与的学生创新创业工作委员会，并设立了专项奖金“德贞社会课堂基金”“厦门凤凰花季大学生创业投资基金”等数亿元。为鼓励基础科学类的创新工作，该校还设立了“海洋创新科研基金”“凌峰计划”“天生我材创新基金”“育苗基金”等 10 余项院级专项经费。在创新创业师资队伍的建设上，该校组建包含多位专家、学者的评委库，聘用了 100 余名学生科技创新创业活动导师，引入了 KAB（know about business，了解企业）课程和培训体系，成立了含 43 名创业导师的导师团队，对有需要的学生进行日常专业培训；同时该校团委规划了创新创业课堂的必修课与选修课，鼓励和安排团干部教授必修课，经调查，受访的参训学生中，有93.55%[①]的学生认为课程的质量非常好或者比较好，团干部实打实地提升创新创业工作的质量得到了学生的肯定，学生们也收获了实实在在的益处。同济大学在创新创业工作中则重视构建“校—地—企—社”协同的工作模式，这一工作模式分为两大方面，校内层面以校领导牵头整合相关业务部门规划创新创业课程、制定规章制度和发展大纲、整合校内外实践资源为主，校外层面则主要是与政府合作建立大学生创业政策和服务特区、与企业合作共建创新创业空间、与社会组织合作开展创新创业项目和课题的调查与研究工作。目前，同济大学已经建成了1个校内创业谷和与5个与地方政府、企业合作建立的校外同创谷，打造了“1+5”的创新创业基地格局。高校青年的权益维护亦是团组织工作的重点，但是目前依托学生组织的权益部门同学校事务部门沟通协调的机制依然存在局限性，因此有研究者提出，高校共青团在学生维权工作中除了要实现从“立法者”或者“法官”向“中间人”角色的转变，还可以吸纳校内法学院学生或具有法律专业知识的学生为兼职团干部或志愿者，深入跟进和监督共青团的学生维权工作，在学生需要的时候，由这部分团干部向他们提供基础法律支持和基础法律咨询，同时由这部分团干部进行初步法律判断，对重要的维权问题做出预警[②]。因此，总体来看，高校共青团可以在服务青年的过程中重点整合资源，注重吸纳专业人才，提升专业能力，将工作做细做实，提升高校青年的获得感。

四、提升工作能力

工作能力是团干部履职的基础，部分团干部没有得到系统的培训，不研究青年问题，工作能力不强，在对学生会、学生社团、基层团支部建设的

① 洪海松，张晴，郭建群等：《三螺旋理论视角下高校共青团助推大学生创新创业工作的实证研究》，《高校共青团研究》2019年第4期。

② 徐喜春：《高校共青团维护学生权益法治实践困境及破解》，《广东青年职业学院学报》2019年第4期。

指导上还存在经验缺乏、方式欠佳的问题，笔者认为可以从如下四方面提升团干部队伍的工作能力。

1. 打造提升团干部工作能力的系统工程

高校共青团可以从以下两方面提升团干部的工作能力：一是通过系统的培训拓宽团干部视野，转变团干部的工作观念，树立创新、学习的工作思维。如北京航空航天大学团委正在设计推进包括辅导员在内的海外研修计划，计划建立北美、欧洲等地区的辅导员研修基地，推出世界一流高校辅导员见习计划、学生事务专题培训项目、相关专业博士生联合培养等，通过理论学习（专业博士培养）和实践锻炼（辅导员见习）相结合的系统培训方式，拓宽团干部视野，借鉴世界一流大学学生工作的长处，提升团干部的专业素养和创新精神。① 二是通过对团干部工作的系统总结，寻找科学的工作方法，提升团干部工作的实效。如上海交通大学学生工作指导委员会和团委的工作者总结了与青年谈心谈话的工作经验和科学方法②，其指出，首先从五大方面分清谈心谈话类型，即日常谈话针对全体学生、引导谈话针对重点关注的学生群体、疏导谈话针对心理和精神等方面存在压力的学生、提醒谈话针对思想和学业等方面有不好苗头与倾向的学生、教育谈话针对违规违纪学生；其次要把握谈心谈话的六大原则（问题导向原则、目标导向原则、经常交流原则、常态关心原则、正向激励原则、精准引导原则）；最后要把握谈心谈话的基本步骤，要做到谈话前准备、主题明确、节奏把握、过程整理、跟踪培养五步。与此同时，其认为，谈心谈话效果与团干部的专业能力和沟通交流技巧有密切的联系，高校团委可以从开展日常谈心谈话技巧和相关理论知识、政策文件的培训及为团干部攻读思想政治教育、心理学、管理学、教育学等专业的学位创造条件两方面来提升团干部的专业能力。此外，其认为，团干部自身需要了解青年关注的问题，对学生提出的尖

① 程波，马炳涛：《国际化视域下学生工作的挑战与应对——基于北京 10 所高校的调研》，《思想教育研究》2015 年第 7 期。

② 陈帅，叶定剑，张碧菱等：《构建高校辅导员谈心谈话长效机制探析》，《学校党建与思想教育》2020 年第 12 期。

锐话题要正面回答，把这些问题讲透、讲明白，如“入党是为了什么”“入党会带来什么好处”“为什么要去偏远地区就业”等，这一方面需要团干部有一定的沟通交流技巧，另一方面更需要团干部深入观察社会并将这些问题思考清楚，需要团干部自身有坚定的理想信念和正确的人生观、价值观，需要团干部在工作中坚持学习，在与青年的相处中以身作则、带头模范，在指导和帮助高校青年成长的同时实现自我成长和发展。综上，从开阔视野与转变思维、总结科学方法两个方面可以进一步提升团干部工作能力，相关高校共青团亦需要根据学校自身、学科的特点和优势，因地制宜地设计团干部能力提升计划，提高团干部队伍建设质量。

2. 加强针对高校青年的学术研究

加强对高校青年的研究有利于帮助团干部掌握青年工作的规律和基本方法。目前来看，具有较高学历背景的高校共青团干部队伍并未充分开展青年研究，团干部把握青年工作普遍规律和基本方法的能力仍需要提升。一方面，需要团干部学习科学的理论。如北京大学团委在工作中运用了美国社会心理学家纽科姆发现的“自己人效应”，即“自己人”说话更容易被接受，要求团干部在工作中寻找自己与青年学生相似的人生、学习、成长经历，要求团干部换位思考，成为高校青年的“自己人”。该校团委通过打造“全心权益”服务品牌，要求团干部在维护青年权益时实实在在地了解青年的所思所想，解决他们关心的问题。另一方面，需要团干部全方位地了解青年和共青团工作，发挥自身高学历的优势，从学理层面探讨和总结青年工作。武汉大学团委设立了青年研究中心，该中心既承接省级以上的研究课题，并在全校发布，组织校内各专业师生研究青年，又以学术研讨会的形式展开与中国社会科学院社会学研究所等机构的合作；除此之外，该中心综合各项研究成果，连续5年发布了《武汉大学大学生思想政治状况发展年度报告》，在详细调查的基础上编写了85期青年舆情分析报告，为共青团各项工作提供参考资料和依据；该中心还注重理论学习成果的整理，先后编写出版了《先锋》《琳琅盛市》《知行筑梦——武汉大学学生社会实践活动成果展示》《珞珈青年动态》《珞珈青年研究》等理论研究书籍。以上理论研究的产出汇集了武汉大学各专业师生、团干部的研究成果，研究者在专业研究中加深了对青年工作规律的把握，同时这些成果为其他团干部和学生干部的具体工作提供指导，提升了该校团组织工作的理论厚度，从理论研究和规律把握层面提高了团干部服务青年工作的能力，有利于该校团委工作在理论研究的指引下走在改革发展的前沿。

3. 提高对学生会和学生社团的指导能力

在构建“一心双环”团学组织格局上，部分高校共青团存在学生会和学生社团政治性不够突出，娱乐化、行政化倾向比较严重，学生社团发展缺乏老师指导、目标不明确，学生社团缺乏资金保障，活动质量较差等问题，这些问题反映出部分高校共青团的团干部对学生会和学生社团的指导能力欠缺，方法不够科学。笔者认为可以从两方面提升团干部的相关能力。

首先，要求相关团干部学习和理解共青团中央、教育部、全国学联下发的构建“一心双环”团学组织格局的文件，并因地制宜地提出本校的改革方案和意见，提高工作能力。就学生会的改革来看，2014 年出台了《关于加强和改进高校学生会研究生会建设的指导意见》，2017 年下发了《学联学生会组织改革方案》和《高校学生会组织章程制定办法》，2018 年发起了关于《学生会、研究生会干部自律公约》的倡议，各高校陆续推出了各自学生会的改革方案，重点关注学生会内部组织精简、内部领导和工作机制完善、监督考核体系的建立与完善、加强学生会与普通学生的联系、贯通学校与学生会的直接联系等方面。高校共青团的工作者在学生会改革中应进一步提升主动性，南京大学团委工作者就针对该校学生会改革提出了设想。在学生会组织架构和工作机制的改革中，该校学生会除了按照《学联学生会组织改革方案》中的“精简优化学生会组织机构”的人数和比例规定，实施学生会组织扁平化和精简规模的改革外，还探索学生会主席团实行轮值担任执行主席制度，完善集体领导；在部门的管理上，探索建设“大部制”，实行学生会骨干部门轮岗，在活动的筹办中实行“项目制”招募志愿者的形式，实现因事用人；在学生会的监督考核方面，工作者提出要建立健全奖惩机制，纵向建立学生会内部、团组织对学生会从上而下、学生对学生会自下而上的三重考核评价体系，横向建立群众评议、日常考核和定期述职的考核评价体系，将联系与服务同学频次、同学对具体工作的满意度、同学对是否解决诉求的满意度等量化指标纳入考核系统，并根据考核情况进行奖惩，对考核成绩优秀者给予提任和优先推荐，对考核不合格者利用警示与退出机制予以相应的惩戒，对违反校纪校规、触及法律道德底线的学生干部实行“一票否决”；在提升学生会群众性、代表性方面，研究者认为要建立健全学生常态化调研方案，要根据宿舍、学院等的分布设立“学生会”，可以实行学生会骨干定点宿舍制度，让同学们感到学生会就在身边，有问题能想到学生会、找到学生会，并且信得过学生会；在加强与学校直接联系、直接参与校园管理上，工作者谈到要不断畅通、完善学生会与校方领导直接对话的渠道和机制，力争建立校内重大决策事先与学生会或学生代表沟通、听取学生所思所想的机制；在维护学生权益上，学生会要及时掌握学生需要，反馈维权进度，同时亦要通过举办如“模拟提案大赛”“青年与人大代表、政协委员面对面”等活动，树立在校生的“主人翁”意识，实现校园民主管理水平的提高。①

其次，高校团的干部应注重对其他高校建设经验的借鉴和学习，在交流和思考中提升工作能力。就加强对学生社团的指导和管理来看，部分高校共青团正探索通过规范化建设提升学生社团管理水平，以中山大学团委指导研究生支教团建设为例②：一是校团委重视对研究生支教团工作的统筹协调。校团委负责同教务部、研究生院、学生处等部门协调支教学生的学籍、入学等问题，在研究生支教团支教期间对其远程指导和常态化督导，解决其后顾之忧和日常问题。二是校团委调配校内资源，提升对研究生支教团成员的培训质量。校团委组织研究生支教团成员学习校史省情、政策法规，同时开展了关于新媒体运营、筹资公关技能的培训。另外，为了达到更好的支教效果，校团委还组织研究生支教团成员到中山大学附属中学实习或提前进入支教地一对一助学项目的工作中，积累教学经验。三是研究生

① 蔡颖蔚，陈浩，曲直：《新形势下高校学生会组织深化改革路径研究》，《高校共青团研究》2020 年 Z1 期。

② 李浩，张晓红：《新时代高校研究生支教团的发展与社会治理价值——以中山大学为例》，《宁德师范学院学报（哲学社会科学版）》2019 年第 1 期。

支教团有一套完整规范的管理制度体系。在队伍的管理上，研究生支教团建立了分队工作和请假制度及例会制度，实现各分队的有序管理；在工作总结和记录上，建立了工作简报制度，各分队成员每两个月将记录的工作情况整理为一期简报，并呈送上级管理部门和学校领导，各分队亦以简报为基础交流工作；在日常工作中，研究生支教团建立了支教日历制度，通过微信和微博平台每日发布一张支教日历；研究生支教团还建立了系统储存和整理文件的工作云盘，分别建立了工作群与生活群，实现工作生活分开、工作生活两不误。以上三点经验涉及管理、资源和制度建设，其他高校共青团在指导学生社团建设时可借鉴和学习，并根据自身情况设定适合的管理方案，团干部可以考虑从打造经典品牌社团做起，推出一批优质学生社团，试点改革方案，摸索社团建设经验再逐步推广，实现通过榜样力量以点带面地提升高校学生社团建设水平的目的。

4. 提高对基层团支部建设的指导能力

基层团支部的建设中存在工作不透明、团员先进性不明显、团支部对部分普通青年的吸引力低等问题，这表明部分高校共青团干部对基层团支部建设的指导不够，能力不足，没有持续推进基层团支部的规范化建设。笔者认为应从两方面提升团干部的相关能力。

一方面，要通过调查研究工作加深团干部对基层团支部建设的认识，提升解决实际问题的能力。普遍来看，基层团支部工作存在两大困难，一是团支部工作相对缺乏具有专业理论知识的人员指导检查，团建工作自主性、盲目性较强，因此，在“推优入党”或“三会两制一课”等工作上存在不规范的现象；二是团支部的活动需要协调团员的时间，而由于学业压力、团员个人事务等情况，团支部在组织团建活动时可能存在一定的客观困难。针对第一个困难，可以加强针对团支部干部的理论学习和培训，院系可配备专人指导团支部建设工作，依据“推优入党”“三会两制一课”的时间节点制作工作时间表和流程规范手册，并及时根据时间表和手册检查团支部的工作。如南开大学的学生工作者提出应设立基层院系的党建辅导员一职，同年级辅导员，党、团支部书记，组织员等一同配合负责“推优入党”工作，指导党支部、团支部开展理论学习，党、团务专业知识的学习，以此保障“推优入党”工作的程序规范、公平公开。[①] 针对第二个困难，可以整合基层团建的各种资源，提升团建的效率，使团员在支部生活中有获得感。如南开大学生命科学学院团委设计了研究生团建“1+1”计划，即“一个研究生团支部+一位研究生导师，一个研究生团支部+一个研究生党支部，一个本院研究生团支部+一个外院研究生团支部”[②]。其中，“一个研究生团支部+一位研究生导师”要求尽量选择中共党员的研究生教师作为团支部导师，一方面通过教学和学术研究加强师生联系，促进导师与支部成员的了解，另一方面让导师发挥党员的模范引领作用，鼓励和引导团员树立远大理想信念，积极向党组织靠拢；“一个研究生团支部+一个研究生党支部”有利于党建与团建的有机衔接，党、团支部联合开展活动既方便协调同学们的时间，又可以提升活动水平和质量，让团员在实际活动中了解党支部的工作情况，同时亦让党员和团员互相了解，有利于促进推优入党工作将优秀的、理想信念坚定的同学选出来；“一个本院研究生团支部+一个外院研究生团支部”有利于校内团支部的互鉴共建，丰富支部活动的形式和内容，同时，不同专业、学科团支部的交流有利于拓宽研究生的视野，帮助其联谊交友，丰富课余生活，除此之外，跨学科交流有利于研究生激发科研创新、创新创业的思想，帮助其实现取长补短。

另一方面，团干部要因地制宜地创新对基层团支部的激励机制。部分基层团支部缺乏活力与缺乏合理有效的激励机制有关，团支部干部干多干少都一样、团员参不参与活动对自身不影响，因此，团建沦为形式，支部活力难以提升。针对这样的情况，需要高校团委、院系团组织设计一套符合自身情况的团支部建设考核方法，并根据考核结果进行奖励，对工作认真、支部建设成绩突出的团干部要给予荣誉，同时亦可将其与奖学金评比、研究生保送等事项挂钩，对成绩突出的团支部可以考虑适当增加奖学金和研究

---

① 李娜，刘维爽，刘瑞毅：《大学生党员发展质量保障制度完善与实践探索》，《高校学生工作研究》2021 年第 1 期。

② 李营，由佳：《新时代高校研究生团建工作的思考——以南开大学生命科学学院为例》，《高校共青团研究》2019 年第 3 期。

生保送名额，以提升团干部、团员的积极性。天津大学团委根据团支部工作情况建立了积分制度，要求各院系分团委结合自身学院实际，制定各项活动的积分实施方案。如在“青年大学习”活动中，该校化工学院团委以积分为导向，要求大一和大二的团总支将活动与团日活动结合，大三团总支将活动与专业知识结合，大四团总支将活动与就业工作结合，团总支考核各个团支部开展活动的情况并打分，通过多次活动分数的累计，达到标准的团支部成员即可申请学分，团总支还将推荐分数较高的支部参与学校的“五四红旗示范团支部”评选。通过这样的量化考核方案和激励措施，同学们可以从参与团支部的活动中收获获得感（获得学分和荣誉），团支部工作成效亦可通过分数来直观展现，这一机制既可以促进支部间的竞争，提升整体团建质量，又可以发挥先进团支部的模范作用，实现以点带面，激发基层团支部活力。在考核与激励机制的建立中需要高校团委和院系分团委结合自身特殊性来设计方案，高校团委、院系分团委要将权力下放，量化方案要经过学院各团支部的民主讨论，总结问题，反映诉求，同时可以通过小规模试点来发现考核方案的漏洞并及时修正。在考核与激励方案执行过程中要保证打分人员的公平公开，一是可以采取“打分团”的方式，通过增加人数、去掉最高最低分来防止作弊；二是要畅通申诉渠道，要有分数复审机制，对违规打分、作弊的工作人员要给予严厉处罚；三是要设计详细的、科学的评分标准，给予工作人员评分依据，给予基层团支部参考标准，要求打分人员详细写下评分理由，甚至可以要求团支部根据标准自主评分并记录理由，作为打分人员和复审者的参考。在对优秀团支部及其成员的奖励上，各高校共青团需要考虑自身的实际情况，结合学术、就业、学生工作、实习、奖学金等资源，经过学院上下的充分民主讨论，真正设计出能够调动学生积极性的方案。同时，方案实施前要重视宣传，讲清规则，组织咨询和监督委员会，及时解答工作过程中的问题，避免实施过程中出现不透明、不公正的现象。

第三节 创新新时代高校共青团工作的载体

马克思主义经典作家和中国共产党的主要领导人对共青团工作的论述指出，共青团工作要针对青年的特点来实施教育和培养，达到帮助其全面发展的目的。为实现良好的工作效果，高校共青团应根据青年的特点、需要根据时代发展的客观情况创新工作载体。高校共青团工作的载体是指在高校共青团工作中相关工作者用来承载和传导工作信息，并与工作对象或客体发生作用的物质实体或活动形式，因此，文化活动、实践活动、服务信息渠道和网络等均可作为创新新时代高校共青团工作的载体。实现载体建设和创新有利于提升高校共青团工作的效率和质量，有利于加强团组织与高校青年的联系，有利于提升高校青年的获得感。

一、构建服务青年信息渠道

畅通的服务青年信息渠道能提升高校共青团的工作效率，增加高校青年对高校共青团的好感。但是部分高校存在在校大学生获取信息和反馈问题的渠道单一，且普通学生的信息获取和反馈渠道并不通畅的问题，同时，在大学生权益维护工作中，由于部分高校共青团存在形式主义和官僚主义现象，导致权益信息收集和反馈机制失效。另外，一些职能部门不重视学生的提案，不能快速响应并反馈，维权进度不透明、相关问题得不到解决的现象依然存在。根据全国部分高校的经验，可以从以下两个方面畅通和扩展服务青年的信息渠道。

1. 构建信息常态化机制

维护高校青年的各种合法权益是高校共青团服务青年的重要工作，权益问题具有复杂性，涉及面广，因此，自上而下的信息收集机制和解决问题机制必然不能实现对复杂、广泛的权益问题的全覆盖，从全国部分高校的建设经验来看，实现校园民主管理、提升大学生的主动性可以较好地构建发现和解决权益问题的机制，提升该板块工作的实效。为探索学生常态化参与学校管理的机制，2016 年，上海交通大学团委指导该校学生代表大会常务委员会建立了学术科技委员会、后勤安全委员会、学生事务委员会三个专委会，三个专委会分设学生主任委员 1 名，并通过民主推选的方式从各院系选出热心学生事务和校园管理的学生担任委员。各专委会就各自主要工作在校园内展开常态化的调查和提案收集，一方面以学生代表的身份深入同学中间征集意见，另一方面根据收集的意见和提案同学校有关部门讨论、协商学生权益、校园管理制度、学校建设等问题。上海交通大学各职能部门亦积极配合，在校党委的统一部署下，各职能部门均设置了专职工作人员同各专委会联系与协商，并及时反馈问题解决的进度和情况，实现了学生参与校园民主管理常态化机制的有序建构，拓宽并畅通了服务青年信息获取和反馈渠道。南开大学亦有类似的学生参与民主治校模式，在学生代表大会闭会期间，30 名从学生代表大会中民主选出的学生代表将进入包括校务委员会在内的十个校级事务组织，实现学生代表对学校发展改革建言献策和广泛参与校务管理。十个校级事务委员会每月召开一次会议，学生代表可在会上与校领导和相关职能部门负责人直接沟通，这样的民主管理形式，既能让学生代表清楚校情校政，明了一项决策诞生的过程，又能让校领导和职能部门负责人直接了解学生的呼声和愿望，既实现了决策制定的科学化，又达到了民主监督的效果，提升了相关职能服务青年的主动性和解决学生关心的重要问题的效率。从以上两个案例可以看出，高校共青团可以在党委的统一领导下同其他校内事务部门协作，推动学生民主参与治校，实现校园的民主管理，并构建常态化机制，拓宽服务青年工作的信息获取和反馈渠道。

2. 实现校园信息全覆盖

高校共青团需要提高校园内信息渠道建设的主动性，利用好新媒体、调研等手段实现信息渠道在校园内的全覆盖。一是要利用好新媒体平台打造覆盖高校青年各种需求、及时反馈的信息渠道。如清华大学团委搭建了包含各种类型校园新媒体公众号的“新媒体矩阵”，“矩阵”内有“清华时事大讲堂”和“清华小五爷园”一类思想引领、传播主流价值的公众号，又有“清华研读间”和“清华大学小研在线”一类关注校园研究生科研生活，将清华故事推向社会大众的公众号，还有如“THU 探求纵坐标”（面向团干部传播团的工作理念）、“清华青年创业”、“基层研究会”（面向普通学生各种成长成才需要）及“艾生权”（关注学生学习和校园生活）等一类覆盖校园内不同人群不同需要的公众号，这一“新媒体矩阵”的构建有效实现了对在校大学生各种需要的全覆盖，同时形成了影响合力，给大学生的校园学习和生活带来了便利。二是要利用好调研的形式，主动走进高校青年的生活，了解相关需求。在学联学生会改革的大背景下，吉林大学学生会根据相关改革文件的要求和校团委的指导，牵头开展了针对全校学生的“青年大调研”，调研围绕高校青年的生活、学业、思想动态、个人素质等方面展开，综合了各个专业的学生干部，运用了不同学科的调查研究手段，在调查中充分突出大学生主体地位。该调研一方面实实在在地走进校内学生中，反映和总结了学生的各项需求，对高校青年的思想动态进行了全面了解，畅通了普通同学的需求反馈信息渠道；另一方面，学生干部和团干部在实际的调查工作中获取了一手资料，锻炼了自身服务学生的基本能力，有利于提升学生干部队伍作风建设，突显学生组织改革成效，有利于树立学生干部做实事、重实干的形象，发挥好学生会桥梁连接作用。

因此，相关高校共青团可以借鉴其他高校的经验，从以上两个方面拓宽和畅通青年的信息获取与反馈渠道，提升服务青年工作的主动性和效率，将相关改革要求落到实处。

二、加强校园文化活动建设

校园文化活动是校园生活的重要组成部分，好的文化活动能提升高校青年的校园生活质量。部分高校共青团在文化活动的开展中仍存在活动缺乏亲和力、说教氛围浓厚、不够务实的情况，同时，部分活动简单重复、缺乏新意、观念保守陈旧、形式单调，一定程度上影响了高校青年对思想政治引领活动的参与，影响了思想政治引领的实效。产生以上问题的原因是部分高校共青团的工作者缺乏创新精神和资源调动能力、工作观念陈旧、不了解青年需要等，因此，可以从以下两方面来完善文化活动的开展。

1. 创新活动形式

传统的工作观念将青年视为被动接受引领的对象，往往忽略青年的主动性和活动的互动性，相关工作者在工作中亦时常采用行政命令式的方法，较注重工作形式上的开展，不注重工作的实际成效。首先，提升思想政治引领活动成效最重要的就是转变工作观念。近年，各高校兴起了在入学前向新生推荐经典书目的活动，推荐的书目往往是较知名的文学经典，亦有帮助培养技能、训练思维和陶冶情操的书籍，总体来看，这些书籍对新生适应大学生活、提升个人素养有积极意义，但部分高校在学习和实践这一活动的过程中存在机械推荐书单、脱离学生具体生活、不考虑学生实际情况滥推书单的情况，学生对书目缺乏阅读兴趣，不能从中得到需要的知识和技能，思想政治引领活动的成效大打折扣。对此，有研究者介绍了加州大学洛杉矶分校的“同一本书”活动，其活动主题并不是大学生活，而是社会人生，该校每年为新生推荐一本书，这本书不是畅销书，也不是严肃的政治读本和深奥的哲学著作，而是关注不同的人生故事，特别是平民英雄故事的漫画或者小说。通过每年的“同一本书”，加州大学洛杉矶分校向新生传递出学校的核心价值观——尊重、责任、正直、服务、卓越，并引导学生对社会人生问题进行反思。① 由此可以看出，观念的转变能真正地提升思想政治引领工作的实效，核心要义是高校共青团的工作者要明白青年到底需要什么、青年到底该成长为什么样的人。其次，提升思想政治引领活动成效需要根据高校青年的需要创新活动形式。高校共青团应在活动前调查学生的思想动态，了解学生喜欢什么形式的活动、对相关活动有怎样的期待，然后根据调查情况，结合相关要求设计思想政治引领活动的主题和流程。如厦门大学团委在开展党史学习教育中就根据在校生的需要创新了学习方案，举办了以“重走长征路”为主题的红色定向越野活动，设置了模拟爬雪山、过草地等场景的 8 个党史知识学习点，参赛队伍在每个关卡的考验中模拟体验红军长征的困难境遇，领略红军坚韧不拔、勇往直前的可贵精神。同时，该

① 袁慧：《大学新生价值观教育的实践与思考——以 UCLA 新生“同一本书”活动为例》，《高校辅导员学刊》2016 年第 1 期。

校团委还采用了“四史”知识竞赛、制作“中共一大会址模型”和“南湖红船模型”等形式，丰富了党史学习教育的活动形式和内容，调动了同学们的参与积极性。

2. 整合校内校外活动资源

部分高校在思想政治引领工作中存在客观的局限性，即资源有限，能力不足。着力提升高校共青团思想政治引领活动成效需要社会、政府、高校的全方位发力，需要综合利用校内校外相关资源，形成“社会+高校”“地方+高校”“政府+高校”的合力，打造大思政格局。以同济大学的“同行计划”大学生暑期挂职锻炼活动为例，为进一步引导青年了解国情、社情、民情，培养家国情怀，同济大学自 2014 年起同中西部地区多个省(区、市)的党政机关和企事业单位达成“同行计划”合作协议，建立了“高校-地方政府-企业”三方统筹联动的运行机制。由地方政府牵头征集针对基层政府、企事业单位和产业园区的社会调研课题，并按照学科分类发送给学校；基层政府、企事业单位、产业园区根据实际情况提出包括人数、专业、学历等要求的岗位需求，由地方政府统一提供给学校；学校按照地方政府的需要组织选拔和答辩，派出优秀团队到当地进行实地调研和挂职锻炼；地方政府根据学生到当地调研、挂职和实习的情况，在考核的基础上将优秀学生纳入当地后备人才培养体系，为其今后在当地就业、创业提供优惠政策。① 至 2020 年，共有 1200 余名同济大学在校学生参加了“同行计划”，该计划覆盖 7 个省(区、市)，形成了良好的社会效应。从同济大学“同行计划”案例可以看出，一项好的思想政治引领活动需要充分调动社会资源，需要全社会的合力。对高校共青团而言，各高校共青团需要根据自身情况和高校所在地需要，因地制宜地提出项目计划，并在党委的领导下积极争取校内外各种思想政治引领理论和实践资源，实现打造思想政治引领工作的大思政格局。

三、完善团的实践活动

实践活动是高校共青团开展思想政治引领工作的重要载体，但总体来

① 刘扬，陈城，张绣宇：《高校实践育人协同体系的构建——以同济大学为例》，《高校辅导员学刊》2020 年第 1 期。

看，部分实践活动未能紧跟时代发展要求，不能有效满足青年实践需求，在具体工作中，相关工作者缺乏主动性，对开拓业务、推动创新缺乏积极性，同时，志愿活动的频率较低，志愿者队伍建设、服务宣传工作仍需加强。以上问题一定程度上削弱了大学生的参与积极性，因此，需要运用好各种志愿实践活动资源，并从以下两个方面改善相关活动。

1. 开展志愿实践活动

志愿实践活动作为高校共青团思想政治引领工作的重要板块，其开展的目的在于帮助青年了解国情、社情，树立为国奉献、为民服务的理想信念，因此，高校共青团开展的志愿实践活动需要围绕国家大政方针，运用好相关资源。从全国各高校共青团工作的经验来看，各高校组织的志愿实践活动在服务乡村振兴、区域协调发展、传承优秀传统文化等方面均有典型案例。在服务乡村振兴中，同济大学以该校优势学科城乡规划专业为依托，与浙江省台州市黄岩区政府合作建立了校地实践基地，打造了“同济·黄岩乡村振兴学院”，黄岩区政府给予政策和经费支持，同济大学专业团队为乡村规划提供智力支持，打造了服务乡村振兴的“理论-实践-人才培养”三位一体的实践平台，贡献了“同济智慧”和“黄岩样本”；厦门大学在服务乡村振兴、创新驱动发展、两岸学生交流等方面均有相关的志愿实践活动，持续推进研究生支教，延续和发展“山海情”，服务脱贫攻坚，实施“南强青年拔尖人才支持计划”，向科技前沿进军，举办海峡两岸大学生闽南文化研习夏令营等活动，推动两岸青年交流合作与共同创业；青岛理工大学团委设计了“义务编制村庄规划”实践课程，以村庄规划、绘制乡村为主题，融入墙绘、灯光秀、思政视频课与宣讲、漫画等内容，让学生在参与乡村规划的实际过程中，为乡村建设服务。因此，从以上案例可以看出，高校共青团在思想政治引领工作中要善于根据国家大政方针寻找和运用思政资源，引导学生关注国家发展、了解社会实际情况，真正让大学生在实践中有所思考、学有所用，达到帮助大学生树立远大理想的目标。

一方面，高校共青团可更多地开展服务现实热点的志愿实践活动，如组织高校青年服务本地区大型赛事、会议，组织青年参与应急救援、帮扶等。之前在新冠疫情背景下，全国各高校共青团开展了多种多样的志愿服务活动，尤其是各医学类高校和部分高校医学专业，积极组织医学生奔赴抗疫前线，产生了良好的社会影响，亦有部分高校共青团积极策划和筹办了服务医务人员及其家属子女的志愿实践活动。如武汉大学为医护人员举办了“抗疫樱花专场”，邀请全国各地的援鄂抗疫英雄共聚武汉大学赏樱，同时，为了给抗疫英雄带来更好的赏樱体验，该校团委组织了3000余名志愿者在校内服务，这场活动不仅表达了全校师生对抗疫英雄的敬意，也让全校师生在崇尚英雄、感恩英雄的氛围中上了一堂生动的“思政课”，有利于帮助青年树立正确的人生观、价值观，该活动被《新闻联播》多次报道；天津大学团委针对医护人员子女开展了“听听小天使的心里话”活动，让该校义务给医护人员子女辅导的志愿者在每次课程结束之后同孩子们说说心里话，了解他们的真实内心想法，以更好地陪伴孩子度过父母离家抗疫的时间。另一方面，高校共青团可以将时政热点同其他思想政治引领志愿实践活动资源相结合，实现创新。如山东大学团委积极推进党史学习教育，并将党史学习教育与该校“希望小屋”儿童关爱项目相结合，一是开展了“交一份特殊团费・助力希望小屋建设”活动，通过讲述希望小屋温情故事，在全校募集了4万余元爱心基金，二是策划实施了“希望小屋・山大担当”暑期社会实践专项活动，组织300余名在校学生对接200余间“希望小屋”，与贫困家庭儿童建立长期帮扶关系，为当地脱贫、发展、振兴做贡献。这一志愿实践活动与党史学习教育的结合，能让青年在实实在在服务他人的过程中真切感受党“全心全意为人民服务”的宗旨，实现了理论学习与实践相结合，有利于促进高校共青团思想政治引领做细、做实。

2. 做好志愿实践活动的宣传与推广

策划和组织是志愿实践活动的核心环节，同时，活动的宣传推广与总结反思对相关活动的开展有重要意义，好的宣传推广能扩大活动的影响力，提升舆论关注度，有利于高校团委获取更多的思想政治引领工作资源，实现工作的发展和创新，有利于提升志愿服务者的精神获得感、荣誉感，从而吸引和鼓励更多青年投身志愿服务，提升高校共青团思想政治引领工作实效。总体来看，志愿实践活动的宣传推广需要重视两个方面：一是整体活动成果的推广。如北京师范大学团委开展了“中华民族文化遗产传承与保护”

专题调研活动，在组织师生调研的同时，该校团委组织专人制作发布了8集系列纪录片《匠人心　民族魂》，详细介绍和推广活动中挖掘的“匠人事迹”，传承“工匠精神”。该校团委还在活动中实施了“影像支持计划”，鼓励实践团队利用短视频的方式记录调研过程，并挖掘其中有思想深度、教育意义和传播价值的内容，这样的宣传推广方式既提升了实践活动的质量，又方便活动成果的传播和展示，大大提高了活动的影响力。二是活动中典型人物的推介。在抗击新冠疫情的志愿服务中涌现出了大批先进大学生志愿工作者，武汉大学德语专业研究生王琇琨就是其中的代表，她在疫情初期与四名志愿者共同发起了武汉大学“与逆行者同行，为奉献者奉献”的志愿服务，召集武汉大学全国各地志愿者为医护人员子女提供以“课业辅导、心理引导、思想疏导”为主的线上帮扶和关爱，最终报名志愿者达3000人，为1500余位医护人员子女提供了为期四个月的志愿服务，王琇琨等同学的事迹得到了武汉大学共青团的重点关注和宣传，王琇琨同学亦被团中央推荐到2020年4月9日的联合国秘书长青年特使办公室青年代表网络研讨会发言，介绍了中国青年的抗疫经验，她和其他志愿者的战疫事迹随之登上微博热搜，产生了积极的社会影响，展现了中国青年积极向上、乐于奉献的风貌。因此，积极宣介和表彰志愿实践活动中的代表人物有利于弘扬先进事迹和精神，给社会传播正能量，能有效提升相关活动的影响力，实现思想政治引领工作实效的显著提升。

四、加强网上共青团建设

网上共青团建设是当前共青团改革的重点，但部分高校共青团在建设中存在网络新媒体平台互动性差、新意缺乏、不能很好地吸引青年、自说自话、不接地气、不能很好地满足青年各种需求等问题。关于新媒体平台推送的具体内容，缺乏对青年的各种需求的深入了解，对校园活动、文化艺术等满足青年全面成长成才、发展兴趣爱好、联谊交友等需求的内容和信息的推送不够；关于新媒体工作者队伍建设，部分高校共青团存在队伍不稳定、人才不足的问题，部分高校共青团缺少新媒体运营中心或者相似职权的部门负责具体管理，对新媒体工作者的培训也存在时长不足、体系不健全等问题。针对以上问题，有三项工作需相关高校共青团重点关注。

1. 构建新媒体工作管理机制，建设新媒体工作人才队伍

高校共青团新媒体工作管理体制建设应着重两方面，一是搭建相关管理部门和管理制度，二是培养和任用新媒体工作人才，打造稳定、高效、有思想的新媒体人才队伍。从管理部门和管理制度建设来看，清华大学成立了涵盖组织部、宣传部、学生部、教务处、团委、信息化工作办公室等部门成员的网络文化建设工作领导小组，并设立了网络文化建设办公室，统筹网络新媒体平台的人才队伍建设、日常管理考核、宣发内容指导等工作。在该办公室的统一指导下，校团委在新媒体管理上重点推进了三项任务：第一，针对校内新媒体建设上表现突出的院系或个人，每半个月邀请进行交流一次；第二，广泛邀请校内各个新媒体人举行新媒体沙龙，形成共促共进的新媒体建设氛围；第三，每月根据增粉比例、更新频率、内容质量等指标发布对院系学生组织新媒体工作的动态评价榜单，打造竞争环境。武汉大学团委指导成立了青年传媒集团，负责团委网站、新媒体平台的运营管理工作，同时团委还设置了“未来网络全媒体工作室”负责具体运营校内新媒体产品，先后出品了《珞珈山下响起青春回答》《越是艰险越向前》等作品，引起了校内校外青年的广泛关注。该校团委曾获评“全国共青团宣传思想文化工作先进单位”，校青年传媒集团曾获评“2020 年度全国十佳高校媒体”。从新媒体工作人才队伍建设来看，北京大学团委构建了一套多元化宣传人才培养机制，第一，依托该校的新闻与传播学院，通过专业知识培训，培养一批真正掌握新闻宣传规律、懂宣传、善宣传的骨干；第二，在团委内部强调理论学习，以挂职培训的形式安排部门骨干到理论研究室工作，打牢理论之基；第三，通过人才培养，建立一支能熟练使用新媒体、快速响应、善于撰稿的团队，实现新媒体思想政治引领工作实效的提升。浙江大学团委组建了一支 8600 余人的新媒体工作队伍，该团体囊括了校院两级宣传骨干和全校网络文明志愿者，该校团委针对成员的专业素养和能力，每学期举办一次“青媒计划”培训班，通过系统授课和培训，达到提升新媒体工作队伍建设水平的目的。除以上两点之外，全国其他高校共青团在探索和建立符合自身情况的新媒体工作管理制度和规范方面也形成了一系列制度文

件，湖南省部分高校团委亦有类似做法。因此，建设好包括管理机构、制度和管理运营人才队伍的管理机制，对提升新媒体思想政治引领工作成效有巨大作用。

2. 整合校内新媒体资源，形成体系化的新媒体平台

新媒体思想政治引领工作需要发挥规模效应，需要形成体系化的新媒体工作平台，以此达到宣传覆盖全体高校青年、涉及青年各种需要、引领青年无死角的目的。以中国传媒大学团委宣传部、学校广播台、团委网络语新媒体运营部和《传媒青年》杂志社共同构建的“大宣传”平台为例，该平台包含了团委官微和公众号、中国传媒大学广播台、团刊《传媒青年》，形成了“两微一台一刊”的新媒体思想政治引领工作体系。在工作机制上，该平台划分了两级工作机制，第一，在校团委宣传工作层面，全校 14 个团学组织的宣传工作和 1000 余名校级团学干部的思想政治引领工作直接由校团委宣传部统一指导协调；第二，针对全校共青团系统的宣传工作，该校团委建立了“校团委-分团委宣传工作群”，由校团委统一协调指导各分团委对校内外重大事件、相关通知和重大活动在分团委或全校新媒体资源上展开有步骤、协调统一的宣传工作。除了对已有官方新媒体资源的整合之外，部分高校共青团还整合了高校青年自建的新媒体资源，如清华大学团委邀请校内各大学生自建的新媒体公众号共同协作宣传，团委主动提供给各大公众号相关信息，要求在协同发声的同时开展多角度正面宣传，不要求“通稿”，而要求突显各自公众号特色，鼓励公众号进行深度报道。例如对该校特等奖学金评选活动的宣传报道，清华大学团委邀请了校内网红公众号“清华小五爷园”文字直播答辩过程、“清华研读间”发布获奖者学术成果介绍，引起校内校外广泛关注和阅读；同时该校团委鼓励各院系微信公众号挖掘获奖学生的学习成长历程，进行深度报道，既推广了优秀事迹，又形成了良好的朋辈激励效应，提升了思想政治引领的成效。从以上两所高校团委整合新媒体宣传资源的措施来看，实现对官方和非官方新媒体公众号、宣发平台的整合有利于提升网络思想政治引领工作的效率和亲和力，形成规模效应和思想政治引领合力，有利于推动高校共青团思想政治引领工作的创新发展。

3. 探索新媒体思想政治引领工作的正确方法，提高主动性

新媒体思想政治引领工作具有其自身的规律和方法，在公众号功能、文章内容等设计创作上需要各高校共青团进行探索和创新。首先，各高校共青团需要了解高校青年的需求，有针对性地设计新媒体的功能和推送个性化的内容。如借助公众号定期发放用户调查问卷，了解青年的思想动态和具体需求，或者根据后台数据测算、分析青年关注哪些问题和内容，并根据这些内容撰写公众号文章。针对公众号要提供哪些服务功能和满足哪些同学们具体的需要，南开大学团委的工作者在总结自身工作时指出，官方公众号应该进一步提升服务质量，可以嵌入学习资料推送、校巴查询、成绩查询等功能，还可以提供 PPT、简历模板数据库，满足高校青年的学习、生活、求职等各方面基本需求；工作者亦指出还要关注大学生的其他个性化需求，如表达个性、追求新潮等，其列举了南开大学策划设计的游戏小程序“我与南开弹恋爱”和“庆贺南开校庆头像生成器”等。① 其次，要总结新媒体公众号运营的具体方法。有研究者追踪研究了三年内 30 个高校院系共青团官方微信公众号的 13839 篇推送，其认为做好公众号平台的建设需要重视三个方面：一是注重内容原创性，明确推给谁和推送对象的需要，邀请有思想政治教育经验的师生共同参与公众号推送内容策划和设计，并运用展示技巧推送高质量文章；二是要提升公众号的互动性，对用户的留言和问题要及时回复，或设置关键词自动回复功能，同时可以组织线上、线下活动，如线上抽奖和线下沙龙等，实现运营者和受众的互动交流；三是要注重公众号文章的各种细节，标题最好设置为 15~20 字，适当运用拟人、比喻、夸张等修辞手法或设定否定词和特殊句式，正文字数控制在 2000~3000 字为宜，2~3 段文字中适当插入一张图片或者一段视频等，通过细节提升公众号文章的可读性，提升吸引力。② 因此，各高校共青团需要从了解青年需

① 郑雅文：《高校官方微信公众号发布行为及受众研究——以“南开大学团委”为例》，《新媒体研究》2019 年第 3 期。

② 刘洋，董卓宁：《高校辅导员微信公众号传播效果的影响因素研究》，《思想教育研究》2020 年第 11 期。

求、提升推送针对性，总结工作方法、提高推文质量两个方面来提升新媒体思想政治引领工作的主动性，从而更好地运用新媒体手段，达到更好的思想政治引领效果。

第四节　创新新时代高校共青团工作的方法

马克思主义青年观强调青年的主体地位，要求共青团在实际工作中重视青年的作用和力量，要运用正确的和青年乐于接受的方式方法来贴近青年、凝聚青年和引领青年。方法是人们认识和改造世界的过程中，为达到一定目的"所采取的活动方式、程序和手段的总和"[①]，新时代高校共青团工作创新的方法指高校共青团根据新时代的新形势不断实现工作创新所运用的活动方式、程序和手段。根据当前高校共青团工作中存在的问题和高校青年的新特征、新需求，笔者认为可以运用以下四种工作方法来实现工作创新。

一、构建分层分类引导新范式

在高校共青团工作中，分层分类一体化引导主要是指以青年学生成长和思想引领的客观规律为遵循，以思想引领和价值引领为抓手，根据高校共青团工作面对的不同类型学校、不同阶段学生和不同需求，开展个性化、多样化、定制化工作的方式。在实际工作中，该方法强调高校共青团工作应重视以下三个要点：一是构建及时有效的工作体系；二是注重引领方法；三是了解学生思想动态，关注重点群体。针对以上三点，北京大学团委的工作方式有可借鉴之处，在工作体系上，该校团委提出了"把握'时'、找准'式'、落于'实'、融入'势'"的"4S"工作体系，要求宣推信息 15 分钟直

① 侯坤、段冉主编：《思想政治教学原理》，电子科技大学出版社，2016 年版，第 126 页。

达、志愿集结一小时、活动报名一小时、自觉学习一小时等[①]；在引领方法上，北京大学团委根据“单面与双面宣传”实验和“接种预防效应”，提出要避免单向“灌输”，强调双面正向教育，开设了《北大青年时评》，着重回应青年关心的热点社情舆情，从理性和批判性的角度来引导青年的思想；在关注思想动态和重点群体上，该校团委实施“一人一策、一人一组”的个性化工作方案，首先定期摸排学生思想动态，其次对于少数思想脱离正轨、需要重点关注的青年，该校团委与学生家长配合，形成教育宣导的合力，重新将学生的注意力集中在学习上。

搭建多元的宣传和学习主体亦是分层分类一体化的要求。在宣传主体的搭建上，清华大学团委构建了“新媒体矩阵”，改变过去仅依靠行政组织和学生组织开展新媒体工作的模式，发动和鼓励校园内的师生开办和运营新媒体账号，将大批善于表达的学生意见领袖集中在党的旗帜之下而不是放任不管，同时，该校团委积极展开与学生自媒体的合作，给予其帮助和指导，由“复兴之路”工作室制作的《跟着大大走》之博鳌篇、巴基斯坦篇和万隆篇等均由该校学生运营的全国微信公众号五百强的“灼见”首发，引发广泛关注，中联部专门发函提出表扬[②]；在学习主体的搭建上，厦门大学团委打造了《资本论》研习社、习近平新时代中国特色社会主义思想青年研习社、囊萤之光研习社等马克思主义理论研究社团，重视发挥学生社团的作用，鼓励学生以团体的形式自主研析马克思主义经典文献，树立坚定的理想信念。

针对不同高校的具体情况，笔者认为，如高职高专院校以培养具有专业技能的人才为导向，在校学生对提升技能和实现对口就业的需求大，相关高校共青团应以此为导向，在思想政治教育的课堂上讲明白为什么专业技术人才需要了解和学习政治，在社会实践中要引导学生运用自己本专业

---

① 杨宝光：《北大团委：“4S”工作法跑出思政教育新路径》，载《中国青年报》2021 年 12 月 27 日第 1 版。

② 何雪冰，余潇潇，贾开：《互联网治理视野下高校宣传思想工作的“矩阵式”重构——以清华大学共青团为例》，《思想教育研究》2017 年第 1 期。

的技能服务他人，同时注重就业、实习的信息发布，重视引导学生到最需要产业技术人才的地方去，助力毕业生融入社会，实现价值。针对不同在校身份和不同活跃程度的大学生的具体情况，要设计全面的、体系化的思想政治引领培训机制，形成“学校—学院—年级—支部”的团员培训模式，既要有针对学生干部和少数积极分子的“团干部培训班”，又要有针对普通团员青年的“日常培训班”，各高校可以在目前网络青马班的基础上进一步扩大覆盖面，鼓励有意向的团员青年参与培训，同时还要设立奖励机制，如探索建立“青马工程”的双学位制度、“青马工程”课程成绩的保研认证等，提高有志于学习、掌握马克思主义基本原理的普通团员青年的参与积极性。针对提升校内基层团支部的思想政治引领能力，一方面要保证各支部严格按照“三会两制一课”和相关制度措施开展工作，规范“推优入党”工作，保证团支部工作的公开透明和团员青年对团支部工作的监督；另一方面，要推进班、团一体化，将团支部的思想政治引领融于班级的具体事务和活动中，加强对普通团员和青年群众的引导，要发扬团支部内和班级内的民主，提升同学们对班、团事务的参与积极性。

二、打造各类典型精品新样态

精品活动和精品项目（简称精品精项）的打造有利于提升高校共青团工作的实效性，扩大工作影响力。从当前高校共青团的改革趋势来看，精品精项的打造主要涉及两个方面：一是丰富精品精项的数量，给予高校青年足够多选择；二是进一步提升精品精项的质量，将内容做实做好，让高校青年有获得感。

从丰富精品精项的数量来看，各高校应结合自身特点和所在地资源，促进活动的多元化和差异化，充分涵盖提升思想素质和政治觉悟、发展文体特长、推动公益服务、促进实践实训、培养技能特长等方面的内容。如四川大学挖掘校内外与“江姐”相关的红色资源，打造了“江姐纪念馆”，并由团委策划开展“传承弘扬江姐精神，做新时代红色传人”主题教育活动，并通过创作《江姐颂》舞台剧、打造第二课堂江姐“金课”、建设“江姐班”等形式鼓励在校学生传承和弘扬江姐精神；西北农林科技大学团委开展了思政音乐会，通过赏析创作于党和国家不同发展时期的代表性音乐，让高校青年在欣赏和领略音乐之美的同时感悟“我的祖国”这一主题，让青年在潜移默化中接受思想政治引领；桂林学院(原广西师范大学漓江学院)以壮族文化资源为挖掘对象，设计了“壮族传统手工艺文创产品设计”精品课程，该课程以“工作室+市场交叉实时教学”的方式开展教学，让学生们在实操中体验民族传统文化，在提升文创产品设计综合能力的同时了解和传承民族传统文化。

从提升精品精项的质量来看，各高校应打造精品活动，将一个或多个具有代表性的活动做细做实，提升活动的影响力。以第二课堂的建设为例，全国部分高校在实践中形成了一批“金课”，据研究者调研，“天津大学、浙江大学、西南交通大学和河北工业大学等为代表的高校建设了一批活动目标清晰、组织实施有力、工作成效明显、示范作用突出的精品活动、优质项目、品牌课程。其中西南交通大学、南京工业大学、云南大学和潍坊护理职业学院等高校针对第二课堂精品课程建设，已经形成较为成熟的政策体系”①，这些“金课”大多来源于各高校共青团长期开展并创新的特色品牌项目，体系成熟、师资稳定、活动基础好，同时这些课程依托共青团的育人资源和工作载体，与第一课堂紧密联系，从实践、实训角度进行了有效补充。因此，利用精品精项打造法，既丰富活动数量，又提升活动品质，有利于丰富高校共青团思想引领的资源，有利于实现改革创新并提升工作实效。

三、推动线上线下工作新融合

互联网技术的发展给高校共青团工作创新既带来了挑战又带来了机遇，一方面，互联网时代的去主体化和去中心性增加着高校共青团网络思想引领工作开展的难度；另一方面，互联网传播的便捷性和移动端的普及度有利于高校共青团延展工作的覆盖面、扩大工作的影响力。因此，新的发展形势要求高校共青团运用线上线下融合法，全方位、立体化地创新高校

① 管虹，刘畅，王海英：《第二课堂“金课”建设标准与评价体系研究》，《高校共青团研究》2020 年 3 期。

共青团工作。

推动线上线下工作新融合要求高校共青团突破工作的空间限制。高校共青团需要通过网络平台构建线上工作的“辐射网”。首先，要构建高校共青团工作的新媒体矩阵，在技术上，高校共青团要加强与互联网技术公司、媒体单位和党政宣传部门等单位的合作，形成新媒体工作的共建共享，运用最新的新媒体技术提升工作的效率。其次，要构建从上到下，校、院、班三级联动的信息推送平台，加强共青团与高校其他职能部门的信息合作与共享，延展“辐射网”的有效覆盖面。最后，要确保消息推送的精准化，坚持分类、分层、分众的推送原则，根据高校青年的不同需求划分信息推送的种类，利用大数据技术等划分受众人群，将高校青年需要的信息及时、准确地推送到他们的移动端。

推动线上线下工作新融合要求高校共青团突破工作的时间限制。高校共青团需要抓住高校青年的“碎片化”时间，用当前青年喜闻乐见的互联网、新媒体方式提升引领青年的实效。短视频是当下高校青年普遍喜欢的新媒体传播形式，共青团中央结合这一形式，推出了“青年大学习”网上主题团课，受到了高校青年的喜欢。总体来看，“青年大学习”网上主题团课有三大优势，各高校共青团在开展打破时间限制、抓住青年的“碎片化”时间的工作中可以参考与借鉴。第一，网上主题团课的时间不长，一般在五分钟以内，大学生学习和观看团课的时间成本不高，可以利用课间、餐食、睡前等“碎片化”时间观看，观看时间自由，不挤占大学生的学习、科研时间；第二，网上主题团课的内容以习近平新时代中国特色社会主义思想和党史为主，为避免说教，制作者前往党史文化基地、博物馆、科创基地、工厂、企业等，结合历史、科创成果内容，将理论与生活实际相结合、将历史与当代社会相结合，提升了网上主题团课的生动性和教育意义，同时，制作者还在其中设计了问答题，增加了学习的趣味性；第三，网上主题团课邀请青年代表、青年网络领袖、英劳模范等青年关注度较高、能起到引领作用的个人来主持，起到了积极的吸引作用，增加了青年对网络主题团课的好感，同时，朋辈效应、榜样效应能更好地激励青年向上，视频的观点亦更容易被青年群体接受，因此，工作的成效得到了提高。

推动线上线下工作新融合要求高校共青团提升线下工作的质量。线下依然是高校青年接触共青团组织最多的场合，线下工作和活动的质量往往直接决定着高校青年对高校共青团工作的评价，因此，高校共青团有必要坚持线上线下平衡发展，从以下两个方面提升线下工作的质量。一方面，结合线上工作创新活动形式，如在线下活动开展之前，利用网络问卷的方式调查高校青年对活动的需求和期待，根据问卷调查的结果设计活动方案，在活动过程中可以运用直播、弹幕等形式增加活动的互动性，活动后亦可以线上调查参与者对活动的满意度和意见，及时总结。另一方面，高校共青团要灵活运用校内校外资源，提高线下工作的质量，当前，部分高校共青团积极开展团教协作，构建“第一课堂”和“第二课堂”相互补充和支撑的思政教育体系，在“第一课堂”之外，部分高校共青团结合当地的文化资源、党史资源等，结合乡村振兴等时政热点开展“第二课堂”实践活动，实现了理论与实践的结合，既丰富了课程内容，又提升了课程的实践性，从而使工作的质量得到了提高。

四、拓展众创众筹众评新通道

高校共青团改革要求加强教师、团干部与团员青年的直接联系，要求尊重高校青年的主体地位，激发高校青年的自主性和创造性，要求高校共青团建立“众创众筹众评”制度，从制度层面保证相关工作的开展。高校共青团的改革应从以下三方面拓展众创众筹众评新通道。

首先，主动了解高校青年的需求和痛点，通过“众创”来策划活动和完善工作。高校共青团可以在活动开展前展开“众创”，最直接的方式是由共青团召集团员代表、学生干部代表等不同身份的高校青年群体进行座谈会或活动设计会等，了解他们对工作和活动想法，了解其对高校共青团工作的评价，有针对性地改善工作和设计活动方案；另外，在活动开展前可以进行线上或线下的问卷调查，调查的内容可设计为工作满意度调查、青年需求调查、思想动态调查等，但调查题目不宜太多，问卷篇幅不宜太长，以此了解高校青年的意见和思想动态，调动青年参与“众创”的积极性。

其次，重视高校青年的意见、建议和诉求，通过“众筹”来筹划工作和活动。"众筹"应重视高校青年制度性的和日常性的意见反馈，一是要积极开展校领导见面会、校职能部门负责人见面会等活动，疏通高校青年直面校领导的信息反馈渠道，以此解决校园内青年普遍关心的问题；二是要重视校、院两级学生会及两级学生代表大会对高校青年的意见、建议和诉求的收集，同时，高校共青团要加强学生会与校内职能部门的联系，帮助高校青年解决生活和学习中的日常问题；三是要重视基层团支部工作中普通青年团员的参与和意见，提高团支部工作的透明度，倡导支部民主，在"三会两制一课""推优入党"等支部事务上，听取团员的意见，了解团员的体验，加强团员的监督。

最后，重视高校青年的实践体验和评价评议，通过"众评"实现对工作和活动的总结。在活动或相关工作开展后，高校共青团还应积极收集高校青年的参与感受和评价，从工作对象的视角来检视共青团工作。一方面，高校共青团可以利用自身的网络论坛平台和新媒体公众号，发布关于评价活动和工作的内容，利用技术手段关注和收集高校青年的评论和看法，对建设性的意见和评论要及时地总结采纳并回复评论者改进的方案与思路；另一方面，高校共青团还要广泛关注微博、微信、知乎、B 站等青年使用较多的网络平台，留意青年的热议和评论，重点关注本校的网络意见领袖的发帖与评论，了解高校青年群体的思想，并有针对性地回应热议话题，反思和整理自身的相关工作。

第五节　小　结

本章根据前文总结的问题和创新成效，依据改革文件精神和全国部分高校共青团的实践经验，整理了四大方面创新路径，现将本章内容总结如下。

新时代高校共青团工作创新需要加强和改善党对高校共青团的领导。党的领导是做好高校共青团工作的根本保证，新时代的工作创新一方面需要加强党的政治领导，要在地区、高校党委的领导下优化思想政治引领资源分配，促进工作平衡发展，形成地区内高校思想政治引领工作总体格局，各高校共青团要在党委的统一领导下加强团教协作，协同高校教育改革工作，延展思想政治引领工作覆盖面；另一方面，高校共青团要在高校党委的领导下严格落实相关文件要求，健全组织和工作机制，严格落实党建带团建相关要求，根据改革要求因地制宜地健全团的组织和人员架构，加强团组织的民主建设，依规选举和任用干部。

新时代高校共青团工作创新需要加强高校共青团工作队伍的建设。高校共青团要以思想政治建设为先，帮助团干部树立和牢固理想信念，培养团干部对共青团工作高度的责任感，树立服务理念；要提升团干部的服务能力，灵活运用校内校外的各种资源，注重高校共青团的长远发展和青年的长远利益，弥补服务短板；要提升团干部的工作能力，打造提升团干部工作能力的系统工程，加强团干部对青年的学术研究，提升团干部指导学生会改革、学生社团管理和基层团支部建设的工作能力。

新时代高校共青团工作创新需要加强高校共青团工作载体的建设。在服务青年的信息渠道建设上，要构建常态化机制，实现校园民主管理；要打造系统的信息渠道，实现校园信息对青年的全覆盖。在校园文化活动的建设上，要转变传统工作观念，持续推动活动形式创新，努力做实活动内容。在实践活动的建设上，要用好各种实践活动资源，丰富实践内容形式，要更多开展服务国家大政方针的志愿实践活动；要关注时政热点，有针对性地开展志愿实践活动；要做好志愿实践活动的宣传与推广。在网络平台的建设上，要调研高校青年各种需求，打造优质网络平台；要构建新媒体工作管理机制，建设新媒体工作人才队伍；要整合校内新媒体资源，形成体系化的新媒体平台；要探索新媒体思想政治引领工作的正确方法，提高主动性。

新时代高校共青团工作创新需要创新高校共青团工作的方法。高校共青团在工作中要构建分层分类引导新范式，针对不同类型学校、不同阶段学生和不同需求开展个性化、多样化、定制化的工作；要打造各类典型精品新样态，结合各地特色资源丰富精品精项的数量，同时，打磨精品精项的内容，打造具有示范和推广作用的精品精项；要推动线上线下工作新融合，利用互联网新媒体技术，打破高校共青团工作的空间与时间限制，线下工作和活动亦需提高质量，形成高校共青团线上线下工作的平衡发展；要拓展众创众筹众评新通道，激发高校青年的主动性和创造性，重视其需求、意见、建议和评价，运用高校青年的智慧筹划工作和活动并促进创新，根据高校青年的意见反思和总结工作，提升工作实效。

第八章

结　语

党的十八大以后，共青团进入了全面改革、创新发展的新时代，随着2015年党的群团工作会议召开，共青团的改革逐步深化，《共青团中央改革方案》《关于新形势下推进从严治团的规定》等文件先后下发；党的十九大以后，团的十八大学习贯彻习近平新时代中国特色社会主义思想，根据新时代的新变化、新任务修改了《中国共产主义青年团章程》。针对高校共青团工作的改革，《高校共青团改革实施方案》《关于加强和改进新形势下高校共青团思想政治工作的意见》《中国共产主义青年团普通高等学校基层组织工作条例(试行)》《深化学校共青团改革的若干措施》等文件先后出台，详细制定了高校共青团思想政治引领、服务青年和团的建设三方面的改革措施，为新时代高校共青团工作创新指明了方向。

本书以理论构建和理论梳理为先导。在理论构建方面，根据相关内容界定了高校共青团工作、新时代高校共青团工作创新等核心概念的内涵，划分了高校共青团工作的三大主要内容，概括了新时代高校共青团工作创新的特点与意义。在理论梳理方面，通过对马克思主义经典作家和中国共产党主要领导人关于青年和共青团工作的重要思想的整理，总结了马克思主义青年观。马克思主义青年观重视青年的社会地位和力量，强调关注青年的健康成长，强调共产党要用共产主义道德引导青年，要积极组织青年，帮助青年在为人民服务的过程中实现人生价值，因此，马克思主义青年观指出了高校共青团工作的必要性、目标和原则，指明了思想政治引领、服务青年、团的建设是高校共青团工作的基本任务和主要内容。

本书紧扣新时代高校共青团工作创新的时代境遇。党的十八大以来，以习近平同志为核心的党中央统筹推进“五位一体”总体布局、协调推进“四个全面”战略布局，我国社会实现了大变革、大发展，社会主要矛盾发生了历史性变化，我国在世界百年未有之大变局中日益走近世界舞台的中央。在党的十九大上，习近平总书记明确提出“中国特色社会主义进入了新时代”，马克思主义中国化的最新理论成果——习近平新时代中国特色社会主义思想提出，党制定了实现“两个一百年”奋斗目标的详细时间表，中国特色社会主义取得了历史性的成就。新境遇和新思想赋予了高校共青团工作新的历史使命，同时，互联网去中心化、新时代高校“双一流”建设和高校青年呈现出新特征与新需求对高校共青团工作提出了新挑战，党中央和团中央根据新境遇和新思想提出了高校共青团工作的新要求和新任务。在共青团大改革的时代背景下，新时代高校共青团工作要鼓励高校青年为实现中华民族伟大复兴的中国梦和“两个一百年”奋斗目标而奋斗，要加强和创新思想政治引领工作，要以促进青年全面发展为核心推进服务青年工作创新，要坚持全面从严治团推进团的建设工作质量提升，要提高思想政治引领实效和维护与保障青年权益的能力，要加强团干部队伍作风建设，要提升基层团组织活力。

本书以实证研究和分析为基础。本书坚持问题导向，针对研究主题调查了湖南省 30 所高校 5 万余名师生，收集了湖南省部分高校共青团 2012 年以后的工作报告，形成了呈现高校共青团工作现状的客观材料体系。本书在客观材料的基础上总结了高校共青团工作创新的成果和现存的问题，并依据各高校共青团先进经验和案例、根据改革文件的具体要求探讨了未来高校共青团工作创新的建议和对策。关于思想政治引领工作，调查结果显示，受访者认为湖南省各高校共青团的思想政治引领工作总体成效向好但是不平衡现象突出，部分思想政治引领的活动形式得到创新但是亲和力仍然缺乏，实践活动广泛开展但是项目过于单一化且活动形式和内容因循守旧，新媒体方便了青年但是仍不能满足需求，针对这些情况，湖南省部分高校共青团在关注社会热点时事、树立青年理想信念、弘扬主旋律和正能量、培育新时代新青年四个领域有创新措施。关于服务青年工作，调查结果显示，部分受访者认为湖南省各高校共青团的服务青年工作仍存在形式化和表面化的现象，维权机制的构建中，高校青年的信息获取与反馈渠道单一低效，不同身份的在校学生获取信息的能力有明显差别，同时，部分高校团委的服务青年能力有限，针对以上问题，湖南省部分高校共青团在关心青年利益、引领青年成才、关爱青年健康和服务青年成长四个工作领域有创新措施。关于团的建设工作，调查结果显示，部分受访者认为湖南省各高校共青团的建设工作相较以前有一定进步，但在组织建设、学生会和社团指导工作、基层支部规范化建设、团干部队伍建设等方面面临问题。针对以上问题，部分高校共青团在团的组织建设、阵地建设和队伍建设中有具体创新措施。

本书根据整理的问题和创新的现状提出了工作创新精准化路径。在加强和改善党对高校共青团的领导上，一方面需要加强党的政治领导，要在地区、高校党委的领导下促进工作平衡发展，形成地区内高校思想政治引领工作总体格局；另一方面，高校共青团要在高校党委的领导下严格落实相关文件要求，健全组织和工作机制，严格落实党建带团建相关要求。在加强高校共青团工作队伍的建设上，高校共青团要以思想政治建设为先，帮助团干部树立和牢固理想信念，培养团干部对共青团工作高度的责任感和服务意识，提升团干部的服务能力和工作能力。在加强高校共青团工作载体的建设上，高校共青团要构建服务青年畅通的信息渠道，实现校园民主管理，实现校园信息对青年的全覆盖，要促进校园文化活动创新，推动活动“供给侧改革”，要运用好各种实践活动资源，更多开展服务国家大政方针的志愿实践活动，并做好志愿实践活动的宣传与推广，要建立满足高校青年各种需要的网络平台，构建新媒体工作管理机制，建设新媒体工作人才队伍。在创新方法上，高校共青团要创新工作的方式方法，构建分层分类引导新范式、打造各类典型精品新样态、推动线上线下工作新融合、拓展众创众筹众评新通道。

各高校共青团工作创新的实际情况反映了整个高校共青团系统在改革工作中现实存在的问题，总体来看有以下三点：一是部分高校共青团并未严格贯彻执行改革文件的具体要求，存在改革落实不到位、打折扣的现象；二是个别高校共青团工作中依然存在形式主义、官僚主义作风，不了解青年、不主动接触青年、不调查研究、不系统研究有关青年的各项课题；三是不同层次高校的共青团工作差别较明显，工作资源分配不平衡，部分高校共青团缺乏资金、人员、编制等，基础业务能力较差。以上三点问题并不是新时代的新问题，而是高校共青团工作中长久存在的，在共青团全面深化改革的背景下，以上三点问题又表现为多种形态的新问题，削弱着高校共青团改革创新的成效。因此，要想彻底解决以上三点问题，除了如本书所述，对症下药地解决高校共青团工作中存在的具体问题，更重要的是需要形成全社会推动高校共青团工作改革创新的合力，一方面，要坚持党的领导，始终以习近平新时代中国特色社会主义思想为高校共青团工作的指导，持续推进高校共青团改革的顶层设计，坚持高校共青团去机关化、行政化、贵族化和娱乐化，增强政治性、先进性和群众性，保证高校共青团和高校青年的紧密联系，真正将共青团建设成为青年群众的组织，而非行政性的组织；另一方面，高校共青团创新改革工作需要得到全社会的关注和支持，需要深刻变革社会中依然存在的“官本位”、唯上不唯实、一切从利益出发的糟粕思想，激发高校青年主动监督、配合、参与高校共青团工作的积极性，深刻改变依然存在在部分团干部内心深处的官僚主义思想，同时要让更多有理想、有抱负、综合素质高的优秀青年进入高校团干部队伍，并为其提供公平的、畅通的发展机制，帮助其展现自己的才能。

习近平总书记指出：“青年兴则国家兴，青年强则国家强。青年一代有理想、有本领、有担当，国家就有前途，民族就有希望。中国梦是历史的、现实的，也是未来的；是我们这一代的，更是青年一代的。中华民族伟大复兴的中国梦终将在一代代青年的接力奋斗中变为现实。全党要关心和爱护青年，为他们实现人生出彩搭建舞台。广大青年要坚定理想信念，志存高远，脚踏实地，勇做时代的弄潮儿，在实现中国梦的生动实践中放飞青春梦想，在为人民利益的不懈奋斗中书写人生华章！”[①]高校是青年树立人生理想、锻造品质的重要站点，也是当代和未来大部分青年走进社会前的最后一站，因此，高校共青团改革创新工作对青年的人生和发展有重要的影响作用，需要得到全社会的广泛关注与支持。关于新时代高校共青团工作创新这一系统性的研究主题仍有许多方面值得深入探讨，且时代的发展和世情、国情、社情的变化必然为高校共青团工作创新提出新要求和新任务，本书亦只能在笔者能力范围之内窥探其一二，相关研究内容仍需学术界持续关注和挖掘探索。

① 习近平：《决胜全面建成小康社会　夺取新时代中国特色社会主义伟大胜利——在中国共产党第十九次全国代表大会上的报告》，人民出版社，2017 年版，第 70 页。

附　录

高校共青团工作调查问卷(教师卷)

尊敬的老师：

您好！为全面了解高校共青团工作开展情况，请您抽空填写该调查问卷，该问卷的调查结果主要用于开展研究工作，不涉及工作评价等，请您如实填写每个选项，感谢您的积极参与。

1. 您所在高校的办学层次是(　　)

A. 高职专科院校　　B. 独立学院　　C. 普通二本院校

D. 普通一本院校　　E. “211”大学　　F. “985”大学

2. 您所在高校团委的设置情况如何？(　　)

A. 独立设置　　B. 合署办公

3. 您所在高校团委的行政级别是(　　)

A. 正处级　　B. 副处级　　C. 正科级

D. 副科级　　E. 无

4. 您所在高校团委的编制职数情况：

学校核定编制数______人，实际在岗______人，缺编______人。

5. 您所在高校团委的人员构成情况如何？(可多选)(　　)

A. 全部为专职团干部　　B. 有部分教师兼职团干部
C. 有部分学生兼职团干部

6. 您所在高校团委班子的配备情况如何?(可多选)(　　)
A. 全部为专职团干部　　B. 有部分教师兼职副书记
C. 有部分学生兼职副书记

7. 您所在高校二级学院(系)团委的设置情况如何?(　　)
A. 独立设置　　B. 合署办公

8. 您所在高校二级学院(系)团委的行政级别如何?(　　)
A. 正科级　　B. 副科级　　C. 无

9. 您在学校的身份是(　　)
A. 校团委书记　　B. 校团委副书记
C. 二级学院(系)团委书记　　D. 专职团干部
E. 兼职团干部

10. 您的性别是(　　)
A. 男　　B. 女

11. 您的年龄是(　　)
A. 35 岁以下　　B. 35~45 岁　　C. 45 岁以上

12. 您的学历是(　　)
A. 专科　　B. 本科　　C. 硕士研究生
D. 博士研究生

13. 您的职称是(　　)
A. 初级　　B. 中级　　C. 副高
D. 高级

14. 您所学的专业是(　　)
A. 理工类　　B. 文史哲类　　C. 经管类
D. 艺术类　　E. 法学类　　F. 教育类
G. 农学类　　H. 医学类　　I. 军事类
J. 体育类

15. 您在担任团干部之前是否有过从事共青团工作的经历?(　　)

A. 是　　B. 否

16. 您是否还兼任了其他工作职务？(　　)

A. 是　　B. 否

17. 近五年来您参加团组织举办的各类培训的情况如何？(　　)

A. 0 次　　B. 1~3 次　　C. 3 次以上

18. 近五年来您主持或参与青年工作研究的相关课题的情况如何？(　　)

A. 0 次　　B. 1~3 项　　C. 3 项以上

19. 您每年参加学校团组织开展的各项活动的情况如何？(　　)

A. 0 次　　B. 1~3 次　　C. 4~10 次

D. 10 次以上

20. 您每年深入学生班级或学生宿舍的情况如何？(　　)

A. 0 次　　B. 1~3 次　　C. 4~10 次

D. 10 次以上

21. 您每年与普通学生谈心谈话的情况如何？(　　)

A. 0 次　　B. 1~3 次　　C. 4~10 次

D. 10 次以上

22. 您每年给学生上团课的情况如何？(　　)

A. 0 次　　B. 1~3 次　　C. 4~10 次

D. 10 次以上

23. 您所在高校团委书记是否通过团代会选举产生？(　　)

A. 是　　B. 否

24. 您所在高校团委书记是否列席学校党委会？(　　)

A. 是　　B. 否

25. 您所在高校团委的内设机构如何？(　　)

A. 没有科室　　B. 有 1~3 个科室　　C. 3 个以上科室

26. 您所在高校团委的内设机构主要有哪些？(多选)(　　)

A. 办公室　　B. 组织部　　C. 宣传部

D. 实践部　　E. 双创中心　　F. 文艺部

G. 其他

27. 您所在高校有哪些学生机构？(　　)(多选)

A. 学生会　　　　B. 学生社团联合会　C. 大学生艺术团

D. 其他

28. 您所在高校是否定期召开团代会和学代会？(　　)

A. 是　　　　B. 否

29. 您所在高校班级团支书是否兼任班长或副班长？(　　)

A. 是　　　　B. 否

30. 您所在高校共青团工作是否纳入学校党建工作考核评估？(　　)

A. 是　　　　B. 否

高校共青团工作调查问卷(学生卷)

亲爱的同学:

你好!为全面了解高校共青团工作开展情况,请你抽空填写该调查问卷,该问卷的调查结果主要用于开展工作研究,不涉及工作评价等,请你如实填写每个选项,感谢你的积极参与。

一、基本情况

1. 你的性别是(　　)

A. 男　　B. 女

2. 你在学校的年级是(　　)

A. 大一　　B. 大二　　C. 大三

D. 大四　　E. 研究生

3. 你所学的专业是(　　)

A. 理工类　　B. 文史哲类　　C. 经管类

D. 艺术类　　E. 法学类　　F. 教育类

G. 农学类　　H. 医学类　　I. 体育类

4. 你在学校的身份是(　　)

A. 普通学生　　B. 班干部　　C. 学生会干部

D. 社团干部

5. 你的政治面貌是(　　)

A. 中共党员(含预备党员)　　B. 共青团员

C. 群众　　D. 其他

6. 你所在学校的办学层次(　　)

A. 高职专科院校　　B. 独立学院　　C. 普通二本院校

D. 普通一本院校　　E. "211"大学　　F. "985"大学

7. 你对学校共青团组织了解吗?(单选)(　　)

A. 非常清楚

B. 比较清楚但不清楚各部门的具体职能

C. 不太清楚，知道一点

D. 完全不清楚

8. 你认为学校共青团组织是什么样的组织？（多选）（　　）

A. 政治性组织　　B. 服务性组织　　C. 管理性组织

D. 群众性组织　　E. 不太了解，说不清楚

9. 你认为班级团支部与班委会应该合并吗？（单选）（　　）

A. 应该，作用差不多　　B. 不应该，功能不一样

C. 不清楚，不了解他们之间的关系

10. 你认为学生会或社团与共青团组织是什么关系？（单选）（　　）

A. 学生会或社团要接受共青团组织的指导

B. 学生会要接受共青团组织的指导，社团不需要

C. 社团要接受共青团组织的指导，学生会不需要

D. 学生会活动或社团活动与共青团组织没有关系

在 11~18 题中，如果你是团员，请回答 11~15 题；如果你是非团员，请回答 16~18 题。

11. 你加入学校团组织是否具有荣誉感？（单选）（　　）

A. 很强　　B. 一般　　C. 没有

D. 不清楚

12. 哪些因素对你加入团组织产生了影响？（多选）（　　）

A. 加入团组织有归属感

B. 加入团组织有荣誉感

C. 加入团组织有利于个人发展

D. 加入团组织能参加更多的活动

E. 加入团组织能更好地表达自己的意见

F. 加入团组织可以获得更多的帮助

G. 其他

13. 你知道团组织中的“三会二制一课”是什么吗？（单选）（　　）

A. 十分了解　　B. 比较了解　　C. 有点了解

D. 完全不了解

14. 你所在学校团组织是否按照规定时间举行“三会两制一课”？（单选）（　　）

A. 是　　B. 否

15. 你参加主题团日活动的频次怎么样（单选）（　　）

A. 每次都参加　　B. 经常参加　　C. 偶尔参加

D. 从不参加

16. 你认为团组织的号召力和凝聚力如何？（单选）（　　）

A. 非常强　　B. 比较强　　C. 一般

D. 没有

17. 你觉得身边的共青团员是否具有明显先进性？（单选）（　　）

A. 有，团员一般对自己要求更严格

B. 无明显不同，大家都差不多

C. 没有，部分团员不如普通同学

18. 你加入团组织的意愿如何？（单选）（　　）

A. 非常迫切　　B. 比较迫切　　C. 一般

D. 不太想　　E. 完全没有

19. 你对共青团组织“推优入党”了解吗？（单选）（　　）

A. 十分了解　　B. 听说过　　C. 不了解

20. 你对“推优入党”工作的总体评价是什么？（单选）（　　）

A. 非常认真，能够做到公开公平公正

B. 比较认真，但程序不规范，透明度有待提升

C. 只是走过场，存在人情关系因素

D. 其他

21. 你对学校共青团干部思想、能力、作风的总体评价是什么？（单选）（　　）

A. 非常不满意　　B. 不满意　　C. 一般

D. 满意　　E. 非常满意

22. 你对接触过的学校共青团干部总体印象是什么？（多选）（　　）

A. 与人为善　　B. 学习刻苦　　C. 认真热情

D. 纪律性强　　E. 政治思想素养好　　F. 维护同学利益

G. 积极乐观　　H. 跟普通同学一样　　I. 爱摆架子

J. 缺乏责任心　　K. 冷漠

23. 你觉得学校共青团工作存在的不足主要体现在哪些方面？（多选）（　　）

A. 活动内容和形式不够丰富多样化

B. 号召力、凝聚力、吸引力不够

C. 思想政治性不强

D. 学生干部组织机构臃肿

E. 学生干部不负责任

F. “官僚化”严重

G. 缺乏必要的考核

H. 组织散漫

I. 工作效率低

G. 其他

24. 你认为学校共青团组织应该满足你哪些方面的需求？（多选）（　　）

A. 政治引领　　B. 道德提高　　C. 学习就业

D. 生活服务　　E. 休闲娱乐　　F. 社会实践

G. 创新创业　　H. 权益维护　　I. 其他

25. 你对学生会或社团学生干部的思想、能力、作风的总体评价是什么？（单选）（　　）

A. 非常不满意　　B. 不满意　　C. 一般

D. 满意　　E. 非常满意　　F. 不太清楚

26. 你认为学生会或社团学生干部中存在的较大的问题有哪些？（多选）（　　）

A. 服务意识差　　　　　　　　　B. 工作表面化、形式化

C. 觉得自己很优秀，高人一等　　D. 拉帮结派

E. 为自己和他人谋一些私利　　　F. 在老师与同学面前完全是两样

G. 无责任心　　　　　　　　　　H. 其他

27. 你觉得学生会工作存在的主要问题是什么？（多选）（　　）

A. 缺乏有效指导，政治性不够突出

B. 活动形式俗套，娱乐化倾向严重

C. 学生干部选举随意，缺乏群众代表性

D. 服务意识不强，行政化色彩明显

E. 其他

28. 你在学校有没有参加学生社团？（单选）（　　）

A. 参加了 1 个　　　B. 参加了 2 个及以上　C. 没有参加

29. 你认为学校应该加大哪一类型学生社团的发展力度？（多选）（　　）

A. 文体娱乐类　　　B. 志愿服务类　　　C. 思想政治类

D. 学术研究类　　　E. 创业创新类　　　F. 社会实践类

G. 其他

30. 你觉得社团发展存在的主要问题是什么？（多选）（　　）

A. 缺乏老师指导，社团发展目标不明确

B. 管理制度缺乏，组织建设薄弱

C. 缺乏资金保障，活动质量较差

D. 活动开展乏力，社团成员参与度低

F. 民主参与度不够，多数社团成员的意愿被忽视

G. 其他

31. 你获得共青团组织活动信息的主要渠道是什么？（单选）（　　）

A. 辅导员或团干部通知　　　　　B. 校园宣传

C. 同学转达　　　　　　　　　　D. 其他

32. 你参加共青团组织举办的活动是否会有收获？（单选）（　　）

A. 非常有收获　　　　　　　　　B. 一般会有收获

C. 视活动而定　　D. 完全没有收获

33. 你参加共青团组织举办的活动有哪些方面的收获？（多选）（　　）

A. 结识了更多朋友　　B. 沟通能力得到提升

C. 文化素养得到提高　　D. 思想道德素养得到提高

E. 休闲娱乐更加丰富　　F. 实践能力得到提升

G. 其他

34. 你对学校共青团组织所举办的活动的总体评价是什么？（单选）（　　）

A. 非常满意　　B. 满意　　C. 不满意

D. 非常不满意　　E. 不清楚

35. 你认为学校共青团组织在哪些活动的开展上需要加大力度？（多选）（　　）

A. 课外学术科技活动　　B. 社会实践活动

C. 青年志愿者活动　　D. 文化体育艺术活动

E. 思想政治教育活动　　F. 职业生涯规划活动

G. 领导力训练活动　　H. 其他

36. 你认为学校共青团组织举办的活动存在的不足主要体现在哪些方面？（多选）（　　）

A. 灌输式教育，缺乏实践性

B. 内容太局限，涉及面窄

C. 内容陈旧，缺乏吸引力

D. 与学习生活相关性不大

E. 活动杂乱，缺乏体系

F. 对价值引领重视不够

G. 形式大于内容

H. 娱乐性不够

J. 其他

37. 你觉得当前学校共青团活动存在不足的主要原因是什么？（多选）（　　）

A. 自说自话，学生被动参与

B. 创新性不够，活动简单重复

C. 不够务实，缺乏内涵深度

D. 对多数学生的需求关注不够

E. 其他

38. 你参加过学校共青团组织开展的政治理论学习吗？（单选）（　　）

A. 知道的都参加　　B. 经常参加但有遗漏　　C. 偶尔参加几次

D. 几乎不参加　　E. 不清楚有这类活动

39. 你知道“青年马克思主义者培养工程”吗？（单选）（　　）

A. 知道并参加过　　B. 知道但未参加过　　C. 不太清楚

40. 你认为学校基层团组织对青年学生思想政治引领方面的作用如何？（单选）（　　）

A. 能够聚焦真抓实干，将思想政治引领做精做实

B. 面上很重视，但多数停留在口号上，务实且富有成效的举措少

C. 重视有展示度、能出成绩的工作，对提升思想政治引领的实效不怎么重视

D. 形式化、娱乐化的倾向比较明显

41. 你觉得学校共青团思想政治引领工作吸引力有所欠缺的原因是什么？（多选）（　　）

A. 观念保守，理念陈旧

B. 表达方式让人不习惯，有距离感

C. 缺乏趣味性，说教气息比较浓

D. 不能真正解决问题

E. 缺乏时效性，对热点问题涉及不多

F. 不了解学生思想

G. 其他

42. 你已经接触的国内外媒体平台有哪些？（多选）（　　）

A. 微信、QQ　　B. 微博、博客

C. 论坛（bbs）、贴吧、知乎　　D. 搜索引擎、新闻门户网站

E. 抖音、快手、B 站等　　F. 推特、脸书等

G. 其他

43. 你是否关注学校共青团组织的新媒体公众号？（单选）（　　）

A. 关注并经常浏览

B. 关注但只偶尔浏览

C. 关注但不浏览

D. 未关注

E. 没听说过

44. 你认为学校共青团新媒体公众号建设状况如何？（单选）（　　）

A. 非常好　　B. 好　　C. 一般

D. 差　　E. 没看过

45. 你认为学校共青团新媒体公众号吸引力不够的原因是什么？（多选）（　　）

A. 内容不实用　　B. 形式缺乏新意　　C. 更新不及时

D. 语言呆板生硬　　E. 其他

46. 你希望学校共青团新媒体公众号推送何种内容的推文？（多选）（　　）

A. 主流意识形态　　B. 文化艺术　　C. 新闻

D. 校园活动　　E. 服务类　　F. 非主流文化

G. 其他

47. 你觉得学校共青团微平台建设在哪些方面需要加强？（多选）（　　）

A. 内容需要更加拓宽

B. 互动性需要增强

C. 表达形式要更加丰富

D. 服务性需要增强

E. 紧跟潮流，不能仅局限于微博、微信

F. 微传播团队建设需要进一步加强

G. 其他

48. 你认为学校共青团在服务大学生就业创业方面存在哪些问题？（多选）（ ）

A. 对服务大学生就业创业的重视不够

B. 服务大学生创业就业的方式不够丰富多样

C. 开展的就业创业活动与实际联系不紧密，不能满足大学生个性化发展的需求

D. 其他

49. 你每一年参加志愿服务的次数？（单选）（ ）

A. 0 次　　B. 1~3 次　　C. 4~10 次

D. 10 次以上

50. 你认为学校共青团开展的志愿服务活动存在哪些问题？（多选）（ ）

A. 志愿者队伍人数不足

B. 志愿服务项目太过单一

C. 开展志愿服务活动的频率太低

D. 志愿服务活动宣传工作有所欠缺

E. 其他

参考文献

(一)经典著作及文献

[1] 本书编写组. 胡锦涛总书记在同团中央新一届领导班子成员和团十六大部分代表座谈时的重要讲话学习读本[M]. 北京：人民出版社，2008.

[2] 邓小平. 邓小平文选(第1卷)[M]. 北京：人民出版社，1989.

[3] 邓小平. 邓小平文选(第2卷)[M]. 北京：人民出版社，1983.

[4] 邓小平. 邓小平文选(第3卷)[M]. 北京：人民出版社，1993.

[5] 共青团中央，中共中央文献研究室. 毛泽东 邓小平 江泽民论青少年和青少年工作[M]. 北京：中央文献出版社，中国青年出版社，2000.

[6] 共青团中央基层建设部. 党的十八大以来共青团基层建设制度汇编(2012—2019)[M]. 北京：中国青年出版社，2020.

[7] 胡锦涛 . 胡锦涛文选(第3卷)[M]. 北京：人民出版社，2016.

[8] 胡锦涛. 胡锦涛文选(第1卷)[M]. 北京：人民出版社，2016.

[9] 胡锦涛. 胡锦涛文选(第2卷)[M]. 北京：人民出版社，2016.

[10] 胡锦涛. 坚定不移沿着中国特色社会主义道路前进 为全面建成小康社会而奋斗[M]. 北京：人民出版社，2012.

[11] 江泽民. 江泽民文选(第1卷)[M]. 北京：人民出版社，2006.

[12] 江泽民. 江泽民文选(第2卷)[M]. 北京：人民出版社，2006.

[13] 江泽民. 江泽民文选(第3卷)[M]. 北京：人民出版社，2006.

[14] 毛泽东. 毛泽东文集(第1卷)[M]. 北京：人民出版社，1993.

[15] 毛泽东. 毛泽东文集(第 2 卷)[M]. 北京：人民出版社，2004.

[16] 毛泽东. 毛泽东文集(第 3 卷)[M]. 北京：人民出版社，1993.

[17] 毛泽东. 毛泽东文集(第 4 卷)[M]. 北京：人民出版社，1993.

[18] 毛泽东. 毛泽东文集(第 5 卷)[M]. 北京：人民出版社，1993.

[19] 毛泽东. 毛泽东文集(第 6 卷)[M]. 北京：人民出版社，1993.

[20] 毛泽东. 毛泽东文集(第 7 卷)[M]. 北京：人民出版社，1993.

[21] 毛泽东. 毛泽东文集(第 8 卷)[M]. 北京：人民出版社，1993.

[22] 毛泽东. 毛泽东选集(第 1 卷)[M]. 北京：人民出版社，1991.

[23] 毛泽东. 毛泽东选集(第 2 卷)[M]. 北京：人民出版社，2007.

[24] 习近平. 决胜全面建成小康社会夺取新时代中国特色社会主义伟大胜利[M]. 北京：中国盲文出版社，2017.

[25] 习近平. 论中国共产党历史[M]. 北京：中央文献出版社，2021.

[26] 习近平. 青年要自觉践行社会主义核心价值观 在北京大学师生座谈会上的讲话[M]. 北京：人民出版社，2014.

[27] 习近平. 习近平谈治国理政(第 1 卷)[M]. 北京：外文出版社，2018.

[28] 习近平. 习近平谈治国理政(第 2 卷)[M]. 北京：外文出版社，2017.

[29] 习近平. 习近平谈治国理政(第 3 卷)[M]. 北京：人民出版社，2022.

[30] 习近平. 在纪念五四运动 100 周年大会上的讲话[M]. 北京：人民出版社，2019

[31] 习近平. 在庆祝中国共产党成立 100 周年大会上的讲话 [M]. 北京：人民出版社，2021.

[32] 中共中央党史和文献研究院. 毛泽东邓小平江泽民胡锦涛关于中国共产党历史论述摘编[M]. 北京：中央文献出版社，2021.

[33] 中共中央马克思恩格斯列宁斯大林著作编译局. 列宁选集(第 1 卷)[M]. 北京：人民出版社，2012.

[34] 中共中央马克思恩格斯列宁斯大林著作编译局. 马克思恩格斯全集(第 16 卷)[M]. 人民出版社，1965.

[35] 中共中央马克思恩格斯列宁斯大林著作编译局. 马克思恩格斯全集(第 29 卷)[M]. 人民出版社，1972.

[36] 中共中央马克思恩格斯列宁斯大林著作编译局. 马克思恩格斯全集(第 3 卷)[M]. 北京：人民出版社，1965.

[37] 中共中央马克思恩格斯列宁斯大林著作编译局. 斯大林选集(上)[M]. 北京：人民

出版社，1979.

[38] 中共中央马克思恩格斯列宁斯大林著作编译局. 斯大林选集(下)[M]. 北京：人民出版社，1979.

[39] 中共中央马克思恩格斯列宁斯大林著作编译局. 列宁选集(第1卷)[M]. 北京：人民出版社，2012.

[40] 中共中央马克思恩格斯列宁斯大林著作编译局. 列宁选集(第2卷)[M]. 北京：人民出版社，2012.

[41] 中共中央马克思恩格斯列宁斯大林著作编译局. 列宁选集(第3卷)[M]. 北京：人民出版社，2012.

[42] 中共中央马克思恩格斯列宁斯大林著作编译局. 列宁选集(第4卷)[M]. 北京：人民出版社，2012.

[43] 中共中央马克思恩格斯列宁斯大林著作编译局. 马克思恩格斯选集(第1卷)[M]. 北京：人民出版社，2012.

[44] 中共中央马克思恩格斯列宁斯大林著作编译局. 马克思恩格斯选集(第2卷)[M]. 北京：人民出版社，2012.

[45] 中共中央马克思恩格斯列宁斯大林著作编译局. 马克思恩格斯选集(第3卷)[M]. 北京：人民出版社，2012.

[46] 中共中央马克思恩格斯列宁斯大林著作编译局. 马克思恩格斯选集(第4卷)[M]. 北京：人民出版社，2012.

[47] 中共中央马克思恩格斯列宁斯大林著作编译局译. 马克思恩格斯全集（第1卷）[M]. 北京：人民出版社，1956.

[48] 中共中央马克思列宁恩格斯斯大林著作编译局. 列宁选集(第2卷)[M]. 北京：人民出版社，1960.

[49] 中共中央马克思列宁恩格斯斯大林著作编译局. 列宁选集(第3卷)[M]. 北京：人民出版社，1995.

[50] 中共中央马克思列宁恩格斯斯大林著作编译局. 列宁选集(第4卷)[M]. 北京：人民出版社，1995.

[51] 中共中央马克思列宁恩格斯斯大林著作编译局. 马克思恩格斯全集(第45卷)[M]. 北京：人民出版社，2003.

[52] 中共中央文献研究室. 习近平关于青少年和共青团工作论述摘编[M]. 北京：中央文献出版社，2017.

（二）中文著作

［1］常宇. 北京青年社会结构变化与共青团工作改革［M］. 北京：社会科学文献出版社，2016.
［2］陈志勇. 高校共青团工作破局说［M］. 北京：人民出版社，2015.
［3］戴冰. 高校共青团工作价值理念与实践创新［M］. 上海：复旦大学出版社，2014.
［4］胡国义. 思想政治教育价值论［M］. 杭州：浙江教育出版社，2009.
［5］胡献忠，等. 共青团与相关团体关系研究：历史的视角［M］. 北京：中国青年出版社，2016.
［6］胡献忠. 共青团培育青少年价值观的历史考察［M］. 北京：新华出版社，2015.
［7］黄晓波，刘海春主. 新时期高校共青团工作概论［M］. 北京：人民出版社，2010.
［8］康晓强. 现代国家治理视域下共青团与青年社会组织的关系建构［M］. 北京：人民出版社，2017.
［9］李玉琦. 中国共青团史稿精编［M］. 北京：中国青年出版社，2012.
［10］蔺伟，方蕾. 高校共青团思想引领工作研究与实践［M］. 北京：北京理工大学出版社，2015.
［11］刘佳. 高校共青团思想引领论纲［M］. 北京：群言出版社，2016.
［12］刘佳. 新时期高校共青团青年工作理论与实践研究［M］. 北京：人民日报出版社，2016.
［13］陆庆壬. 思想政治教育学原理［M］. 上海：复旦大学出版社，1986.
［14］骆郁廷，等. 文化软实力：战略、结构与路径［M］. 北京：中国社会科学出版社，2012.
［15］骆郁廷. 当代大学生思想政治教育［M］. 北京：中国人民大学出版社，2010.
［16］骆郁廷. 精神动力论［M］. 武汉：武汉大学出版社，2003.
［17］马灿. 社会工作方法与共青团工作［M］. 北京：中国青年出版社，2013.
［18］倪愫襄. 高校思想政治理论课程的国际视野［M］. 北京：中国社会科学出版社，2013.
［19］倪愫襄. 马克思主义中国化研究的历史进程［M］. 北京：人民出版社，2012.
［20］倪愫襄. 思想政治教育元问题研究［M］. 北京：中国社会科学出版社，2014.
［21］邱伟光. 共青团理论教程［M］. 上海：上海人民出版社，1991.
［22］佘双好，等. 当代社会思潮对高校师生的影响及对策研究［M］. 北京：中央编译出

版社，2012.
[23] 佘双好. 中国梦之中国精神[M]. 武汉：武汉大学出版社，2015.
[24] 沈壮海. 思想政治教育有效性研究 [M]. 第 2 版. 武汉：武汉大学出版社，2008.
[25] 沈壮海. 文化软实力及其价值之轴[M]. 北京：中华书局，2013.
[26] 苏醒. 共青团思想政治工作的优良传统研究[M]. 北京：人民出版社，2017.
[27] 王清义. 立德树人 高校党建工作理论与实践[M]. 北京：人民出版社，2017.
[28] 吴庆，丁凯. 共青团改革对话录[M]. 北京：中国青年出版社，2016.
[29] 吴庆. 青年政治参与与共青团工作[M]. 北京：中国青年出版社，2015.
[30] 杨名. 多学科视角与共青团工作[M]. 北京：中国青年出版社，2016.
[31] 张华. 中国共产主义青年团职能研究[M]. 北京：人民出版社，2013.
[32] 张良驯. 共青团政治性先进性群众性研究[M]. 北京：中国发展出版社，2017.
[33] 张彦. 思想政治教育主体性研究[M]. 广州：广东人民出版社，2006.
[34] 张耀灿，郑永廷，刘书林等. 现代思想政治教育学[M]. 北京：人民出版社，2001.
[35] 郑洸，叶学丽. 中国共产党与中国共青团关系史略[M]. 北京：中共党史出版社，2015.
[36] 郑永廷，等. 社会主义意识形态发展研究[M]. 北京：人民出版社，2002.
[37] 邹兴平. 新时期高校共青团工作研究[M]. 湘潭：湘潭大学出版社，2010.
[38] 曾羽. 高校共青团工作理论与实践[M]. 贵阳：贵州教育出版社，2003. [39] 中央团校青年工作教研室. 共青团工作理论[M]. 北京：中国青年出版社，1985.
[39]《中国共产党思想政治教育史》编写组. 中国共产党思想政治教育史[M]. 北京：高等教育出版社，2016.

(三)期刊论文

[1] 包志伟. 论高校共青团组织在大学生素质拓展中的作用[J]. 黑龙江高教研究，2007(9)：124-126.
[2] 蔡联群. 高校共青团组织服务大学生就业工作初探[J]. 中国高教研究，2005(3)：75-76.
[3] 蔡颖蔚，陈浩，曲直. 新形势下高校学生会组织深化改革路径研究[J]. 高校共青团研究，2020(Z1)：166-170.
[4] 曹鑫. 高校共青团网上思想引领的三个关键词[J]. 人民论坛，2020(10)：110-111.

[5] 陈丹. 高校共青团改革的逻辑进路[J]. 江苏高教, 2018(10): 102-104.

[6] 陈赛金. 高校共青团思想引领的当代价值与对策分析[J]. 思想理论教育, 2016(4): 70-72.

[7] 陈帅, 叶定剑, 张碧菱, 等. 构建高校辅导员谈心谈话长效机制探析[J]. 学校党建与思想教育, 2020(12): 56-58.

[8] 陈迎红. 高校共青团有效服务素质教育的"三维度"探讨[J]. 中国青年研究, 2010(7): 49-51.

[9] 程波, 马炳涛. 国际化视域下学生工作的挑战与应对——基于北京10所高校的调研[J]. 思想教育研究, 2015(7): 99-102.

[10] 邓晓君. 苏联东欧国家青年理想信念教育缺失的教训及启示[J]. 三峡大学学报(人文社会科学版), 2016, 38(5): 32-35.

[11] 贡嘎江才. 传播学理论在高校共青团工作中的应用[J]. 中国青年政治学院学报, 2012, 31(6): 15-19.

[12] 管虹, 刘畅, 王海英. 第二课堂"金课"建设标准与评价体系研究[J]. 高校共青团研究, 2020(Z2): 13-17.

[13] 韩流. 基于时空逻辑的高校共青团工作创新与实践——以北京大学共青团工作经验为例[J]. 学校党建与思想教育, 2014(19): 75-77.

[14] 何雪冰, 余潇潇, 贾开. 互联网治理视野下高校宣传思想工作的"矩阵式"重构——以清华大学共青团为例[J]. 思想教育研究, 2017(1): 108-111.

[15] 贺业方. 在基层共青团工作中吸引和凝聚青年——以高校为例[J]. 中国青年研究, 2009(12): 13-16.

[16] 洪海松, 张晴, 郭建群, 等. 三螺旋理论视角下高校共青团助推大学生创新创业工作的实证研究[J]. 高校共青团研究, 2019(4): 110-114.

[17] 胡家保. 众媒时代高校共青团组织"意见领袖"培育机制研究[J]. 教育评论, 2017(6): 87-90.

[18] 胡献忠. 4.0版共青团: 群团改革语境下的"互联网+共青团"[J]. 中国青年社会科学, 2016, 35(4): 80-85.

[19] 胡献忠. 共青团改革的逻辑回归: 历史与政治的解读[J]. 中国青年社会科学, 2017, 36(1): 95-100.

[20] 胡献忠. 建国以来共青团培育青少年价值观的经验、反思与启示[J]. 中国青年研究, 2015(12): 31-37.

[21] 胡余波. 高校共青团工作范式创新[J]. 中国青年研究, 2009(3): 15-17.

[22] 黄敏. 加强和完善新时期高校共青团的主要职能[J]. 当代教育论坛(宏观教育研究), 2007(6): 60-62.

[23] 黄志坚. 新时期共青团思想引领的路径与方法[J]. 中国青年研究, 2010(12): 36-41.

[24] 金国峰, 宋磊. 互联网思维下高校共青团组织优化研究[J]. 中国青年社会科学, 2016, 35(5): 72-77.

[25] 李骥. "大思政"格局下高校共青团思想引领的优先策略[J]. 思想教育研究, 2017(5): 114-117.

[26] 李明. 坚持以党建带团建创新高校共青团工作之思考[J]. 理论导刊, 2009(12): 50+59.

[27] 李娜, 刘维爽, 刘瑞毅. 大学生党员发展质量保障制度完善与实践探索[J]. 高校学生工作研究, 2021(1): 3-11.

[28] 李树学. 新时代深化高校共青团改革的价值意蕴[J]. 学校党建与思想教育, 2020(19): 91-93.

[29] 李营, 由佳. 新时代高校研究生团建工作的思考——以南开大学生命科学学院为例[J]. 高校共青团研究, 2019(3): 33-36.

[30] 李勇. 新形势下高校共青团凝聚力建设研究[J]. 中国青年研究, 2017(6): 43-46+87.

[31] 李忠伟, 姚远, 孙德刚. 新形势下做好高校共青团工作的思考[J]. 中国青年研究, 2007(1): 51-52.

[32] 蔺伟. 高校共青团在意识形态斗争中的核心命题与实践载体[J]. 中国青年研究, 2016(12): 56-62.

[33] 刘春雷, 任楠. 全媒体时代高校共青团思想引领路径[J]. 中国高等教育, 2019(24): 47-49.

[34] 刘光林, 邢皓越. 独特性、针对性、精准性: 高校共青团改革的三个维度[J]. 理论导刊, 2019(2): 89-93.

[35] 刘海春. 共青团构建枢纽型社会组织的现实思考[J]. 中国青年政治学院学报, 2013, 32(3): 21-24.

[36] 刘佳. 共青团"回归青年"的关系链条与改革前瞻[J]. 中国青年社会科学, 2016, 35(6): 58-63.

[37] 刘佳. 共青团与高校思想政治工作改革创新[J]. 中国青年社会科学，2017，36(4)：73-79.

[38] 刘佳. 去行政化：共青团改革发展的关键点[J]. 中国青年社会科学，2016，35(4)：86-91.

[39] 刘俊彦. 共青团活动略论[J]. 中国青年研究，2013(8)：41-47.

[40] 刘扬，陈城，张绣宇. 高校实践育人协同体系的构建——以同济大学为例[J]. 高校辅导员学刊，2020，12(1)：52-56.

[41] 刘洋，董卓宁. 高校辅导员微信公众号传播效果的影响因素研究[J]. 思想教育研究，2020(11)：142-147.

[42] 刘洋. 共青团枢纽型社会组织发展探寻[J]. 中国青年社会科学，2017，36(3)：81-87.

[43] 莫忧. 高校共青团推进文化自信融入文化育人过程的策略探析[J]. 思想教育研究，2017(8)：124-127.

[44] 秦涛，张效利. 高校共青团组织提升的现实意义与实践路径[J]. 中国青年研究，2017(10)：43-49.

[45] 曲延明. 1985—1991 年：非正式青年组织和苏联共青团的解体[J]. 当代世界社会主义问题，2015(2)：63-70.

[46] 沈威. 高校共青团改革中的职能定位及问题研究[J]. 中国青年社会科学，2017，36(1)：108-114.

[47] 束为，洪波. 网络时代高校共青团工作的机遇与对策[J]. 清华大学学报(哲学社会科学版)，2001(S1)：90-93.

[48] 孙爱军，杨亚军. 高校共青团工作社会化论纲[J]. 中国青年政治学院学报，2002(1)：45-49.

[49] 孙冬青，郑蓓. 新形势下加强高校基层团组织建设的若干思考[J]. 继续教育研究，2009(1)：90-91.

[50] 孙锋. 高校共青团思想引领的三重维度[J]. 江苏高教，2018(9)：95-98.

[51] 孙鹏. 高校共青团与社会主体协同创新发展机制研究[J]. 思想理论教育，2016(9)：79-83.

[52] 孙体楠. 高校共青团活动对大学生思想引领现状调查[J]. 中国青年研究，2009(11)：107-110.

[53] 唐金楠. 手机新媒体在高校共青团工作中的运用——以北京大学艺术学院团刊为

例[J]. 思想教育研究, 2010(10): 76-78.

[54] 唐运前. 论高校共青团的职责和作用[J]. 知识经济, 2009(9): 131+126.

[55] 田晓勇, 高雪冬, 孙冬雪. 改革创新形势下高校共青团工作评价体系研究[J]. 思想政治教育研究, 2019, 35(4): 117-122.

[56] 万舒良, 张文军. 高校研究生基层团组织建设路径探析[J]. 学校党建与思想教育, 2013(4): 59-60+63.

[57] 王斌. 高校共青团工作现状调研报告——以东南大学为例[J]. 中国青年研究, 2011(2): 50-53.

[58] 王凯, 申良云. 基于高校共青团"一体两翼"模式的大学生思想政治教育路径创新[J]. 学校党建与思想教育, 2014(8): 16-18.

[59] 王文杰, 袁文, 杨蕾, 王秀彦. 新媒体环境下高校共青团工作方法创新研究[J]. 学校党建与思想教育, 2013(6): 85-87.

[60] 王元义. 高校共青团政治引领的重点、难点及路径[J]. 青少年学刊, 2021(4): 19-24.

[61] 魏启旦. 加强高校共青团思想引领工作的策略研究——基于上海市10所高校的实证分析[J]. 学校党建与思想教育, 2018(22): 63-65.

[62] 辛立章, 曾丽萍. 高校共青团组织提升服务职能的路径探析[J]. 中国青年政治学院学报, 2014, 33(1): 32-35.

[63] 辛立章. 新形势下高校共青团组织服务大学生就业的思考[J]. 教育与职业, 2010(14): 97-98.

[64] 熊娜. 当前高校共青团组织思想引领功能发挥的路径研究——以华中师范大学共青团工作为例[J]. 思想理论教育导刊, 2010(7): 110-113.

[65] 徐莉. 对共青团工作特性的质性研究——对湖南24名共青团干部的深度访谈分析[J]. 中国青年研究, 2012(2): 39-42+116.

[66] 徐仁权. 高校共青团推进创新教育活动的思考[J]. 黑龙江高教研究, 2003(6): 39-41.

[67] 闫大伟. 高校共青团工作社会化的回顾与思考[J]. 中国青年政治学院学报, 1999(4): 18-22.

[68] 杨岳, 刘涛雄. 新形势下高校共青团工作的若干观念探讨[J]. 清华大学学报(哲学社会科学版), 2001(S1): 53-56.

[69] 姚军. 高校共青团组织促进大学生就业创业工作研究[J]. 中国青年研究, 2007

(12)：44-46.

[70] 于森. 新时代高校共青团思想政治教育的职能与实现路径[J]. 高校辅导员，2018(4)：33-36.

[71] 俞亚萍，郝永贞. “90后”大学生的思想特点与高校共青团工作创新[J]. 教育与职业，2009(33)：67-68.

[72] 袁罡. 高校共青团促进大学生就业对策研究[J]. 中国青年研究，2009(5)：36-40.

[73] 袁慧. 大学新生价值观教育的实践与思考——以UCLA新生“同一本书”活动为例[J]. 高校辅导员学刊，2016，8(1)：56-59.

[74] 袁民. 论新媒体时代共青团工作的机遇与挑战[J]. 中国青年研究，2013(10)：35-38.

[75] 袁小平，陆伟家，陈丽. 共青团组织促进创新创业教育的路径研究[J]. 教育评论，2017(10)：89-92.

[76] 张果，崔健. 改革开放以来高校共青团思想政治教育工作回顾与展望[J]. 中国青年研究，2010(4)：84-87.

[77] 张华. 共青团与青年关系论纲[J]. 中国青年研究，2013(2)：36-42.

[78] 张华. 论共青团改革的首要问题和基本前提[J]. 中国青年社会科学，2016，35(6)：50-57.

[79] 张金华. 浅析新时期高校共青团的功能[J]. 学术探索，2012(6)：131-133.

[80] 张明珠. 充分发挥共青团组织在大学生思想政治教育中的作用[J]. 思想理论教育导刊，2011(9)：110-112.

[81] 张卫良，张平. 大学生对学校微信公众号的信息接受、认同差异及成因探讨——基于对91个高校共青团微信公众号推文的分析[J]. 现代传播(中国传媒大学学报)，2017，39(12)：143-149.

[82] 张卫良，张平. 高校共青团自媒体影响力、用户信息接受与认同特征——基于微信公众平台WCI的实证分析[J]. 中国青年研究，2017(2)：48-55.

[83] 张映文. 论高校共青团组织在大学生思想政治教育工作中的定位[J]. 中国青年研究，2006(4)：73-74.

[84] 郑雅文. 高校官方微信公众号发布行为及受众研究——以“南开大学团委”为例[J]. 新媒体研究，2019，5(3)：55-56.

[85] 郑长忠，袁罡. 社会转型期共青团职能定位与实现途径研究[J]. 中国青年研究，

2008(3)：33-36+12.

[86] 郑长忠. 关系空间变迁的政治逻辑——中国共青团90年组织形态发展研究[J]. 中国青年研究，2012(5)：5-11+24.

[87] 郑长忠. 建构共青团组织创新的体制内政治支持——新时期高校党建带团建研究[J]. 复旦教育论坛，2013，11(3)：76-80.

[88] 郑长忠. 走向政党主导的多元合作：中国公民社会的生成逻辑——基于对中国共青团与青年社会组织关系的考察[J]. 中国青年研究，2010(8)：17-25.

[89] 钟宇慧. 高校服务型团组织建设与社会工作的互构——基于广东省97所高校团组织的调查[J]. 中国青年社会科学，2016，35(5)：78-84.

[90] 周碧蕾，郑灿玲，李维. "微时代"高校共青团思想引领与发展——以广东省高校为例[J]. 中国青年社会科学，2017，36(5)：67-73.

[91] 周国桥. 试析"大思政"格局下的高校共青团改革[J]. 学校党建与思想教育，2019(12)：69-70+86.

[92] 周凯，杨洋. 大学生眼中的高校共青团：认知偏差与政治互动[J]. 中国青年研究，2017(8)：71-77.

[93] 朱杰. 新时期高校共青团服务职能发挥机制探索[J]. 兰州大学学报(社会科学版)，2010，38(S1)：173-178.

[94] 朱天昊. 浅论加强高校共青团组织的功能[J]. 江苏社会科学，2007(S1)：112-113.

[95] 邹桥. 试论高校共青团组织的文化冲突及其消解[J]. 青年探索，2014(4)：89-92.

(四)报刊类

[1] 胡锦涛. 把青春奉献给中国特色社会主义壮丽事业[N]. 人民日报，2008-06-15(01).

[2] 胡锦涛. 在庆祝中国共产党成立90周年大会上的讲话[N]. 人民日报，2011-07-02(02).

[3] 胡锦涛. 在纪念中国共产主义青年团成立90周年大会上的讲话[N]. 人民日报，2012-05-05(01).

[4] 杨宝光. 北大团委："4S"工作法跑出思政教育新路径[N]. 中国青年报，2021-12-27(01).

（五）学位论文

［1］马琳琳．共青团工作及其在新时代的创新发展研究［D］．吉林：东北师范大学，2019.

［2］倪瑾．共青团的功能定位：组织动员和资源整合［D］．上海：华东师范大学，2014.

［3］苏醒．我国共青团政治思想工作优良传统研究［D］．吉林：东北师范大学，2016.

［4］王少萍．青年政治社会化问题研究［D］．福州：福建师范大学，2012.

［5］向杰．新时期高校共青团组织凝聚力研究［D］．长沙：湖南大学，2013.

［6］袁民．共青团工作中新媒体传播应用研究［D］．武汉：武汉大学，2013.

［7］张劲．共青团微博发展的策略研究［D］．武汉：武汉大学，2013.

［8］张禹文．新时期党领导下的湖南青少年组织建设问题与对策［D］．长沙：湖南师范大学，2011.

［9］周敏．中国共青团组织职能创新研究［D］．长沙：湖南师范大学，2012.